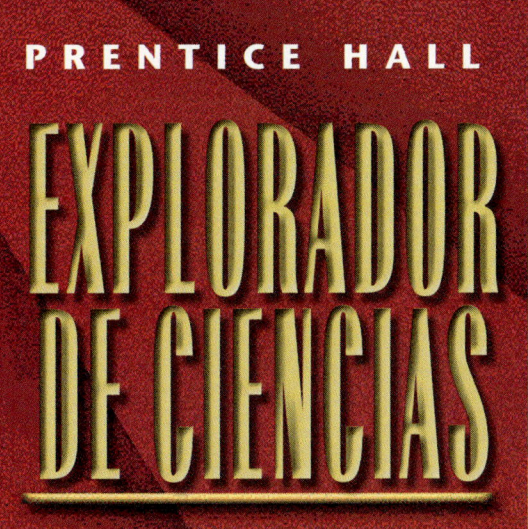

PRENTICE HALL
EXPLORADOR DE CIENCIAS

Cambios en la superficie terrestre

PRENTICE HALL
Needham, Massachusetts
Upper Saddle River, New Jersey

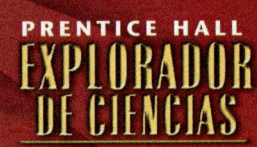

Cambios en la superficie terrestre

Recursos del programa
Student Edition
Annotated Teacher's Edition
Teaching Resources Book with Color Transparencies
Earth's Changing Surface Materials Kits

Componentes del programa
Integrated Science Laboratory Manual
Integrated Science Laboratory Manual, Teacher's Edition
Inquiry Skills Activity Book
Student-Centered Science Activity Books
Program Planning Guide
Guided Reading English Audiotapes
Guided Reading Spanish Audiotapes and Summaries
Product Testing Activities by Consumer Reports™
Event-Based Science Series (NSF funded)
Prentice Hall Interdisciplinary Explorations
Cobblestone, Odyssey, Calliope, and *Faces* Magazines

Medios/Tecnología
Science Explorer Interactive Student Tutorial CD-ROMs
Odyssey of Discovery CD-ROMs
Resource Pro® (Teaching Resources on CD-ROM)
Assessment Resources CD-ROM with Dial-A-Test®
Internet site at www.science-explorer.phschool.com
Life, Earth, and Physical Science Videodiscs
Life, Earth, and Physical Science Videotapes

Explorador de ciencias Libros del estudiante
De las bacterias a las plantas
Animales
Células y herencia
Biología humana y salud
Ciencias del medio ambiente
El interior de la Tierra
Cambios en la superficie terrestre
El agua de la Tierra
Meteorología y clima
Astronomía
Elementos químicos básicos
Interacciones químicas
Movimiento, fuerza y energía
Electricidad y magnetismo
Sonido y luz

Créditos

El equipo de colaboradores de *Explorador de ciencias* está conformado por representantes editoriales, editores, diseñadores, encargados de pruebas de campo de mercadeo, investigadores de mercado, encargados de servicios de mercadeo, desarrolladores de servicios en línea/multimedia, representantes de mercadotecnia, encargados de producción, y publicadores. Los nombres de los colaboradores se listan a continuación. Aquellos resaltados en negritas indican a los coordinadores del equipo.

Kristen E. Ball, **Barbara A. Bertell,** Peter W. Brooks, **Christopher R. Brown, Greg Cantone,** Jonathan Cheney, **Patrick Finbarr Connolly,** Loree Franz, Donald P. Gagnon, Jr., **Paul J. Gagnon, Joel Gendler,** Elizabeth Good, Kerri Hoar, **Linda D. Johnson,** Katherine M. Kotik, Russ Lappa, Marilyn Leitao, David Lippman, **Eve Melnechuk, Natania Mlawer,** Paul W. Murphy, **Cindy A. Noftle,** Julia F. Osborne, Caroline M. Power, Suzanne J. Schineller, **Susan W. Tafler,** Kira Thaler-Marbit, Robin L. Santel, Ronald Schachter, **Mark Tricca,** Diane Walsh, Pearl B. Weinstein, Beth Norman Winickoff

Acknowledgment for page 145: Excerpt from "The Hymn to Hapy" from Volume 1 of *Ancient Egyptian Literature,* by Miriam Lichtheim. Copyright ©1973–1980 Regents of the University of California. Reprinted by permission of the University of California Press.

Copyright ©2000 by Prentice-Hall, Inc., Upper Saddle River, New Jersey 07458. All rights reserved. No part of this book may be reproduced or transmitted in any form or by any means, electronic or mechanical, including photocopying, recording, or by any information storage and retrieval system, without permission in writing from the publisher. Printed in the United States of America.

ISBN 0-13-436594-1
2 3 4 5 6 7 8 9 10   03

Portada: Uno de los muchos arcos de arenisca roja en el Parque Nacional Arches, de Utah.

Autores del programa

Michael J. Padilla, Ph.D.
Professor
Department of Science Education
University of Georgia
Athens, Georgia

Michael Padilla es líder en la enseñanza de Ciencias en secundaria. Ha trabajado como editor y funcionario de la Asociación Nacional de Profesores de Ciencias. Ha sido miembro investigador en diversas premiaciones de la Fundación Nacional de Ciencias y la Fundación Eisenhower, además de participar en la redacción de los Estándares Nacionales de Enseñanza de Ciencias.

En *Explorador de ciencias*, Mike coordina un equipo de desarrollo de programas de enseñanza que promueven la participación de estudiantes y profesores en el campo de las ciencias con base en los Estándares Nacionales de la Enseñanza de Ciencias.

Ioannis Miaoulis, Ph.D.
Dean of Engineering
College of Engineering
Tufts University
Medford, Massachusetts

Martha Cyr, Ph.D.
Director, Engineering
 Educational Outreach
College of Engineering
Tufts University
Medford, Massachusetts

Explorador de ciencias es un proyecto creado con la colaboración del Colegio de Ingeniería de la Universidad Tufts. Dicha institución cuenta con un extenso programa de investigación sobre ingeniería que fomenta la participación de estudiantes y profesores en las áreas de ciencia y tecnología.

Además de participar en la creación del proyecto *Explorador de ciencias*, la facultad de la Universidad Tufts también colaboró en la revisión del contenido de los libros del estudiante y la coordinación de las pruebas de campo.

Autor

Joseph D. Exline, Ed.D.
Former Director of Science
Virginia Department of Education

Colaboradores

Rose-Marie Botting
Science Teacher
Broward County
 School District
Fort Lauderdale, Florida

Colleen Campos
Science Teacher
Laredo Middle School
Aurora, Colorado

Holly Estes
Science Teacher
Hale Middle School
Stow, Massachusetts

Edward Evans
Former Science
 Teacher
Hilton Central School
Hilton, New York

Sharon Stroud
Science Teacher
Widefield High School
Colorado Springs,
 Colorado

Asesor de lecturas

Bonnie B. Armbruster, Ph.D.
Department of Curriculum
 and Instruction
University of Illinois
Champaign, Illinois

Asesor interdisciplinario

Heidi Hayes Jacobs, Ed.D.
Teacher's College
Columbia University
New York, New York

Asesores de seguridad

W. H. Breazeale, Ph.D.
Department of Chemistry
College of Charleston
Charleston, South Carolina

Ruth Hathaway, Ph.D.
Hathaway Consulting
Cape Girardeau, Missouri

Revisores del programa de la Universidad Tufts

Behrouz Abedian, Ph.D.
Department of Mechanical
    Engineering

Wayne Chudyk, Ph.D.
Department of Civil and
    Environmental Engineering

Eliana De Bernardez-Clark, Ph.D.
Department of Chemical Engineering

Anne Marie Desmarais, Ph.D.
Department of Civil and
    Environmental Engineering

David L. Kaplan, Ph.D.
Department of Chemical Engineering

Paul Kelley, Ph.D.
Department of Electro-Optics

George S. Mumford, Ph.D.
Professor of Astronomy, Emeritus

Jan A. Pechenik, Ph.D.
Department of Biology

Livia Racz, Ph.D.
Department of Mechanical Engineering

Robert Rifkin, M.D.
School of Medicine

Jack Ridge, Ph.D.
Department of Geology

Chris Swan, Ph.D.
Department of Civil and
    Environmental Engineering

Peter Y. Wong, Ph.D.
Department of Mechanical Engineering

Revisores del contenido

Jack W. Beal, Ph.D.
Department of Physics
Fairfield University
Fairfield, Connecticut

W. Russell Blake, Ph.D.
Planetarium Director
Plymouth Community
    Intermediate School
Plymouth, Massachusetts

Howard E. Buhse, Jr., Ph.D.
Department of Biological Sciences
University of Illinois
Chicago, Illinois

Dawn Smith Burgess, Ph.D.
Department of Geophysics
Stanford University
Stanford, California

A. Malcolm Campbell, Ph.D.
Assistant Professor
Davidson College
Davidson, North Carolina

Elizabeth A. De Stasio, Ph.D.
Associate Professor of Biology
Lawrence University
Appleton, Wisconsin

John M. Fowler, Ph.D.
Former Director of Special Projects National
Science Teacher's Association
Arlington, Virginia

Jonathan Gitlin, M.D.
School of Medicine
Washington University
St. Louis, Missouri

Dawn Graff-Haight, Ph.D., CHES
Department of Health, Human
    Performance, and Athletics
Linfield College
McMinnville, Oregon

Deborah L. Gumucio, Ph.D.
Associate Professor
Department of Anatomy and Cell Biology
University of Michigan
Ann Arbor, Michigan

William S. Harwood, Ph.D.
Dean of University Division and Associate
    Professor of Education
Indiana University
Bloomington, Indiana

Cyndy Henzel, Ph.D.
Department of Geography
    and Regional Development
University of Arizona
Tucson, Arizona

Greg Hutton
Science and Health
    Curriculum Coordinator
School Board of Sarasota County
Sarasota, Florida

Susan K. Jacobson, Ph.D.
Department of Wildlife Ecology
    and Conservation
University of Florida
Gainesville, Florida

Judy Jernstedt, Ph.D.
Department of Agronomy and Range Science
University of California, Davis
Davis, California

John L. Kermond, Ph.D.
Office of Global Programs
National Oceanographic and
    Atmospheric Administration
Silver Spring, Maryland

David E. LaHart, Ph.D.
Institute of Science and Public Affairs
Florida State University
Tallahassee, Florida

Joe Leverich, Ph.D.
Department of Biology
St. Louis University
St. Louis, Missouri

Dennis K. Lieu, Ph.D.
Department of Mechanical Engineering
University of California
Berkeley, California

Cynthia J. Moore, Ph.D.
Science Outreach Coordinator
Washington University
St. Louis, Missouri

Joseph M. Moran, Ph.D.
Department of Earth Science
University of Wisconsin–Green Bay
Green Bay, Wisconsin

Joseph Stukey, Ph.D.
Department of Biology
Hope College
Holland, Michigan

Seetha Subramanian
Lexington Community College
University of Kentucky
Lexington, Kentucky

Carl L. Thurman, Ph.D.
Department of Biology
University of Northern Iowa
Cedar Falls, Iowa

Edward D. Walton, Ph.D.
Department of Chemistry
California State Polytechnic University
Pomona, California

Robert S. Young, Ph.D.
Department of Geosciences and
    Natural Resource Management
Western Carolina University
Cullowhee, North Carolina

Edward J. Zalisko, Ph.D.
Department of Biology
Blackburn College
Carlinville, Illinois

Revisores de pedagogía

Stephanie Anderson
Sierra Vista Junior
    High School
Canyon Country, California

John W. Anson
Mesa Intermediate School
Palmdale, California

Pamela Arline
Lake Taylor Middle School
Norfolk, Virginia

Lynn Beason
College Station Jr. High School
College Station, Texas

Richard Bothmer
Hollis School District
Hollis, New Hampshire

Jeffrey C. Callister
Newburgh Free Academy
Newburgh, New York

Judy D'Albert
Harvard Day School
Corona Del Mar, California

Betty Scott Dean
Guilford County Schools
McLeansville, North Carolina

Sarah C. Duff
Baltimore City Public Schools
Baltimore, Maryland

Melody Law Ewey
Holmes Junior High School
Davis, California

Sherry L. Fisher
Lake Zurich Middle
    School North
Lake Zurich, Illinois

Melissa Gibbons
Fort Worth ISD
Fort Worth, Texas

Debra J. Goodding
Kraemer Middle School
Placentia, California

Jack Grande
Weber Middle School
Port Washington, New York

Steve Hills
Riverside Middle School
Grand Rapids, Michigan

Carol Ann Lionello
Kraemer Middle School
Placentia, California

Jaime A. Morales
Henry T. Gage Middle School
Huntington Park, California

Patsy Partin
Cameron Middle School
Nashville, Tennessee

Deedra H. Robinson
Newport News Public Schools
Newport News, Virginia

Bonnie Scott
Clack Middle School
Abilene, Texas

Charles M. Sears
Belzer Middle School
Indianapolis, Indiana

Barbara M. Strange
Ferndale Middle School
High Point, North Carolina

Jackie Louise Ulfig
Ford Middle School
Allen, Texas

Kathy Usina
Belzer Middle School
Indianapolis, Indiana

Heidi M. von Oetinger
L'Anse Creuse Public School
Harrison Township, Michigan

Pam Watson
Hill Country Middle School
Austin, Texas

Revisores de actividades de campo

Nicki Bibbo
Russell Street School
Littleton, Massachusetts

Connie Boone
Fletcher Middle School
Jacksonville Beach, Florida

Rose-Marie Botting
Broward County
    School District
Fort Lauderdale, Florida

Colleen Campos
Laredo Middle School
Aurora, Colorado

Elizabeth Chait
W. L. Chenery Middle School
Belmont, Massachusetts

Holly Estes
Hale Middle School
Stow, Massachusetts

Laura Hapgood
Plymouth Community
    Intermediate School
Plymouth, Massachusetts

Sandra M. Harris
Winman Junior High School
Warwick, Rhode Island

Jason Ho
Walter Reed Middle School
Los Angeles, California

Joanne Jackson
Winman Junior High School
Warwick, Rhode Island

Mary F. Lavin
Plymouth Community
    Intermediate School
Plymouth, Massachusetts

James MacNeil, Ph.D.
Concord Public Schools
Concord, Massachusetts

Lauren Magruder
St. Michael's Country
    Day School
Newport, Rhode Island

Jeanne Maurand
Glen Urquhart School
Beverly Farms, Massachusetts

Warren Phillips
Plymouth Community
    Intermediate School
Plymouth, Massachusetts

Carol Pirtle
Hale Middle School
Stow, Massachusetts

Kathleen M. Poe
Kirby-Smith Middle School
Jacksonville, Florida

Cynthia B. Pope
Ruffner Middle School
Norfolk, Virginia

Anne Scammell
Geneva Middle School
Geneva, New York

Karen Riley Sievers
Callanan Middle School
Des Moines, Iowa

David M. Smith
Howard A. Eyer Middle School
Macungie, Pennsylvania

Derek Strohschneider
Plymouth Community
    Intermediate School
Plymouth, Massachusetts

Sallie Teames
Rosemont Middle School
Fort Worth, Texas

Gene Vitale
Parkland Middle School
McHenry, Illinois

Zenovia Young
Meyer Levin Junior
    High School (IS 285)
Brooklyn, New York

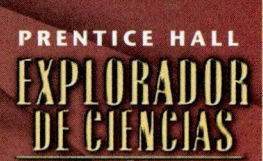

Contenido

Cambios en la superficie terrestre

Naturaleza de las ciencias:
  Mamíferos del periodo Jurásico 8

Capítulo 1 Mapas de la superficie terrestre **12**
  1 Explorar la superficie terrestre 14
  2 Modelos de la Tierra 19
  3 Integrar la tecnología: Mapas en la era de las computadoras 26
  4 Mapas topográficos 29

Capítulo 2 Desgaste y formación del suelo **38**
  1 Las rocas y el desgaste 40
  2 Formación y composición del suelo 49
  3 Integrar las ciencias del ambiente: Conservación del suelo ...57

Capítulo 3 Erosión y sedimentación **64**
  1 Cambios en la superficie terrestre 66
  2 Erosión por agua 72
  3 Integrar la física: La fuerza del agua en movimiento 85
  4 Los glaciares 89
  5 Las olas 94
  6 El viento 98

Capítulo 4 Un viaje a través del tiempo geológico **104**
  1 Fósiles 106
  2 Cálculo de la edad relativa de las rocas 113
  3 Integrar la química: Datación por radiactividad 119
  4 La escala del tiempo geológico 123
  5 Historia de la Tierra 128

Exploración interdisciplinaria: El regalo del Nilo **144**

Sección de referencia
Manual de destrezas **152**
  Piensa como científico 152
  Hacer mediciones 154
  Realizar una investigación científica 156
  Razonamiento crítico 158
  Organizar la información 160
  Crear tablas de datos y gráficas 162
Apéndice A: Seguridad en el laboratorio 165
Apéndice B: Mapa físico de Estados Unidos 168
Glosario 170
Índice 173
Reconocimientos 176

Actividades

Actividades de investigación

PROYECTO DEL CAPÍTULO
Investigación de largo plazo

Capítulo 1: Usar el mapa	13
Capítulo 2: Suelos para sembrar	39
Capítulo 3: Cambios en la forma del terreno	65
Capítulo 4: Un viaje al pasado	105

DESCUBRE
Exploración e investigación antes de leer

¿Cómo es el terreno cerca de tu escuela? 14
¿Cómo podrías aplanar la curvatura de la Tierra? 19
¿Puedes hacer una imagen con pixeles? 26
¿Puede un mapa mostrar el relieve? 29
¿Qué tan rápido hace efervescencia? 40
¿Qué es el suelo? 49
¿Cómo evitarías que el agua erosione el suelo? 57
¿Cómo afecta la gravedad a los materiales
    de una pendiente? 66
¿Cómo desgastan a las rocas las corrientes
    de agua? 72
¿Cómo se depositan los sedimentos? 85
¿Cómo cambian la tierra los glaciares? 89
¿Qué se puede aprender de la arena de la playa? ..94
¿Cómo afecta el viento a los sedimentos? 98
¿Qué hay en una roca? 106
¿En qué orden se depositan los sedimentos? 113
¿Cuánto tardará en desaparecer? 119
¡Así es tu vida! 123
¿Qué revelan los fósiles sobre la historia de la Tierra? ..128

Mejora tus destrezas
Práctica de destrezas específicas de la investigación científica

Interpretar datos 31
Predecir 51
Observar 69
Desarrollar hipótesis 87
Calcular 95
Calcular 121

INTÉNTALO
Refuerzo de conceptos clave

¿Dónde se encuentra? 22
Quita la herrumbre 44
Un metro cuadrado de suelo 54
Gotas de lluvia 74
Fósiles dulces 108
Analiza un sándwich 114
La vida y las épocas 136

Laboratorio de destrezas
Práctica detallada de las destrezas de investigación

Mapa en cacerola 34
Sacude la roca 46
Colinas de arena 70
Cómo pasa el tiempo 126

Laboratorio real
Aplicación diaria de conceptos científicos

Un caso límite 25
Aprender a conocer el suelo 56
Corrientes en acción 82
Hallar pistas en las capas de roca 118

Actividades interdisciplinarias

Herramientas matemáticas
Escalas y razones 30

Ciencias e historia
Mapas y tecnología 20

Ciencias y sociedad
Conservación de los monumentos de piedra 48
Protección de casas en llanuras aluviales 84

Conexión
Artes del lenguaje 59
Estudios sociales 86
Música 115

NATURALEZA DE LAS CIENCIAS

Mamíferos del PERIODO JURÁSICO

Kelli Trujillo, 31, es una estudiante de posgrado de paleontología de los vertebrados en la Universidad de Wyoming. En el verano, usa parte de su tiempo en excavaciones de fósiles. Kelli también practica la música y es una entusiasta de las actividades al aire libre. Toca la guitarra, la flauta y el piano.

Pasar la mitad del verano a solas en un pequeño remolque en la parte desértica de Wyoming no suena divertido. Pero para Kelli Trujillo, una estudiante de posgrado de paleontología, es un sueño hecho realidad. Como paleontóloga, estudia los restos de seres vivos antiguos.

Kelli trabaja cerca de Como Bluff, Wyoming, uno de los cementerios de dinosaurios más famosos de Estados Unidos. Pero ella no busca huesos de dinosaurios, sino los restos de mamíferos que vivieron al final del periodo Jurásico, hace unos 150 millones de años.

Durante el periodo Jurásico, el sureste de Wyoming era llano y estaba salpicado de lagos y corrientes. Las Montañas Rocallosas todavía no se formaban. A la sombra de los dinosaurios vivían pequeños animales, entre los que se encontraban algunos de los primeros mamíferos: criaturas parecidas a ratones y a musarañas. Se sabe muy poco de estos mamíferos. Sus huesos son diminutos, por lo que es difícil encontrarlos. "Si encuentro un diente de mamífero, ya es bastante porque esos descubrimientos son inusuales", dice Kelli.

El *Apatosaurus* y mamíferos pequeños vivieron en el mismo periodo.

Charla con Kelli Trujillo

P ¿Cómo te interesaste en las ciencias?

R Mi papá era maestro de historia, pero le apasionaba la geología, así que siempre había rocas por la casa. Pasábamos mucho tiempo en campamentos y excursiones y buscando rocas. Antes de ir a la escuela ya sabía lo que eran el cuarzo y la mica.

P ¿Cómo escogiste la geología?

R En la secundaria tuve un maestro de geología muy bueno que me ayudó a desarrollar mi interés, sobre todo en los fósiles. No pensaba que llegaría a ser geóloga porque tenía que estudiar álgebra. Y el álgebra se me hacía difícil y me asustaba, así que me titulé en tecnología veterinaria, que no requiere nada de matemáticas. Durante tres años trabajé en ese campo, pero no me gustaba. Entonces, decidí volver a la universidad y tomé las clases de matemáticas que me faltaban para titularme en ciencias.

P ¿Por qué te especializaste en paleontología?

R Empecé como voluntaria en algunas excavaciones de fósiles. La primera fue un proyecto estudiantil cerca de Gunnison, Colorado. Un par de estudiantes había rescatado más de 900 fragmentos de huesos de un *Apatosaurus*, un dinosaurio grande de cuatro patas. Después, ayudé a un amigo a desenterrar un *Allosaurus*, un gran dinosaurio carnívoro, cerca de Medicine Bow, Wyoming.

P ¿Qué has encontrado en tu búsqueda de fósiles?

R Muchos fragmentos de caparazones de tortugas, de unos cinco centímetros cuadrados, con protuberancias y ondulaciones. Montones de dientes de cocodrilo y de algunos peces con pulmones. También algunas vértebras de salamandra —los huesos de la columna— y varias vértebras y fragmentos de mandíbula de un lagarto pequeño llamado *Cteniogenys*. Además, veinte dientes de mamíferos.

P ¿Cómo se conservaron esos fragmentos?

R Es posible que los animales vivieran en un pequeño lago. Cuando murieron, sus cuerpos quedaron enterrados en sedimentos —capas de suelo— en el fondo del lago. Los restos estuvieron sepultados 150 millones de años.

P ¿Qué infieres de un organismo a partir de sus dientes o fragmentos de huesos?

R Puedes saber mucho acerca de los animales a partir de sus dientes. Los animales con dietas diferentes tienen dientes distintos. Por ejemplo, los carnívoros no necesitan dientes trituradores como los que tienen los herbívoros. Los dientes de cocodrilos y lagartos son muy fáciles de identificar. Los dientes de los mamíferos están muy especializados. De hecho, los dientes

▲ Kelli busca fragmentos de mamíferos en este sitio de Wyoming (arriba). Kelli y un colaborador examinan un fósil del período Jurásico (derecha).

◄ Kelli trabajó en varios sitios, señalados en el mapa, donde se hallaron fósiles de mamíferos y dinosaurios.

especializados son una de las cosas que distinguen a los mamíferos de los demás animales.

En cuanto a los huesos, todo depende. Si se trata de un hueso completo, se puede hacer una buena suposición sobre de qué clase de animal proviene. Pero muchas veces sólo se encuentran fragmentos irreconocibles.

P *¿Qué claves ofrecen las rocas en las que se encontró un fósil acerca de su edad?*

R Es difícil señalar una edad absoluta a las rocas sedimentarias. Muchas veces seguimos la regla de que las rocas más nuevas están sobre las más antiguas. Si tenemos suerte, habrá una capa de ceniza volcánica en las rocas, ciertos cristales o minerales de hierro que sabemos cómo fechar. En Wyoming, trabajo en una capa de rocas conocida como la formación Morrison, que ha sido fechada como a finales del período Jurásico.

P *¿Cómo saben los científicos dónde excavar para encontrar fósiles?*

R Por lo regular se ve algo en la superficie, algunos trozos de hueso que sobresalen de una roca. Los huesos tienen otra forma y textura y muchas veces son de otro color. Si uno sabe qué busca, los huesos saltan a la vista.

P *¿Qué herramientas usas?*

R Una de las más útiles es una escoba. Me sirve para limpiar las rocas y ver su superficie con más claridad. Para desenterrar huesos, se usa de todo: desde picos y palas hasta taladros eléctricos y perforadoras neumáticas. En el caso de las piezas pequeñas o delicadas, se necesitan herramientas manuales, como martillos, picos, cinceles y una criba. Las cribas son, básicamente, cajas de madera con un enrejado en el fondo. Se mete un par de puñados de rocas en la caja y se pone en

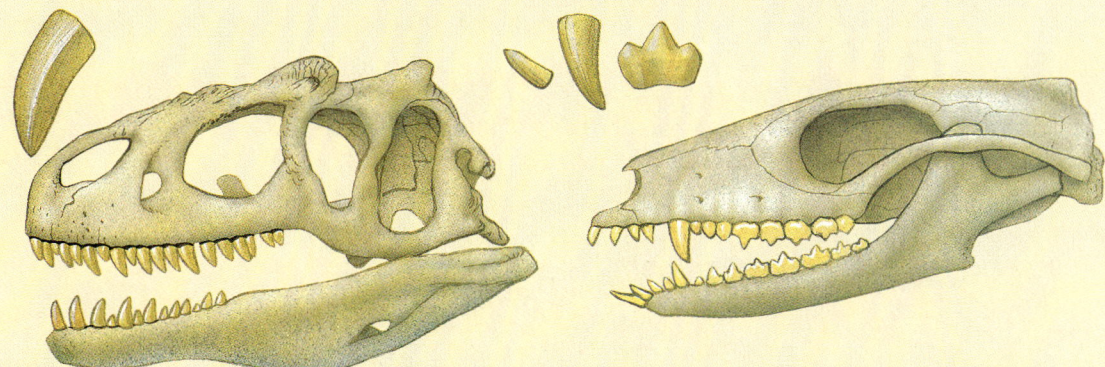

Dientes de dinosaurios y mamíferos

Las mandíbulas fuertes y los dientes largos y puntiagudos del *Allosaurus* (arriba) funcionaban como una sierra para desgarrar dinosaurios más pequeños. El *Allosaurus* era un gran dinosaurio carnívoro del periodo Jurásico.

Los dientes de los mamíferos son diferentes de los de los dinosaurios. Los dientes de los mamíferos del Jurásico (arriba) estaban especializados en diversas funciones. La combinación de caninos, incisivos y molares les permitían desgarrar, romper y moler.

← Tamaño real de un diente de un mamífero primitivo

Tamaño real de un diente de *Allosaurus*.

una artesa grande con agua. Se deja que el agua deshaga las rocas del fósil. Si se trata de la clase correcta de roca, ésta se deshará. Pero algunas rocas nunca se disuelven.

P ¿Cómo recuperas los fósiles de mamíferos pequeños?

R Lleno un par de bolsas con rocas y las llevo al laboratorio. Ahí las lavo en la criba, seco lo que queda y busco. Hay fósiles muy pequeños; algunos caben en la cabeza de un alfiler. Por eso, hay que ver todo con el microscopio, grano a grano, para averiguar si hay algún fósil mezclado con las rocas. Se necesita mucha paciencia.

P ¿Qué esperas encontrar?

R En general, lo que queda de los primeros mamíferos son los dientes, pero tengo la esperanza de encontrar en este sitio cráneos y otros huesos, como patas o vértebras. Me sentí muy emocionada cuando encontré esos veinte dientes de mamífero.

P ¿Alguna vez te sientes sola o desalentada en el campo?

R Cuando trabajo en el sitio, el tiempo pasa tan rápido que ni siquiera pienso en ello. Es maravilloso estar fuera todo el día. Los insectos y el viento no son tan agradables, pero estoy en medio de ningún lugar y eso es absolutamente hermoso.

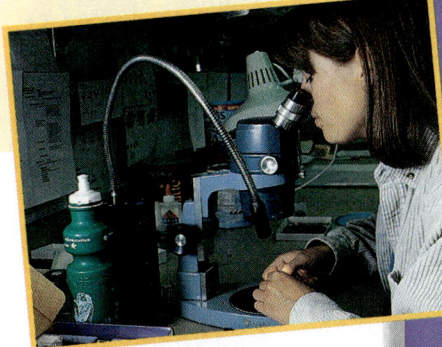

En su laboratorio, Kelli examina con el microscopio pequeños dientes de mamíferos.

En tu diario

El trabajo de Kelli Trujillo como paleontóloga consta de varias etapas. En cada una, desde buscar un sitio de fósiles hasta sacar conclusiones en el laboratorio, Kelli aplica distintas destrezas. Haz una lista de dos columnas. En una columna, anota las etapas que sigue Kelli; en la otra, las destrezas que emplea en cada etapa.

CAPÍTULO 1
Mapas de la superficie terrestre

Lo que encontrarás

SECCIÓN 1 Explorar la superficie terrestre
Descubre ¿Cómo es el terreno cerca de tu escuela?

SECCIÓN 2 Modelos de la Tierra
Descubre ¿Cómo podrías aplanar la curvatura de la Tierra?
Inténtalo ¿Dónde se encuentra?
Laboratorio real Un caso límite

Integrar la tecnología
SECCIÓN 3 Mapas en la era de las computadoras
Descubre ¿Puedes hacer una imagen con pixeles?

12 ◆ G

PROYECTO 1

Usar el mapa

Un río resplandeciente corre por una planicie verde. La planicie es una de las formas del relieve terrestre. En este capítulo, aprenderás acerca de las planicies y otras formas del relieve, como montañas y mesetas. También aprenderás a leer y usar los mapas que muestran la forma, la altura y el declive de la superficie terrestre. En el proyecto de este capítulo, escogerás un terreno pequeño para trazar un mapa de sus accidentes geográficos.

Tu objetivo Trazar un mapa a escala de un terreno pequeño de tu vecindario.

Para completar este proyecto con éxito, tendrás que:
- trabajar con tu maestro o con un adulto de tu familia
- escoger y medir un terreno pequeño, cuadrado o rectangular
- localizar el norte con una brújula y trazar un mapa a escala
- representar las formaciones naturales y las de origen humano del terreno con símbolos y una leyenda

Para empezar Comienza por buscar un lugar adecuado. Debe tener de 300 a 1,000 metros cuadrados de área. Puede ser parte de un parque, un patio o un jardín. Busca una zona que tenga elementos interesantes, como árboles, una corriente y cambios en la elevación o declive. Puede haber estructuras de origen humano, como bancas o banquetas.

Comprueba tu aprendizaje Trabajarás en este proyecto mientras estudias el capítulo. Para mantener tu proyecto en marcha, revisa los cuadros de Comprueba tu aprendizaje, en los puntos siguientes:

Repaso de la Sección 1, página 18: Escoge un sitio, mide sus límites y haz un boceto de sus accidentes.

Repaso de la Sección 2, página 24: Piensa en los símbolos que usarás en tu mapa.

Repaso de la Sección 4, página 33: Termina el boceto final de tu mapa incluyendo una leyenda y una escala.

Para terminar Al final del capítulo (página 37), presentarás tu mapa en la clase.

El río Cheyenne fluye a lo largo de los pastizales nacionales de Buffalo, en las cercanías de Red Shirt, Dakota del Sur.

 SECCIÓN 4 Mapas topográficos

Descubre ¿Puede un mapa mostrar el relieve?
Mejora tus destrezas Interpretar datos
Laboratorio de destrezas Mapa en cacerola

SECCIÓN 1  Explorar la superficie terrestre

DESCUBRE

¿Cómo es el terreno cerca de tu escuela?

1. En una hoja de papel, dibuja un cuadrado pequeño que represente a tu escuela.
2. Escoge una palabra que describa el terreno alrededor de tu escuela, como llano, accidentado u ondulado. Escribe la palabra junto al cuadrado.
3. Determina con una brújula en qué dirección está el norte. Asumimos que el norte está en la parte superior del papel.
4. Si viajas desde tu escuela 1 kilómetro al norte, ¿qué clase de terreno hay? Describe con una palabra el terreno de esta zona. Escribe esa palabra al norte del cuadrado.
5. Repite el paso 4 para las zonas localizadas 1 kilómetro al este, al sur y al oeste de tu escuela.

Reflexiona sobre
Formular definiciones operativas ¿Con qué frase describirías el terreno de tu región?

GUÍA DE LECTURA

◆ ¿Qué determina la topografía de la superficie terrestre?
◆ ¿Cuáles son los principales tipos de accidentes geográficos?
◆ ¿Cuáles son las cuatro "esferas" que componen la superficie terrestre?

Sugerencia de lectura Antes de leer, da un vistazo a *Explorar accidentes geográficos* en la página 17. Haz una lista de las preguntas que tengas sobre los accidentes geográficos.

En 1804, partió de St. Louis una expedición para explorar la región entre el río Mississippi y el océano Pacífico. Estados Unidos acababa de comprar a Francia ese vasto territorio llamado Louisiana. Antes de la compra de Louisiana, Estados Unidos se extendía de la costa del Atlántico al río Mississippi en el oeste. Pocos ciudadanos del país habían viajado más al oeste del Mississippi, y nadie había cruzado por tierra hasta el océano Pacífico.

Encabezada por Meriwether Lewis y William Clark, la expedición remontó el río Missouri, cruzó las Montañas Rocallosas, siguió por el río Columbia hasta el océano Pacífico y luego regresó. El propósito de la expedición era trazar un mapa del interior de Estados Unidos y descubrir recursos.

Topografía

En su viaje por el Pacífico, la expedición de Lewis y Clark recorrió más de 5,000 kilómetros a través del territorio de América del Norte. Durante el trayecto, Lewis y Clark observaron muchos cambios en la topografía. La **topografía** es la forma del terreno. La topografía de una zona puede ser llana, accidentada o montañosa.

Figura 1 En su viaje por el río Columbia, la expedición de Lewis y Clark descubrió el pueblo Chinook.

La topografía de una zona está determinada por su elevación, relieve y accidentes geográficos. Si el escritorio donde haces tu tarea está cubierto por pilas de libros, papeles y otros objetos de varios tamaños y formas, tu escritorio tiene elevación y relieve.

Elevación La altura sobre el nivel del mar de un punto en la superficie de la Tierra, es su **elevación.** Cuando Lewis y Clark partieron de St. Louis, se encontraban a unos 140 metros sobre el nivel del mar. Cuando llegaron al paso Lemhi en las Montañas Rocallosas, estaban a más de 2,200 metros sobre el nivel del mar.

Relieve La diferencia de elevación entre las partes más altas y las más bajas de una zona es su **relieve.** Cuando la expedición de Lewis y Clark se introdujo en las Montañas Rocallosas, el relieve cambió del terreno llano u ondulado, con bajo relieve, a inmensas montañas con un relieve muy alto.

Accidentes geográficos Si hubieras seguido la ruta de la expedición de Lewis y Clark por el occidente de América del Norte, habrías visto muchos accidentes geográficos. Los **accidentes geográficos** son las características de la topografía formadas por los procesos que configuran la superficie terrestre. Todos los accidentes geográficos tienen elevación y relieve. Una zona grande donde la topografía es similar se llama **región con accidentes geográficos.** La Figura 3 muestra las regiones de Estados Unidos.

✓ *Punto clave* ¿Cuál es la diferencia entre elevación y relieve?

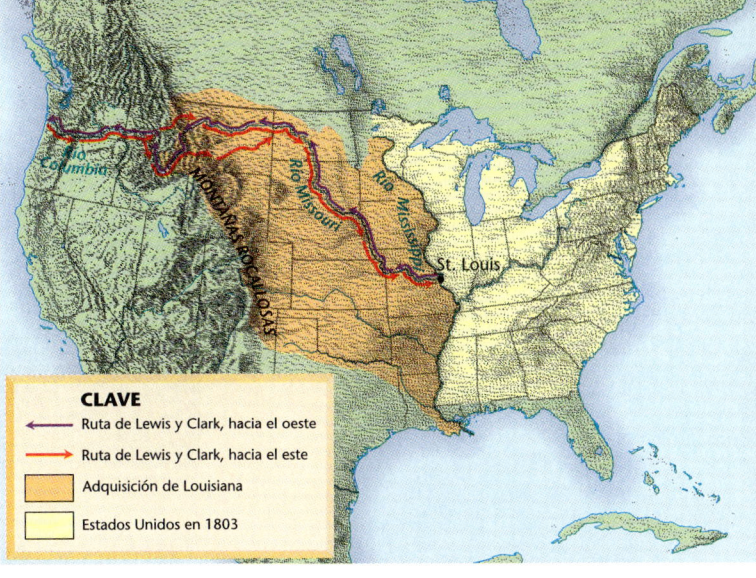

Figura 2 La expedición de Lewis y Clark siguió los ríos principales, excepto cuando cruzó las Montañas Rocallosas.

Figura 3 Estados Unidos tiene muchas y diferentes regiones con accidentes geográficos.
Interpretar mapas ¿En qué regiones se encuentran Charleston, Topeka, Santa Fe y Walla Walla?

Figura 4 Las Grandes Planicies del occidente de América del Norte comprenden una vasta zona de terreno llano u ondulado. Las Grandes Planicies son planicies interiores. *Predecir* ¿Cuáles crees que serían algunas diferencias entre las planicies interiores y las costeras?

Tipos de accidentes geográficos

Los accidentes geográficos varían mucho en tamaño y configuración, de planicies uniformes que se pierden hasta el horizonte, a colinas suaves que se pueden trepar a pie y montañas escarpadas que tomaría días darles la vuelta. **Hay tres tipos principales de accidentes geográficos: planicies, montañas y mesetas.**

Planicies Las **planicies** son accidentes geográficos llanos o ligeramente ondulados con relieve bajo. Las que están junto a las costas se llaman planicies costeras. En América del Norte, una planicie costera envuelve como delantal las costas este y sureste del continente. Las planicies costeras son poco elevadas y el relieve es escaso.

Las planicies interiores son las que se encuentran lejos de las costas. Tienen relieve bajo, pero su elevación varía. A la extensa planicie interior de América del Norte se le llama Grandes Planicies.

Las Grandes Planicies se extienden desde el norte de Texas hasta Canadá. Desde el límite este de los estados de Dakota del norte y del sur, Nebraska, Kansas, Oklahoma y Texas, las Grandes Planicies avanzan al oeste hasta las Montañas Rocallosas. En la época de la expedición de Lewis y Clark, las Grandes Planicies eran un vasto pastizal.

Figura 5 Las montañas Bitterroot de Idaho son parte del sistema de las Montañas Rocallosas.

Montañas Una **montaña** es un accidente geográfico con mucha elevación y relieve alto. En general forman parte de una cordillera. Las **cordilleras** son grupos de montañas relacionadas por su forma, estructura y edad. Después de cruzar las Grandes Planicies, la expedición de Lewis y Clark atravesó en Idaho una cordillera escarpada llamada montañas Bitterroot.

Las cordilleras de una región comprenden un sistema montañoso. Las montañas Bitterroot son una cordillera del sistema montañoso conocido como Montañas Rocallosas.

Las cordilleras y los sistemas montañosos interconectados forman una unidad mayor llamada cinturón orográfico. Las Montañas Rocallosas son parte de un gran cinturón orográfico que se extiende por el oeste hacia el norte y el sur de América del Norte.

Mesetas Los terrenos muy elevados y con una superficie más o menos uniforme se llaman **mesetas.** No es habitual que las mesetas sean perfectamente llanas. Ríos y corrientes suelen cortar su superficie. Un ejemplo es la meseta Columbia en el estado de Washington. El río Columbia, que siguió la expedición de Lewis y Clark, corta esta meseta, cuyas numerosas capas de roca tienen unos 1,500 metros de espesor.

☑ *Punto clave* ¿Qué tipo de accidentes geográficos tienen escaso relieve?

EXPLORAR *accidentes geográficos*

Montañas, planicies y mesetas son apenas tres de los accidentes geográficos que conforman la topografía de la superficie terrestre.

Montañas
Por lo regular, la base de las montañas cubre un área de varios kilómetros cuadrados, pero la cumbre puede elevarse hasta un solo punto. Las montañas suelen tener laderas abruptas.

Planicies
Las planicies se encuentran en los bordes o en el interior de los continentes.

Mesetas
La parte alta de las mesetas forma una superficie uniforme.

Las cuatro esferas de la Tierra

La travesía de dos años de Lewis y Clark los llevó por el oeste de América del Norte. En el camino, observaron la tierra, el agua, el aire y los seres vivos. Juntos, estos cuatro elementos componen todo lo que existe sobre el planeta. **Los científicos dividen la Tierra en cuatro esferas: litosfera, hidrosfera, atmósfera y biosfera.** En este libro, estudiarás principalmente la litosfera y cómo es afectada por las otras cuatro esferas.

La capa externa sólida y rocosa de la Tierra se denomina **litosfera.** La litosfera está compuesta por los continentes, así como por las pequeñas masas terrestres llamadas islas. La litosfera se extiende bajo todo el suelo oceánico. La superficie de la litosfera varía de planicies llanas a colinas y valles ondulados, y a escarpados picos montañosos.

La última esfera es la **atmósfera,** la mezcla de gases que rodea la Tierra. Por mucho, los gases más abundantes son el oxígeno y el nitrógeno, pero la atmósfera también tiene vapor de agua, dióxido de carbono y otros gases. Cuando el vapor de agua se condensa, forma las gotitas que componen las nubes.

Los océanos, lagos, ríos y el hielo de la Tierra forman la **hidrosfera.** Casi toda la hidrosfera consta de agua salada de mar, pero también tiene parte de agua dulce. Los océanos cubren más de dos tercios de la Tierra.

Todos los seres vivos que existen en el aire, los mares, sobre la superficie terrestre o bajo ella, forman la **biosfera.** La biosfera se extiende dentro de las otras cuatro esferas.

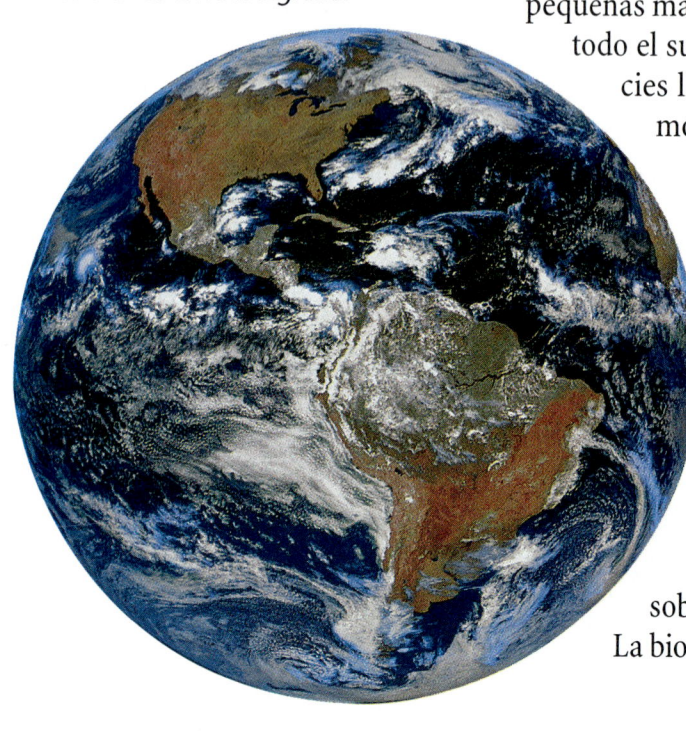

Figura 6 Vista desde el espacio que muestra las cuatro esferas de la Tierra: la atmósfera, la hidrosfera, la biosfera y la litosfera.
Observar ¿Qué evidencias de cada esfera ves en la fotografía?

Repaso de la sección 1

1. ¿Cuáles son los tres factores que determinan la topografía de una región?
2. ¿Cuáles son los tipos de accidentes geográficos más comunes?
3. ¿Qué es más grande, un cinturón montañoso o un sistema montañoso?
4. ¿En qué esfera de la Tierra encuentras una nube? ¿Una montaña? ¿Un lago? ¿Un árbol?
5. **Razonamiento crítico Comparar y contrastar** ¿En qué se parecen las montañas y las mesetas? ¿En qué difieren?

Comprueba tu aprendizaje

PROYECTO DEL CAPÍTULO 1

Escoge el sitio más cuadrado o rectangular que puedas.
PRECAUCIÓN: *Antes de comenzar, pide permiso al propietario.* Para empezar a trazar el mapa de tu sitio, marca las cuatro esquinas con palos, piedras u otras señales. Mide los límites y anota las distancias en un boceto. El boceto debe mostrar la topografía de tu sitio más las formaciones naturales y de origen humano. Pon una flecha que indique el norte. ¿Cómo determinas en qué dirección está el norte?

SECCIÓN 2 Modelos de la Tierra

DESCUBRE · ACTIVIDAD

¿Cómo podrías aplanar la curvatura de la Tierra?

1. Con un plumón delgado, traza en una naranja o toronja un boceto general de los contornos de los continentes.
2. Con un cuchillo de plástico, quita con cuidado la cáscara. Procura separar la cáscara en un solo trozo para que los continentes queden intactos.
3. Trata de poner las cáscaras de naranja en una superficie plana.

Reflexiona sobre
Observar ¿Qué ocurre con los continentes al aplanar la cáscara? ¿Qué ajustes necesitarías hacer a las formas de los continentes para que coincidan su forma y su posición en la esfera?

Quieres invitar a unos familiares que viven en otra población, a una actividad deportiva en tu escuela. Podrías explicarles con palabras cómo encontrar la escuela: "Tomen la tercera salida de la autopista, doblen a la izquierda en el primer semáforo", etc. Pero suele ser difícil seguir las indicaciones verbales. En cambio, puedes trazar un mapa de la mejor ruta a tu escuela. Los mapas usan imágenes en lugar de palabras para decir dónde está un lugar.

Mapas y globos terráqueos

Los mapas y los globos terráqueos muestran el tamaño, la forma y la posición de las formaciones de la superficie terrestre. Un **mapa** es un modelo plano de toda o parte de esa superficie vista desde arriba. Los **globos terráqueos** son esferas que representan toda la superficie terrestre. Muestran exactamente el tamaño y las formas de las masas de tierra y los cuerpos de agua, como si vieras la Tierra desde el espacio.

Los mapas y los globos terráqueos están trazados a escala y representan con símbolos la topografía y otras características de la superficie terrestre. La **escala** de los mapas está relacionada con la dimensión real. Las escalas se indican en forma de proporción. Por ejemplo, una unidad en el mapa equivale a 25,000 unidades en el terreno. Así, un centímetro representa 0.25 kilómetros. Esta escala, "uno a veinticinco mil", se escribiría "1 : 25,000". La Figura 7 muestra tres formas de indicar la escala en los mapas.

GUÍA DE LECTURA

◆ ¿Cómo representan la superficie terrestre los mapas y los globos terráqueos?
◆ ¿Cómo se usan la latitud y la longitud para localizar puntos sobre la superficie terrestre?

Sugerencia de lectura Antes de leer, escribe los títulos de las secciones en forma de preguntas *cómo, por qué* o *qué*. A medida que leas, busca las respuestas a estas preguntas.

Figura 7 He aquí tres formas de mostrar la escala en los mapas.

Razón de escala 1:100,000
Barra de escala
0 1 2 3 4 5 km
0   1   2 mi
Escala de unidades equivalentes
1 cm = 1 km   1 plg = 1.58 millas

Los cartógrafos usan imágenes llamadas **símbolos** para representar los accidentes de la superficie de la Tierra, como ríos, lagos, montañas y planicies, y también las modificaciones hechas por los humanos, como autopistas, ciudades o aeropuertos. La **clave,** o leyenda, de los mapas es una lista de los símbolos que usan con una explicación de su significado.

Los mapas incluyen una rosa de los vientos que ayuda al usuario a relacionar las direcciones en el mapa con las direcciones en la superficie terrestre. O una flecha al norte, situada por lo regular en la parte superior de los mapas.

☑ *Punto clave* ¿*En dónde se encuentra el significado de los símbolos de los mapas?*

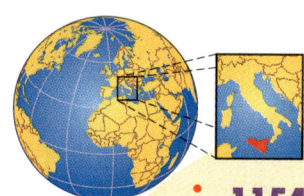

Mapas y tecnología

Hace siglos, se inventaron instrumentos para determinar la dirección de la brújula, la latitud y la longitud. Los cartógrafos desarrollaron técnicas para mostrar la superficie de la Tierra con precisión.

1154 Sicilia

El cartógrafo árabe Al-Idrisi trazó varios mapamundis para el rey Rogerio de Sicilia. Sus mapas fueron muy avanzados para su época. Mostraban los conocimientos de los árabes sobre la cartografía y la geografía. A diferencia de los mapas modernos, ponían el sur en la parte superior.

| 1100 | 1200 | 1300 | 1400 |

ALREDEDOR DEL 1100 China

Gracias a que la aguja de la brújula apunta al norte, los barcos sabían la dirección en el mar, incluso cuando el Sol o las estrellas no eran visibles. En el siglo XIII, árabes y europeos adoptaron el invento chino.

ALREDEDOR DE 1300 España

Unas líneas que representaban las direcciones de los vientos cruzaban un tipo de mapas llamados tablas portolanas. Estas tablas también mostraban las costas y puertos. Los capitanes usaban las tablas y la brújula para navegar de un puerto a otro en el mar Mediterráneo.

20 ◆ G

Sistema de referencia de la Tierra

Cuando juegas ajedrez o damas, la cuadrícula del tablero te permite saber dónde debe estar cada pieza. Para hallar un punto en la superficie terrestre, necesitas un sistema de referencias como la cuadrícula de los tableros. Desde luego, la Tierra no tiene líneas de cuadrícula, pero casi todos los mapas y globos terráqueos las muestran. La cuadrícula se basa en dos líneas imaginarias: el ecuador y el primer meridiano.

El ecuador Justo a la mitad entre los polos norte y sur, el **ecuador** forma una línea imaginaria que circunda la Tierra. El ecuador divide la Tierra en los hemisferios norte y sur. Un **hemisferio** es una mitad de la esfera que conforma la superficie terrestre.

En tu diario

Elige en la línea cronológica una época para aprender más sobre ella. Busca en la biblioteca información sobre los mapas de ese tiempo. ¿Quiénes los usaban? ¿Por qué eran importantes? Comparte lo que aprendiste escribiendo una carta como si fueras un viajero o explorador que utiliza un mapa de esa época.

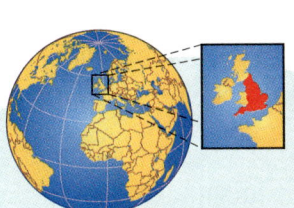

1595 Inglaterra
Para encontrar la latitud, los navegantes usaban varios instrumentos, entre ellos el astrolabio. Con él medían el ángulo entre el horizonte y el Sol o la estrella polar. Las mejoras posteriores llevaron a los instrumentos de navegación modernos.

1684 Francia
En tierra, los cartógrafos idearon nuevas formas para hacer mapas precisos. El mapa de Francia de Philippe de La Hire probó que el país era más pequeño de lo que sus habitantes creían. El rey de Francia dijo haber perdido más territorio en el mapa que el que habría perdido en una guerra.

1500 — 1600 — 1700 — 1800

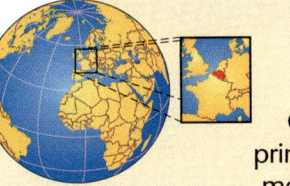

1569 Bélgica
El cartógrafo flamenco Gerardus Mercator inventó la primera proyección de un mapa moderno, que lleva su nombre. Mercator y su hijo Rumold también hicieron un atlas y mapamundis como el que se muestra abajo.

1763 Inglaterra
John Harrison, carpintero y mecánico, ganó un premio de la marina inglesa por construir un reloj muy exacto llamado cronómetro. Con el invento de Harrison, encontrar las latitudes fue más fácil y rápido. Con las longitudes exactas, los cartógrafos hicieron sus mapas con más precisión.

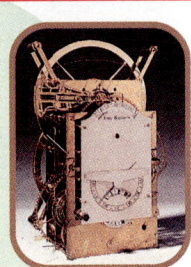

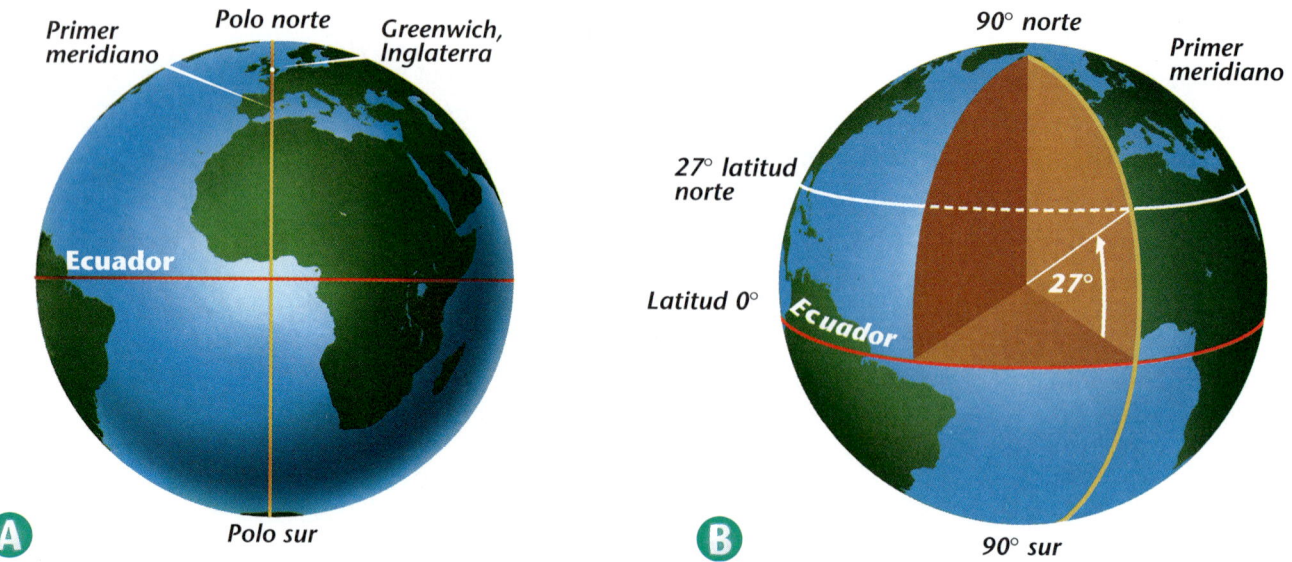

Figura 8 A. El ecuador y el primer meridiano dividen la Tierra en hemisferios. B. La latitud mide las distancias al norte o al sur del ecuador. C. La longitud mide las distancias al este o al oeste del primer meridiano. D. El Cairo, Egipto, se localiza donde la línea de latitud 30° N cruza la línea de longitud 31° E.

El primer meridiano Otra línea imaginaria, llamada **primer meridiano,** hace un medio círculo del polo norte al polo sur. El primer meridiano pasa por Greenwich, Inglaterra. Los lugares al este del primer meridiano se encuentran en el hemisferio oriental, los lugares al oeste se encuentran en el hemisferio occidental.

Mediciones en una esfera Para medir las distancias alrededor de un círculo, los científicos emplean unidades llamadas grados. Un **grado** (°) es $\frac{1}{360}$ de la circunferencia del círculo. Como se ve en la Figura 8, cada grado es una medida del ángulo formado por líneas trazadas del centro de la Tierra a puntos de la superficie. Si partieras desde el primer meridiano y viajaras rumbo al oeste a través del ecuador, recorrerías 360 grados antes de volver al punto de partida. Si salieras del ecuador y viajaras hacia uno de los polos, viajarías 90 grados, un cuarto de la distancia de todo el círculo.

☑ *Punto clave* ¿En cuáles dos hemisferios se localiza Estados Unidos?

Localización de puntos en la superficie terrestre

Con el ecuador y el primer meridiano, los cartógrafos han elaborado una cuadrícula compuesta de líneas de latitud y longitud. **Con las líneas de latitud y longitud se localiza cualquier punto sobre la Tierra.**

Latitud El ecuador es la línea de partida para medir la **latitud,** o distancia en grados al norte o el sur del ecuador. Entre el ecuador y ambos polos hay líneas uniformes llamadas líneas de latitud. Todas las líneas de latitud son paralelas al ecuador. La latitud se mide a partir del ecuador que está a los 0°. La latitud de cada polo es 90° norte y 90° sur.

INTÉNTALO

¿Dónde se encuentra?

Usa un globo terráqueo  para localizar los siguientes puntos:

2° S 79° O
38° N 9° O
34° N 135° E
34° S 58° O
55° N 3° O
1° N 103° E

¿Qué palabra se forma con las primeras letras de estas ciudades?

22 ◆ G

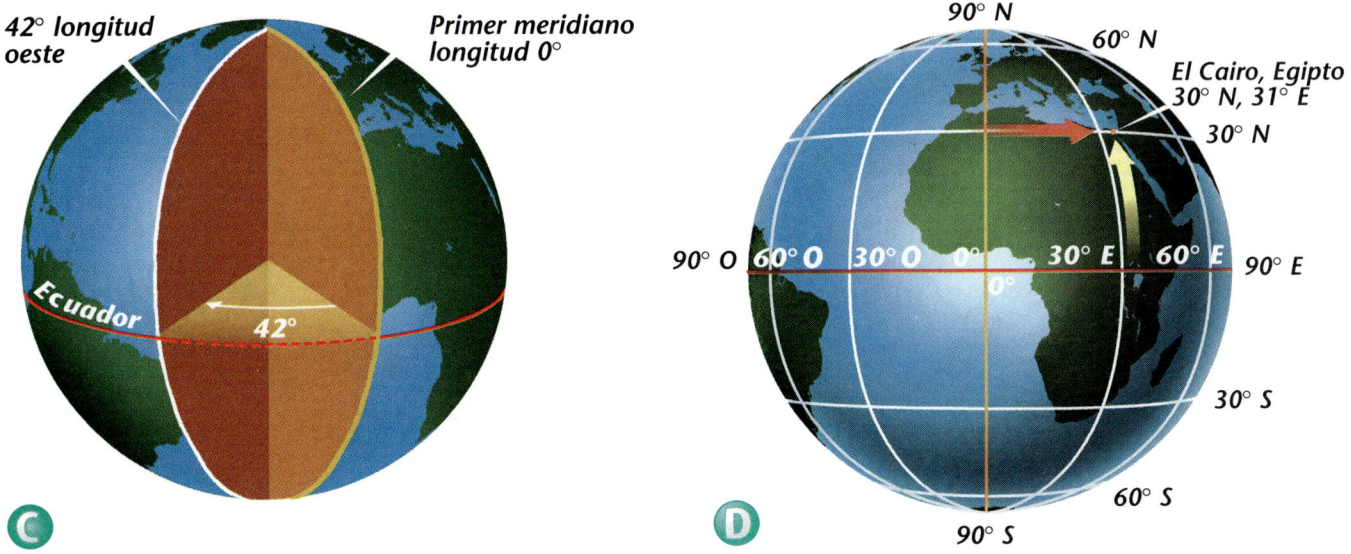

Longitud La distancia en grados al este y al oeste del primer meridiano se llama **longitud**. Hay 360 líneas de longitud que van de norte a sur y se unen en los polos. Cada línea representa un grado de longitud. El primer meridiano, que es el punto de partida para medir la longitud, se encuentra a los 0°. Cada línea de longitud cruza las líneas de latitud, incluyendo el ecuador, en ángulos rectos.

Como se muestra en la Figura 9, las líneas de longitud de cada hemisferio están numeradas hasta 180 grados, la mitad del total de grados del círculo. A los 180 grados este, o 180 grados oeste se encuentra una sola línea de longitud exactamente en el lado opuesto al primer meridiano.

Figura 9 Todo punto sobre la superficie terrestre tiene su propia latitud y longitud. *Interpretar mapas* ¿Cuáles son la latitud y la longitud de Nueva Orleans? ¿Y de Sydney?

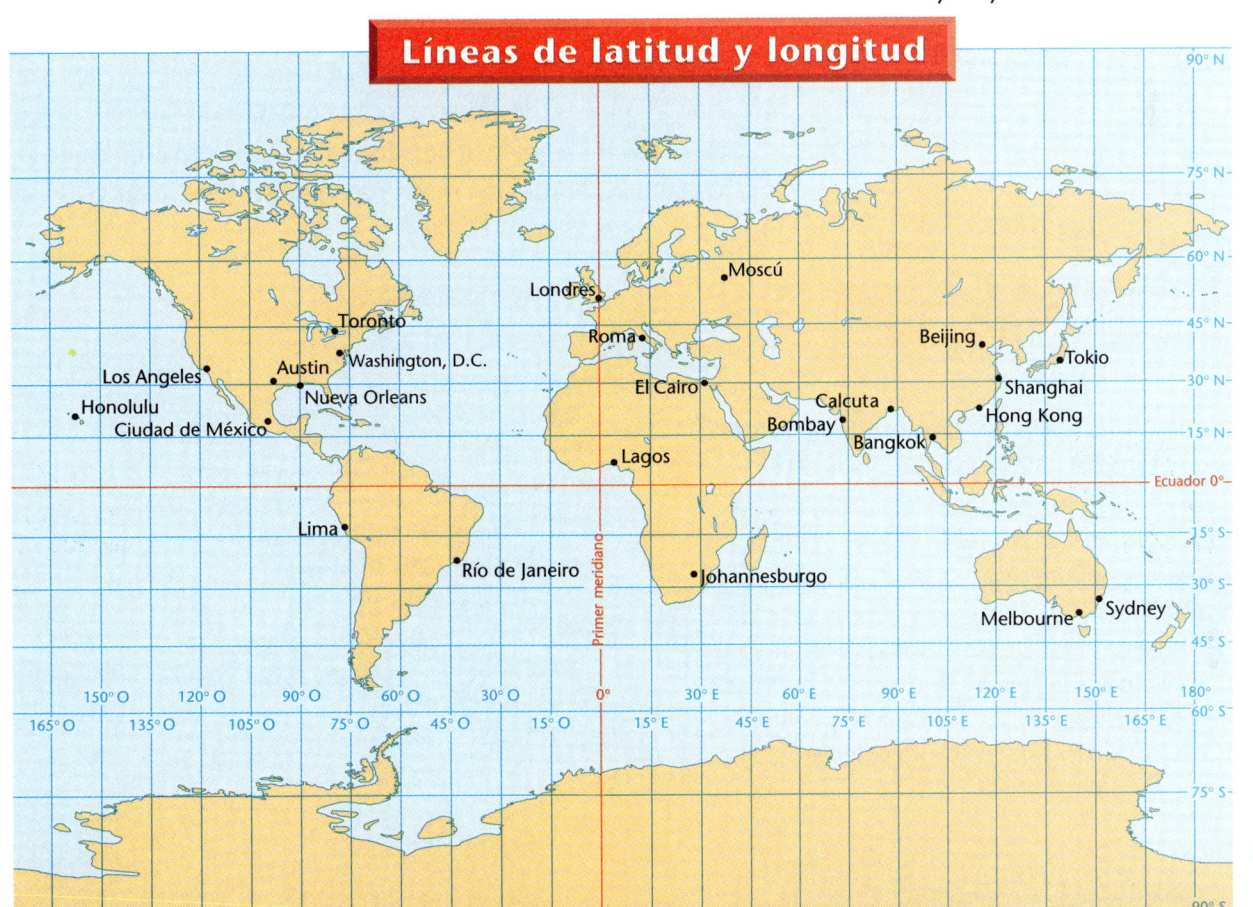

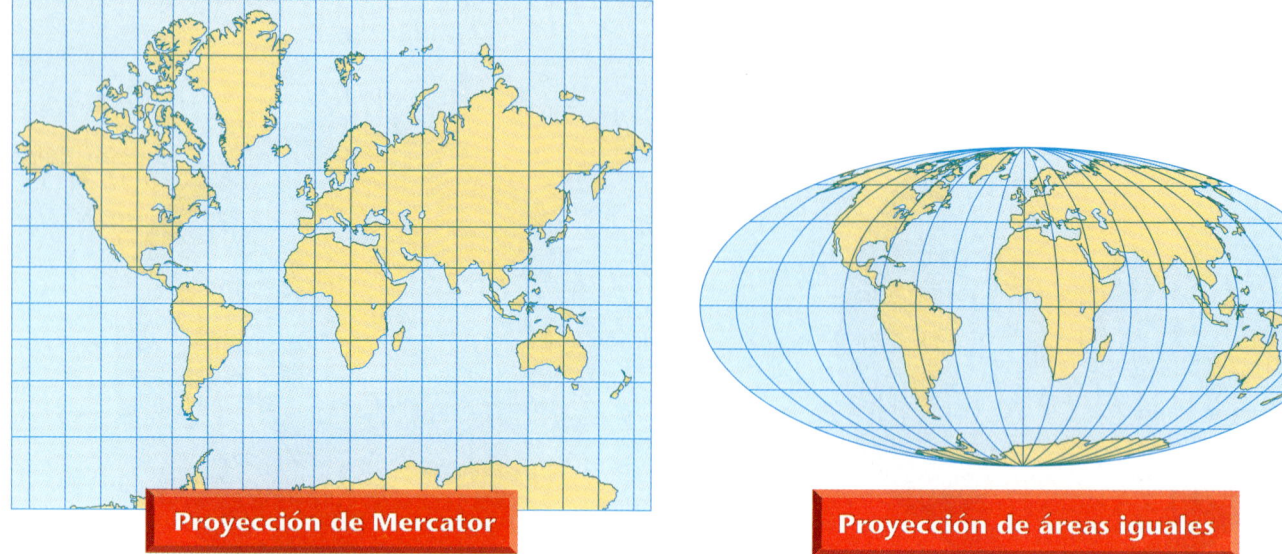

Figura 10 En una proyección de Mercator (izquierda), las líneas de longitud son paralelas, de modo que las formas cercanas a los polos están distorsionadas. Una proyección de áreas iguales (derecha) muestra correctamente las áreas, pero distorsiona algunas formas alrededor de los bordes. *Comparar y contrastar* ¿Por qué se ve más grande Groenlandia en la proyección de Mercator que en la de áreas iguales?

Proyecciones de mapas

Para mostrar la superficie curva de la Tierra en un mapa plano, los cartógrafos hacen proyecciones de mapas. La **proyección de mapa** es un marco de líneas que muestra las masas terrestres en una superficie plana.

En una proyección de Mercator, las líneas de latitud y longitud son líneas rectas paralelas que forman un rectángulo. En ella el tamaño y la forma de las masas terrestres cerca del ecuador están distorsionadas apenas un poco. Pero a medida que se avanza hacia los polos, el tamaño y la forma se distorsionan cada vez más. Esta distorsión se debe a que las líneas de longitud no se reúnen en los polos, como ocurre en los globos terráqueos. En la Figura 10, se ve que esta proyección también cambia relativamente el tamaño de las masas terrestres.

Para resolver el problema de la distorsión en las proyecciones de Mercator, los cartógrafos idearon las proyecciones de áreas iguales. Una proyección de áreas iguales muestra con precisión los tamaños relativos de las masas terrestres. Pero también tienen distorsión. Las formas de las masas terrestres cercanas a los bordes del mapa parecen estiradas y curvas.

Repaso de la sección 2

1. ¿Qué información dan las escalas de los mapas?
2. ¿Con qué se mide la latitud y la longitud?
3. ¿Cuáles son las ventajas y las desventajas de la proyección de áreas iguales?
4. **Razonamiento crítico Medir** Observa el mapa de la Figura 9. Si vuelas hacia el este desde Nueva Orleans, ¿cuántos grados de longitud debes cruzar para llegar a Shanghai? Si vuelas hacia el oeste desde Nueva Orleans, ¿cuántos grados de longitud cruzarías para llegar a Shanghai? Explica.

Comprueba tu aprendizaje

PROYECTO DEL CAPÍTULO 1

Escoge la escala apropiada para tu mapa. Haz una lista de las formaciones naturales y las de origen humano para las que necesitarás símbolos. Examina los mapas del capítulo y los que dé tu maestro. Piensa cómo encontrar los símbolos que incluirás. Si es posible, regresa a tu sitio y añade más detalles a tu mapa.

Tú y la historia
Un caso límite

Laboratorio real

Quizá te hayas preguntado cómo se decidió dónde localizar los límites de los estados.

Problema
¿Qué es más importante para localizar los límites de los estados, las líneas de latitud y longitud o los accidentes geográficos?

Enfoque en las destrezas
sacar conclusiones, observar, inferir

Materiales
Mapa de Estados Unidos con latitud, longitud y límites de los estados
papel calca   clips   lápices de colores

Procedimiento
1. Pon una hoja de papel delgado, para calcar, encima del mapa de Estados Unidos.
2. Traza las costas del Pacífico y el Atlántico con lápiz azul.
3. También con azul, traza las orillas de los Grandes Lagos que llegan a los estados cercanos.
4. Traza con lápiz rojo todas las fronteras estatales que vayan exactamente de norte a sur. (*Sugerencia:* Algunas fronteras rectas que parecen ir de norte a sur, como el límite occidental de Maine, no siguen las líneas de longitud.)
5. Con el verde, traza las fronteras estatales que vayan exactamente de este a oeste. (*Sugerencia:* Las fronteras rectas que están inclinadas, como el límite sur de Nevada, no siguen las líneas de latitud.)
6. Ahora traza con el lápiz azul todas las fronteras que siguen ríos.
7. Traza con un lápiz café todas las fronteras que no son líneas rectas ni ríos.

Analizar y concluir
1. Cuántas fronteras estatales están definidas por completo por la longitud y la latitud? ¿Cuántas están definidas en parte por la latitud y la longitud?
2. ¿Qué accidente se usa para definir una frontera cuando no se utilizan la latitud ni la longitud? Da ejemplos de estados específicos.
3. Estudia en el Apéndice B el mapa físico de Estados Unidos. ¿Qué otros accidentes geográficos se usan para definir fronteras? ¿Qué límites estatales están definidos por estos accidentes?
4. ¿Qué se usó más para definir las fronteras de los estados: la latitud o la longitud?
5. ¿Cuántos estados no definen sus límites con la latitud ni la longitud?
6. **Aplicar** ¿En qué región del país son más importantes las líneas de latitud y longitud para indicar las fronteras estatales? ¿Cuál crees que sea la razón de esto?

Explorar más
Investiga la historia de tu estado para averiguar cuándo y cómo fijaron sus límites. ¿Las fronteras de tu estado se basan en la longitud y la latitud; en los accidentes geográficos y la topografía o en ambos?

Estudia un mapa de tu condado o tu estado. ¿Hay otras características, aparte de las fronteras, que se relacionen con la longitud y la latitud? ¿Qué características parecen seguir los accidentes y la topografía?

INTEGRAR LA TECNOLOGÍA

SECCIÓN 3 Mapas en la era de las computadoras

DESCUBRE

¿Puedes hacer una imagen con pixeles?

1. Dibuja a lápiz una cuadrícula de 6 cuadros por lado con líneas espaciadas 1 centímetro.
2. Dibuja en la cuadrícula la silueta de un objeto sencillo, como una manzana.
3. Con un lápiz de color, rellena los cuadros que están dentro de la manzana. Si la mayor parte de un cuadro está dentro de la manzana, llénalo todo; si no déjalo en blanco.
4. Cada cuadro de tu cuadrícula representa un pixel, o unidad de información, acerca de tu imagen. Si miras tu imagen de pixeles, ¿puedes reconocer la forma original?

Reflexiona sobre
Predecir ¿Cómo cambiaría tu imagen de pixeles si dibujaras más pequeño el objeto? ¿Cómo se vería la imagen si hubieras usado papel milimétrico con cuadros más pequeños que los de tu cuadrícula?

GUÍA DE LECTURA

◆ ¿Cómo se utilizan los satélites y las computadoras para hacer mapas?

Sugerencia de lectura Antes de leer, ve las Figuras 12 y 13. Predice cómo han influido las computadoras en la cartografía.

Durante siglos, los cartógrafos reunieron datos y trazaron mapas a mano. Los exploradores bosquejaban mapas de las costas que veían desde sus barcos. A veces, los cartógrafos hacían dibujos de lugares, basados en informes de viajeros. Los mapas más precisos se hacían localizando puntos en la superficie mediante el método llamado de levantamiento de planos.

Durante el siglo XX, los cartógrafos aprendieron a trazar mapas muy exactos con las fotografías tomadas desde aviones. Las fotografías aéreas siguen siendo importantes para muchas formas de cartografía.

Desde la década de 1970, la información reunida por los satélites ha revolucionado la cartografía. Con los datos de los satélites, computadoras poderosas hacen mapas con rapidez y exactitud.

Figura 11 Las imágenes que envían los satélites se forman de pixeles. Esta ampliación muestra Tampa Bay y St. Petersburg, Florida.

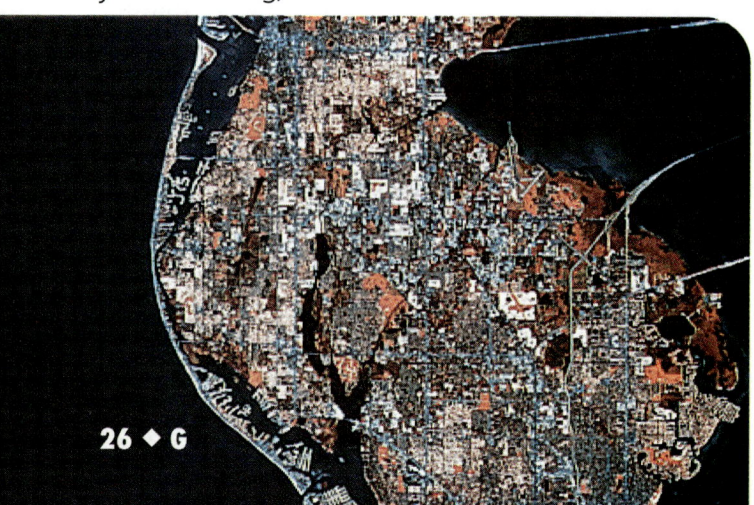

Mapas por satélite

A partir de 1972, Estados Unidos lanzó la serie de satélites Landsat para a observar la superficie terrestre. Con sus instrumentos electrónicos, el Landsat reúne información acerca de la superficie terrestre en una computadora. Las **imágenes satelitales** son fotografías de la superficie basadas en esos datos. Mientras están en órbita sobre la Tierra, toman y almacenan información de una franja de 185 kilómetros de ancho de la

Figura 12 El Landsat tomó estas imágenes de parte de los ríos Mississippi y Missouri. Muestran una zona al norte de St. Louis, antes (izquierda) y durante (derecha) una inundación en 1993. El Mississippi es el río más ancho en las dos imágenes. En ambas, el norte está en la parte superior.
Inferir ¿Qué puedes inferir del relieve del terreno entre los ríos Mississippi y Missouri?

superficie. Después, el satélite envía de regreso los datos a una estación terrestre donde las computadoras crean imágenes de la superficie.

Las imágenes del Landsat muestran lo que hay en la superficie terrestre: plantas, suelo, arena, roca, agua, nieve y hielo. También son visibles las obras humanas grandes, como las ciudades.

Impresión de imágenes satelitales Las imágenes satelitales están formadas por miles de puntos diminutos llamados **pixeles.** Una pintura hecha con pixeles tendría muchos puntos de color. En las imágenes satelitales, cada pixel contiene información sobre el color y la luminosidad de una parte pequeña de la superficie terrestre. Esta información se almacena en una computadora como una secuencia de ceros y unos. Cuando la imagen se imprime, la computadora convierte esos números en colores.

Interpretación de imágenes satelitales Los científicos aprenden a identificar los accidentes por su "firma", o combinación de colores y formas que crean en la imagen satelital. En ésta, las zonas cubiertas por pastizales, árboles o cultivos suelen verse de color rojo, el agua de negro o azul y las ciudades de gris azuloso. Las imágenes del Landsat pueden mostrar pastizales, bosques y campos agrícolas; zonas desérticas, montañas y ciudades. Al comparar una imagen con otra anterior, los científicos observan los cambios debidos a sequías, incendios forestales o inundaciones. La Figura 12 muestra imágenes satelitales tomadas antes y durante una inundación en el valle del río Mississippi.

Punto clave ¿Qué información contiene un pixel en una imagen de satélite?

Capítulo 1 **G ◆ 27**

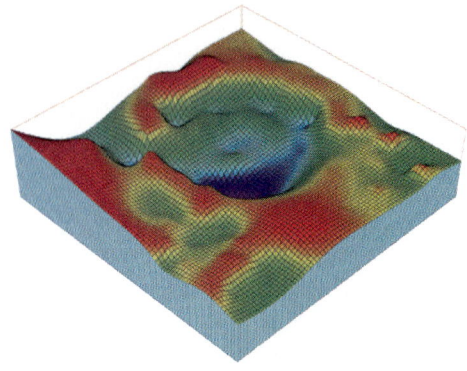

Figura 13 En la actualidad, las computadoras son una herramienta esencial para hacer mapas exactos. Una computadora produjo el modelo digital que se muestra arriba.

Mapas por computadora

Con las computadoras, los cartógrafos tienen nuevos medios de almacenar y desplegar los datos de los mapas. Gracias a las computadoras, los cartógrafos aprovechan datos de último minuto para trazar mapas fácil y rápidamente.

Todos los datos para hacer mapas por computadora deben estar en números, como los pixeles de las imágenes satelitales. El proceso por el que los cartógrafos convierten la localización de puntos en los mapas en números, se llama **digitalización.** Una vez digitalizados los datos de los mapas, se pueden ver en la pantalla de una computadora para modificarlos e imprimirlos en forma de mapa.

Las computadoras pueden crear automáticamente imágenes tridimensionales que a una persona le tomaría cientos de horas dibujar a mano. Por ejemplo, la imagen de computadora de la Figura 13 fue hecha para ayudar a los geólogos a buscar petróleo.

Repaso de la sección 3

1. Describe cómo reúne datos de la superficie terrestre el Landsat.
2. ¿Cuáles son las dos formas en que son útiles las computadoras para hacer mapas?
3. ¿En qué forma se ponen los datos de los mapas para que las computadoras puedan utilizarlos?
4. **Razonamiento crítico Hacer generalizaciones** Describe con tus propias palabras cómo han ayudado las computadoras y los satélites a mejorar la exactitud de los mapas.

Las ciencias en casa

Casi todos los mapas que ves en periódicos y revistas están hechos con computadoras. Hojea con tu familia periódicos y revistas nuevas. ¿Cuántos tipos de mapas puedes encontrar? Explícales la escala, los símbolos y la clave de los mapas. Después de estudiar un mapa, trata de exponer el punto principal de la información que muestra.

SECCIÓN 4 Mapas topográficos

DESCUBRE — ACTIVIDAD

¿Puede un mapa mostrar el relieve?

1. Recorta con cuidado las esquinas de ocho piezas de cartulina para que queden redondeadas. Cada pieza debe ser por lo menos 1 centímetro más pequeño que la anterior.
2. Recorta a lo largo de las dos piezas más grandes de modo que parezcan ondulados. No cortes la cartulina más de medio centímetro.
3. Dibuja en una hoja de papel el contorno de la pieza más grande.
4. Traza la siguiente pieza mayor dentro de la primera. No dejes que las líneas se crucen.
5. Traza el resto de las piezas de cartulina, de mayor a menor, una dentro de otra, en el mismo papel.
6. Apila junto al papel las piezas de cartulina en el mismo orden en que los dibujaste. Compáralas con tu dibujo. ¿En qué se parecen? ¿En qué difieren?

Reflexiona sobre
Hacer modelos Si las piezas de cartulina son un modelo del terreno, ¿qué representan las líneas en el papel?

Eres una ingeniera o ingeniero que planea el trazo de una autopista sobre un paso montañoso. Tienes que considerar muchos factores. Para que la autopista sea segura, necesitas evitar las cuestas más empinadas. Para proteger el suministro de agua de la zona, la autopista debe pasar a cierta distancia de ríos y lagos. También debes evitar que pase por casas y otras construcciones. ¿Cómo descubrirías la mejor ruta? Podrías comenzar por estudiar un mapa topográfico.

Mapas de la topografía terrestre

Los **mapas topográficos** son mapas que muestran el aspecto de la superficie de una zona. Retratan el terreno con símbolos, como si lo vieras desde arriba. **Los mapas topográficos ofrecen información muy precisa sobre la elevación, el relieve y la inclinación del terreno.**

GUÍA DE LECTURA

◆ ¿Qué son los mapas topográficos?

◆ ¿Cómo representan los cartógrafos la elevación, el relieve y la inclinación?

◆ ¿Qué es el Sistema de Localización Mundial?

Sugerencia de lectura A medida que leas, haz una lista de las ideas principales y los detalles secundarios de los mapas topográficos.

Figura 14 Los mapas topográficos ofrecen la información necesaria para construir autopistas, puentes y otros proyectos grandes.

Herramientas MATEMÁTICAS

Escalas y razones

Una razón compara dos números mediante una división. Por ejemplo, la escala de un mapa, dada como razón, es 1 : 250,000. En esta escala, la distancia entre dos puntos del mapa mide 23.5 cm. ¿Cómo encontrarías la distancia real? Comienza por escribir la escala como fracción.

$$\frac{1}{250,000}$$

Luego escribe una proporción. Sea d la distancia real entre los dos puntos.

$$\frac{1}{250,000} = \frac{23.5 \text{ cm}}{d}$$

Después escribe los productos cruzados.

$$1 \times d = 250,000 \times 23.5 \text{ cm}$$
$$d = 5,875,000 \text{ cm}$$

(*Sugerencia:* Para convertir cm a km, divide d entre 100,000.)

Usos de los mapas topográficos Los mapas topográficos se usan de muchas formas. Las empresas los utilizan para decidir dónde construir tiendas, alojamientos o fábricas. Los gobiernos de ciudades y poblaciones los usan para definir dónde construir escuelas. Los mapas topográficos también tienen usos recreativos. Si planearas hacer una excursión en bicicleta, en un mapa topográfico podrías ver si tu ruta sería llana o accidentada.

Escala Los mapas topográficos suelen ser a gran escala. Los mapas a gran escala muestran vistas en acercamiento de parte de la superficie terrestre. En Estados Unidos, casi todos los mapas topográficos están en escala 1 : 24,000, o 1 centímetro igual a 0.24 kilómetros. En esta escala, muestran detalles de elevación y características como ríos y costas. Las construcciones grandes, aeropuertos y autopistas principales aparecen trazados en la escala correcta. Para indicar casas y otros elementos pequeños se emplean símbolos.

Cobertura La mayoría de naciones tiene una dependencia gubernamental encargada de los mapas topográficos. En Estados Unidos, esa dependencia es el Levantamiento Geológico de Estados Unidos (USGS, por sus siglas en inglés). El USGS ha producido unos 57,000 mapas a escala 1 : 24,000 o 1 : 25,000. Los mapas cubren todo Estados Unidos, salvo partes de Alaska. Cada mapa cubre un área de aproximadamente 145 kilómetros cuadrados.

Símbolos En los mapas topográficos, los cartógrafos usan gran variedad de símbolos. Si dibujaras un mapa, ¿qué símbolos utilizarías para representar bosques, un campamento, un huerto, un pantano o una escuela? Mira en la Figura 15 los símbolos que emplea el USGS para estos y otros elementos.

✓ *Punto clave* En Estados Unidos, ¿qué dependencia se encarga de producir mapas topográficos?

Figura 15 En los mapas trazados por el Levantamiento Geológico de Estados Unidos se usan más de 150 símbolos.

Símbolos más comunes en los mapas

Línea de contorno: elevación		Carretera principal		Río	
Línea de contorno: depresión		Carretera secundaria		Corriente de agua	
Edificio		Carretera dividida		Cascada o rápidos	
Escuela, iglesia		Vía de ferrocarril		Poza o pantano	
Poblado		Aeropuerto		Arrecife de roca o coral	
Campamento, área de pic-nic		Bosques		Dique, presa	
Cementerio		Huerto		Riesgo de naufragio	

Figura 16 Las líneas de contorno de los mapas topográficos representan la elevación y el relieve.
Comparar y contrastar ¿Qué información ofrecen los mapas topográficos que las fotografías no pueden aportar?

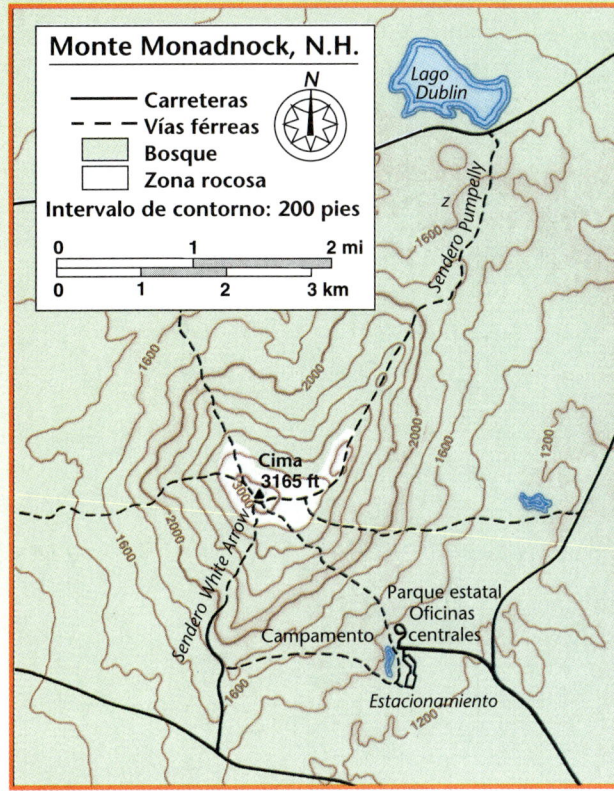

El relieve en los mapas topográficos

Para representar la elevación, el relieve y la pendiente en los mapas topográficos, los cartógrafos usan líneas de contorno. En estos mapas, las **líneas de contorno** conectan puntos de igual elevación.

El cambio de elevación de una línea de contorno a otra se denomina **intervalo de contorno.** El intervalo de contorno en un mapa dado siempre es el mismo. Por ejemplo, el mapa de la Figura 16 tiene un intervalo de contorno de 200 pies. Si comienzas en una línea de contorno y cuentas hasta 10 líneas, llegas a una elevación de 2,000 pies por encima de donde empezaste. Cada quinta línea de contorno es más oscura y gruesa que las otras. Las líneas están marcadas con la elevación en unidades redondeadas, como 1,600 o 2,000 pies sobre el nivel del mar. La mayoría de mapas del USGS dan los intervalos en pies en lugar de metros.

Si ves un mapa topográfico con muchas líneas de contorno, quizá te parezca como si te asomaras a una olla de espagueti. Pero si sigues las reglas anotadas en *Explorar mapas topográficos* de la página siguiente, aprenderás a leer las líneas de contorno. Leer estas líneas es el primer paso para "ver" la topografía de una zona en un mapa topográfico.

Interpretar datos

Estás planeando una excursión al Monte Monadnock. Usa el mapa de la Figura 16 para decidir qué ruta es la más empinada, el sendero White Arrow o el sendero Pumpelly. ¿Cuál es la diferencia de elevación entre las oficinas centrales del parque y la cima?

Capítulo 1 **G ◆ 31**

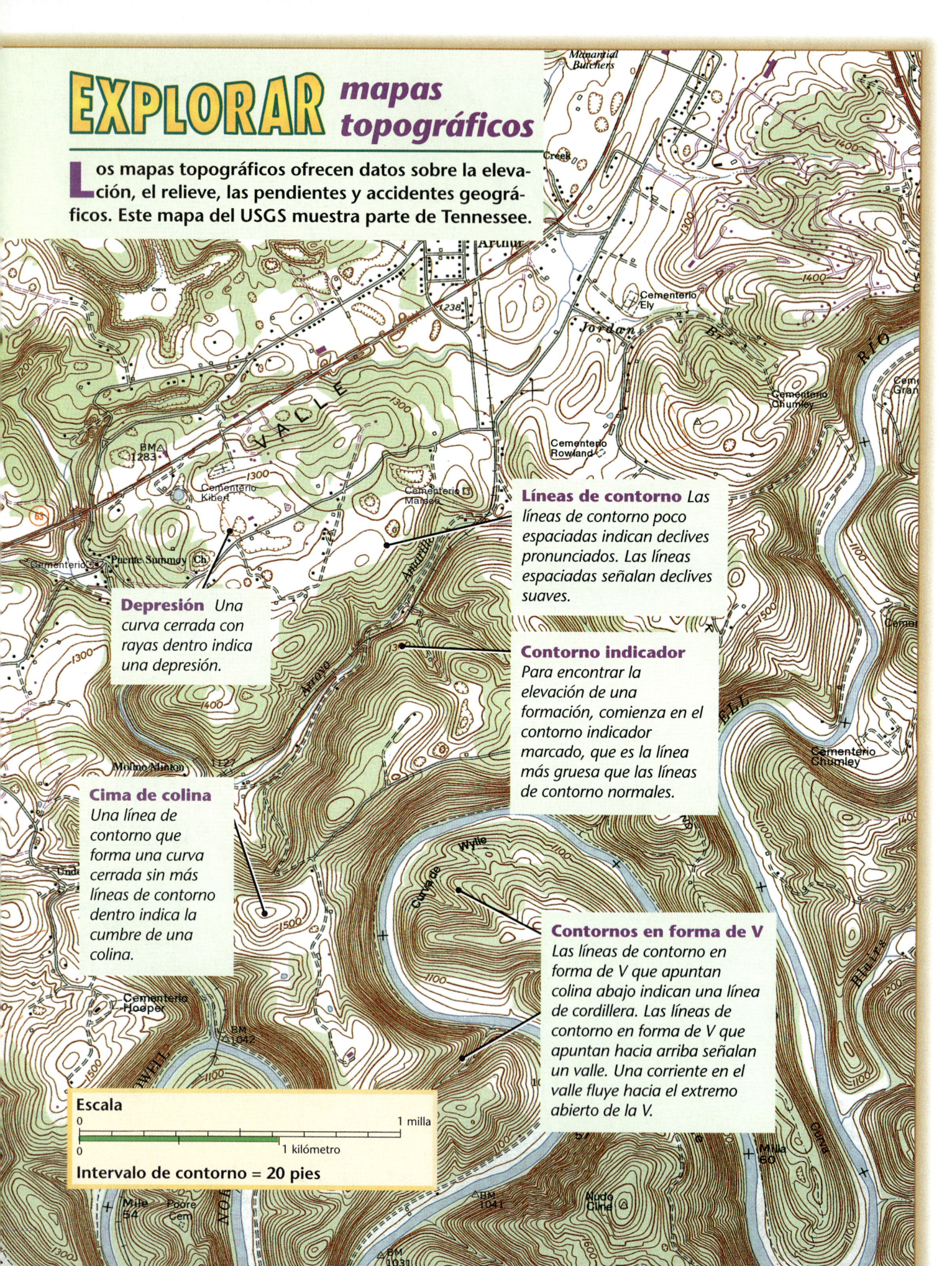

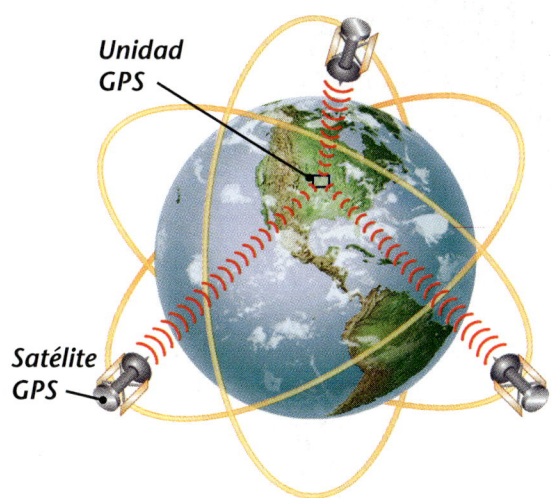

Figura 17 La red del GPS comprende 24 satélites. Tres satélites (izquierda) deben estar sobre el horizonte para señalar la ubicación del usuario (derecha). La latitud y la longitud del usuario aparecen en la pantalla de una unidad portátil del GPS como la de la fotografía.

Sistema de Localización Mundial

INTEGRAR LA TECNOLOGÍA Actualmente, topógrafos, pilotos y cartógrafos de todo el mundo dependen del **Sistema de Localización Mundial** (GPS, por sus siglas en inglés) para localizar su posición con exactitud. **El Sistema de Localización Mundial es un método para encontrar la latitud, la longitud y la elevación de puntos en la superficie terrestre mediante una red de satélites.** En todo momento, hay entre cinco y ocho satélites del GPS sobre el horizonte de una zona determinada. Una unidad manual del tamaño de un teléfono celular capta las señales de los satélites. Entonces, una computadora dentro de la unidad del GPS calcula la localización y la elevación del usuario.

Con el GPS, los ingenieros localizan puntos en el terreno para proyectos de construcción. Aviones, barcos y excursionistas pueden navegar con el GPS. Ahora algunos coches tienen una unidad del GPS y un mapa carretero digitalizado en una computadora. Con el GPS, la computadora determina la localización del auto y sugiere una ruta para llegar al destino.

Repaso de la sección 4

1. ¿Qué información ofrecen los mapas topográficos sobre los accidentes geográficos?
2. ¿Cómo representan los mapas topográficos la elevación y el relieve?
3. ¿Cómo se ven los puntos más altos y más bajos en el mapa topográfico de una zona?
4. ¿Cuál es la función de los satélites en el Sistema de Localización Mundial?
5. **Razonamiento crítico Interpretar mapas** Observa el mapa de la página 32. ¿Cuál es la mayor elevación? ¿Dónde están las pendientes más empinadas? ¿Y las menos empinadas?

Comprueba tu aprendizaje

PROYECTO DEL CAPÍTULO 1

Dibuja tu mapa a escala en una hoja grande de papel. Localiza en él las formaciones naturales y las de origen humano, con las medidas que anotaste en tu boceto general y los símbolos que elegiste de la lluvia de ideas. Añade una flecha que apunte al norte, una leyenda y la escala. Muestra la topografía con líneas de contorno u otros símbolos que muestren las inclinaciones.

Laboratorio de destrezas

Hacer modelos

Mapa en cacerola

Los mapas topográficos son modelos bidimensionales de formas tridimensionales del terreno.

Problema

¿Cómo puedes hacer un mapa topográfico?

Materiales

cacerola honda
lápiz marcador
hoja dura de plástico
hoja de papel blanco
1 litro de agua
cartulina gruesa
plastilina
regla métrica

Procedimiento

1. Recorta un pedazo de la cartulina que se ajuste al fondo de la cacerola.
2. Sobre la cartulina, haz con la plastilina un modelo de colina.
3. Coloca el modelo en la cacerola y vacía agua coloreada a una profundidad de 1 cm para que represente el nivel del mar.
4. Coloca la hoja de plástico sobre la cacerola.
5. Con el lápiz marcador, traza el contorno de la cacerola en la hoja de plástico. Entonces, viendo sobre la cacerola, traza el contorno del agua alrededor del modelo de plastilina. Quita la hoja de plástico de la cacerola.
6. Pon más agua en la cacerola para que tenga 2 cm de profundidad. Vuelve a poner la hoja de plástico, exactamente en el mismo lugar que antes y traza de nuevo el contorno del nivel del agua.
7. Repite el Paso 6 varias veces. Detente cuando agregar más agua taparía el modelo.
8. Quita la hoja de plástico. Copia en una hoja de papel los contornos que trazaste en la hoja de plástico.

Analizar y concluir

1. Al observar tu mapa topográfico, ¿cómo puedes distinguir qué partes del modelo de la colina tienen una pendiente escarpada? ¿Un declive suave?
2. ¿Cómo distingues en el mapa qué punto es el más elevado?
3. ¿En qué parte de tu mapa sería probable que se encontrara una corriente? Explica.
4. ¿Hay en tu mapa alguna depresión donde se acumule el agua después de llover? ¿Qué símbolo usarías para identificarla.
5. **Piensa en esto** Compara tu mapa con la colina de plastilina. ¿En qué se parecen? ¿En qué difieren? ¿Cómo mejorarías tu mapa como modelo de una colina?

Explorar más

Consigue un mapa topográfico que comprenda un accidente interesante como una montaña, un cañón, un valle fluvial o una costa. Después de estudiar las líneas de contorno del mapa, haz un boceto de cómo crees que se ve el accidente. Luego, forma un modelo a escala con plastilina o capas de cartulina o poliestireno. Compara tu modelo con tu boceto.

GUÍA DE ESTUDIO

SECCIÓN 1 — Explorar la superficie terrestre

Ideas clave
◆ La topografía de la Tierra está compuesta por accidentes geográficos que tienen elevación y relieve.
◆ Tres accidentes geográficos comunes son las planicies, las montañas y las mesetas.
◆ La atmósfera, la hidrosfera y la biosfera rodean la capa externa rocosa de la Tierra, la litosfera.

Términos clave
topografía   región con accidente   meseta
elevación   geográfico   litosfera
relieve   planicie   atmósfera
accidente   montaña   hidrosfera
   geográfico   cordillera   biosfera

SECCIÓN 2 — Modelos de la Tierra

Ideas clave
◆ Los mapas y los globos terráqueos están hechos a escala y muestran con símbolos los accidentes de la superficie como se ven desde arriba.
◆ La cuadrícula de la latitud y la longitud sirve para localizar puntos en la superficie terrestre.
◆ Las proyecciones de mapas permiten a los cartógrafos mostrar la superficie curva de la Tierra en un mapa plano.

Términos clave
mapa   clave   grado
globo terráqueo ecuador   latitud
escala   hemisferio   longitud
símbolos   primer   proyección
                    meridiano   de mapa

SECCIÓN 3 — Mapas en la era de las computadoras

INTEGRAR LA TECNOLOGÍA

Ideas clave
◆ Los instrumentos de los satélites en órbita alrededor de la Tierra toman imágenes de la superficie terrestre, llamadas imágenes satelitales.
◆ Las imágenes satelitales contienen información acerca de la superficie terrestre en una forma que se puede almacenar en las computadoras como secuencias de ceros y unos.
◆ Las computadoras almacenan y despliegan la información con la que se hacen los mapas.

Términos clave
imagen satelital   digitalizar
pixel

SECCIÓN 4 — Mapas topográficos

Ideas clave
◆ Los mapas topográficos retratan la elevación, el relieve y la inclinación de los accidentes de una zona.
◆ Las líneas de contorno son símbolos con que los mapas topográficos muestran la elevación y el relieve.
◆ En los mapas topográficos, los intervalos de contorno son la cantidad en que se incrementa la elevación entre las líneas de contorno.
◆ Además de mostrar la elevación y el relieve, los mapas topográficos indican con símbolos una variedad de formaciones naturales y de origen humano.
◆ El Sistema de Localización Mundial (GPS) es una red de satélites y unidades en tierra que sirven para localizar puntos en la superficie terrestre.

Términos clave
mapa topográfico   intervalo de contorno
línea de contorno   Sistema de
                       Localización Mundial

CAPÍTULO 1 REPASO

www.science-explorer.phschool.com

Capítulo 1   G ◆ 35

CAPÍTULO 1 REPASO

Repaso del contenido

 Para repasar los conceptos clave, consulta el Interactive Student Tutorial CD-ROM.

Opción múltiple
Elige la letra que complete mejor cada enunciado.

1. El terreno elevado pero con poco relieve es
   a. una planicie costera.   b. una montaña.
   c. un cinturón montañoso.   d. una meseta.

2. De las cuatro "esferas" de la Tierra, la que se extiende en las demás es la
   a. litosfera.
   b. hidrosfera.
   c. biosfera.
   d. atmósfera.

3. La latitud es una medida de la distancia al norte o al sur desde
   a. los hemisferios.   b. el ecuador.
   c. el eje.   d. el primer meridiano.

4. Para mostrar los continentes sin distorsionar sus tamaños y formas relativas, los cartógrafos escogerían
   a. una proyección de Mercator.
   b. un globo terráqueo.
   c. una proyección de áreas iguales.
   d. un mapa topográfico.

5. En los mapas topográficos, las líneas de contorno forman una V en
   a. la cumbre de una colina.   b. una zona llana.
   c. una depresión.   d. un valle.

Falso o verdadero
Si el enunciado es verdadero, escribe verdadero. Si es falso, cambia la palabra o palabras subrayadas para hacer verdadero el enunciado.

6. El <u>relieve</u> mide la altura sobre el nivel del mar de un accidente geográfico.

7. Al ir rumbo norte o sur a partir del <u>primer meridiano</u>, la distancia a uno de los polos es de 90 grados.

8. Las computadoras usan datos sobre la superficie de la Tierra que han sido <u>digitalizados</u>, o puestos en forma de números.

9. Si las líneas de contorno de un declive están <u>muy espaciadas</u>, el declive es muy pronunciado.

10. Las líneas de contorno que forman una curva cerrada marcada con rayas indican una <u>depresión</u>.

Revisar los conceptos

11. ¿Cómo llaman los geólogos a las zonas donde predomina un tipo de topografía?

12. ¿Qué son las cordilleras?

13. Compara la elevación de una planicie costera con la elevación de una planicie interior.

14. La Isla Sur de Nueva Zelanda se encuentra aproximadamente a 170° E. ¿En qué hemisferio se encuentra?

15. ¿Se pueden cruzar las líneas de contorno de los mapas topográficos? Explica.

16. ¿Qué representaría mejor una depresión de terreno poco profunda de 1.5 metros: un intervalo de contorno de 1 metro o uno de 5 metros? Explica.

17. **Escribir para aprender** Con tu familia, viajas en auto por Estados Unidos a lo largo de la línea de latitud de 35° N. Escribe varias tarjetas a tus amigos describiendo los accidentes geográficos que ves en tu viaje. Consulta el Apéndice B para determinar cómo es el terreno de tu ruta.

Razonamiento gráfico

18. **Red de conceptos** En una hoja de papel, copia la red de conceptos sobre accidentes geográficos. Después complétala y ponle un título. (Para más información sobre las redes de conceptos, consulta el Manual de detrezas.)

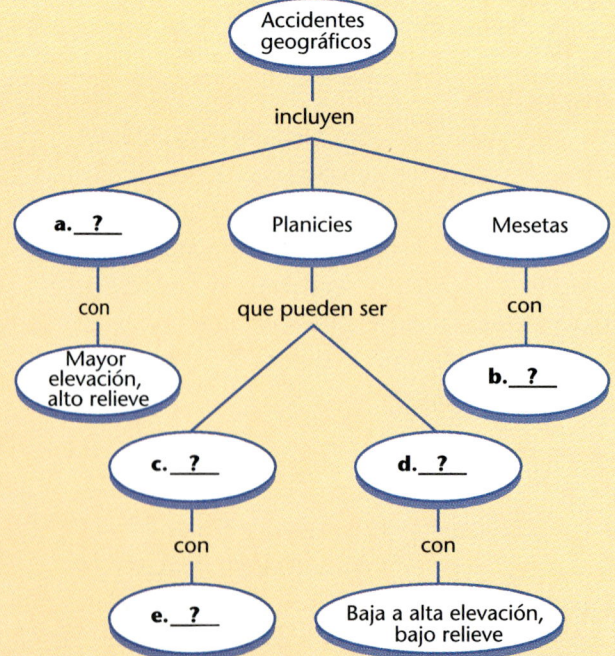

Aplicar las destrezas

Este mapa muestra parte del Parque Nacional Acadia de Maine. El intervalo de contorno es de 20 pies. Responde con el mapa las Preguntas 19–21.

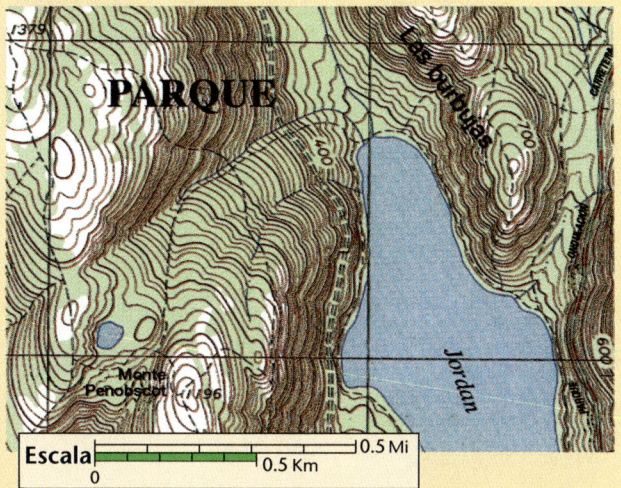

19. Interpretar mapas
  A. ¿Cuál es la elevación del lago grande?
  B. ¿Cuál de las dos burbujas es más grande?
20. Calcular Con la escala del mapa, calcula la distancia de la cima de la montaña Penobscot al lago grande.
21. Inferir En qué dirección fluye la corriente, ¿hacia adentro o hacia fuera del lago grande?

Razonamiento crítico

22. Aplicar los conceptos El diámetro de la Tierra es de unos 13,000 km. Si un globo terráqueo tiene un diámetro de 0.5 m, escribe su escala en forma de razón. ¿Qué distancia real representa 1 centímetro en el globo terráqueo?

23. Inferir Un avión vuela al oeste a 1,000 km por hora. Sin cambiar de dirección, el avión vuelve a su punto de partida en apenas una hora. ¿Qué puedes inferir de la ruta del avión en cuanto a las líneas de latitud y longitud? Explica.

24. Observar Determina con un atlas la latitud y la longitud de San Francisco, California; Wichita, Kansas; y Richmond, Virginia. ¿Qué tienen en común estas tres ciudades?

25. Comparar y contrastar ¿En qué difiere la cartografía por computadora de las técnicas anteriores para trazar mapas?

26. Resolver problemas Tu comunidad ha decidido construir un zoológico para animales de muchas regiones del mundo. ¿Cómo usarías los mapas topográficos de tu zona para encontrar la mejor ubicación para el zoológico?

CAPÍTULO 1 REPASO

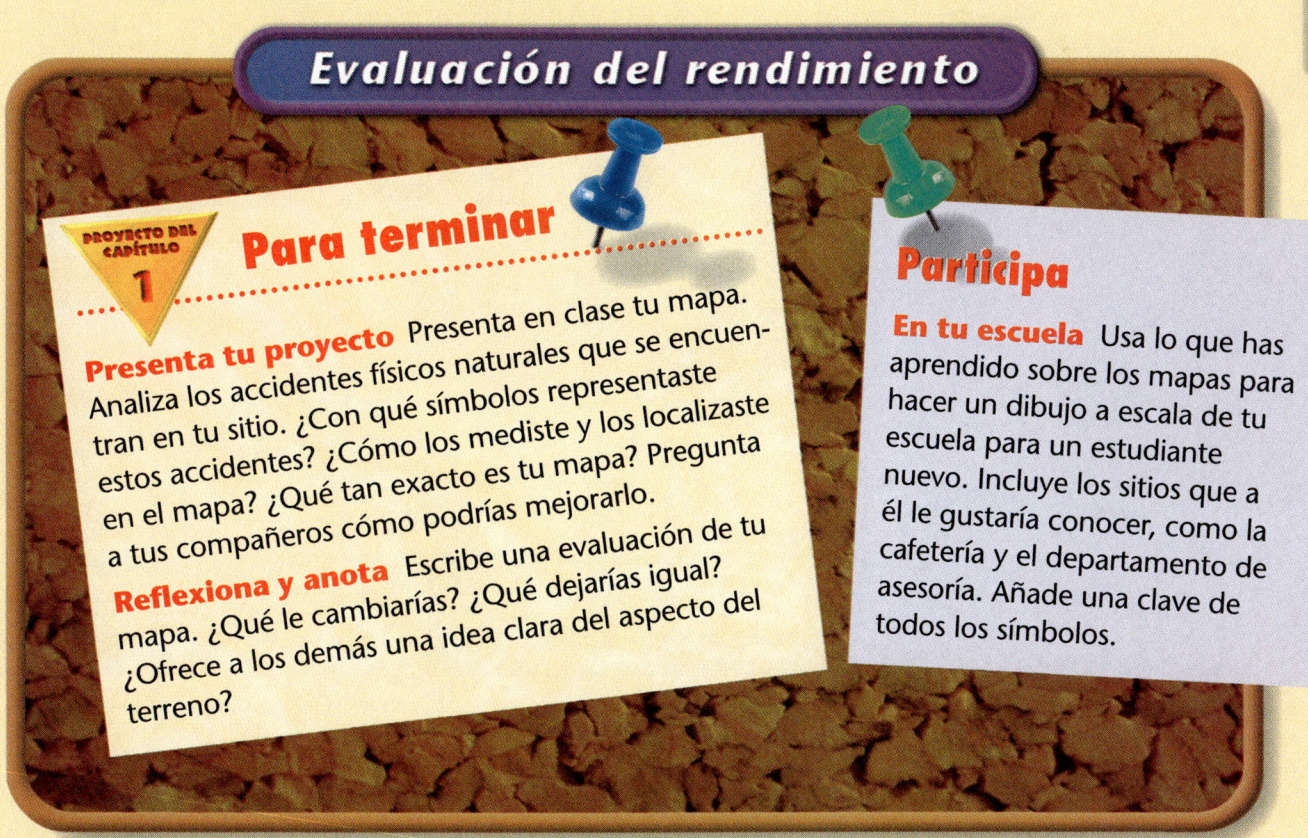

Evaluación del rendimiento

PROYECTO DEL CAPÍTULO 1 — Para terminar

Presenta tu proyecto Presenta en clase tu mapa. Analiza los accidentes físicos naturales que se encuentran en tu sitio. ¿Con qué símbolos representaste estos accidentes? ¿Cómo los mediste y los localizaste en el mapa? ¿Qué tan exacto es tu mapa? Pregunta a tus compañeros cómo podrías mejorarlo.

Reflexiona y anota Escribe una evaluación de tu mapa. ¿Qué le cambiarías? ¿Qué dejarías igual? ¿Ofrece a los demás una idea clara del aspecto del terreno?

Participa

En tu escuela Usa lo que has aprendido sobre los mapas para hacer un dibujo a escala de tu escuela para un estudiante nuevo. Incluye los sitios que a él le gustaría conocer, como la cafetería y el departamento de asesoría. Añade una clave de todos los símbolos.

CAPÍTULO 2

Desgaste y formación del suelo

LO QUE ENCONTRARÁS

 SECCIÓN 1 Las rocas y el desgaste
Descubre ¿Qué tan rápido hace efervescencia?
Inténtalo Quita la herrumbre
Laboratorio de destrezas Sacude la roca

 SECCIÓN 2 Formación y composición del suelo
Descubre ¿Qué es el suelo?
Mejora tus destrezas Predecir
Inténtalo Un metro cuadrado de suelo
Laboratorio real Aprender a conocer el suelo

Integrar las ciencias del ambiente
 SECCIÓN 3 Conservación del suelo
Descubre ¿Cómo evitarías que el agua erosione el suelo?

PROYECTO 2

Suelos para sembrar

En lo alto de París, el desgaste ataca estatuas de piedra caliza que tienen cientos de años. El desgaste afecta todas las rocas expuestas en la superficie terrestre y las transforma en partículas cada vez más pequeñas. Cuando estas partículas se combinan con otros ingredientes, como restos de plantas o animales, forman una mezcla llamada suelo. En este capítulo, vas a probar cómo influye el suelo y otros elementos en el crecimiento de las plantas.

Tu objetivo Determinar cómo afecta al crecimiento de semillas de frijol la composición del suelo.

Para completar este proyecto con éxito, tendrás que:
- examinar tus materiales para el crecimiento y comparar el tamaño, la forma y la composición de sus partículas
- comparar cómo crecen las semillas de frijol en distintos materiales de crecimiento
- determinar qué tipo de suelo o material de crecimiento es el mejor para los brotes de frijol

Para empezar Con tu grupo, aporten ideas sobre los tipos de suelo y otros materiales de crecimiento que usarás en tu experimento. También considera estas preguntas: ¿Qué variables influyen en el crecimiento de las plantas? ¿Cómo controlarás estas variables en tu experimento? ¿Cómo medirás el crecimiento de las plantas de frijol? Planea tu experimento y pídele al maestro que lo apruebe.

Comprueba tu aprendizaje Trabajarás en este proyecto mientras estudias el capítulo. Para mantener tu proyecto en marcha, revisa los cuadros de Comprueba tu aprendizaje, en los puntos siguientes:

Repaso de la Sección 2, página 55: Describe los materiales de crecimiento que conseguiste y planta tus semillas.
Repaso de la Sección 3, página 60: Observa y anota los resultados del crecimiento de las plantas de frijol.

Para terminar Al final del capítulo (página 63), presentarás tus resultados en la clase. En tu presentación analizarás qué tan bien crecieron las plantas de frijol en los distintos materiales de crecimiento.

Estas gárgolas de piedra de la catedral de Notre Dame, en París, Francia, están deterioradas a causa del desgaste.

SECCIÓN 1 Las rocas y el desgaste

DESCUBRE

¿Qué tan rápido hace efervescencia?

1. Coloca una tableta de antiácido efervescente en un vaso pequeño. Luego desmenuza otra tableta y ponla en otro vaso. La tableta entera es un modelo de roca sólida, la desmenuzada, de fragmentos de roca.

2. Vierte 100 ml de agua caliente en el vaso que contiene la tableta entera. Remueve con un agitador hasta que la tableta se disuelva por completo. Toma con un cronómetro el tiempo que tarda en disolverse.

3. Vierte 100 ml de agua caliente en el vaso que contiene la tableta desmenuzada. Agita hasta que se disuelva. Toma el tiempo que tarda en disolverse.

Reflexiona sobre
Inferir ¿Qué tableta se disolvió más rápidamente, la entera o la desmenuzada? ¿Cuál fue la diferencia entre ambas que influyó en la velocidad con que se disolvieron?

GUÍA DE LECTURA

- ¿Cuál es la causa del desgaste mecánico?
- ¿Cuál es la causa del desgaste químico?
- ¿Qué determina la velocidad del desgaste?

Sugerencia de lectura A medida que leas, usa los títulos para hacer un esquema acerca del desgaste.

Imagina una excursión que dura meses y cubre cientos de kilómetros. Cada año, muchos excursionistas emprenden esas marchas. Caminan por senderos a través de todas las grandes cordilleras de Estados Unidos. Por ejemplo, el sendero John Muir sigue las montañas de la Sierra Nevada, la cual se extiende unos 640 kilómetros por el este de California. En el este, el sendero Apalache sigue los montes Apalaches, que se prolongan más de 2,000 kilómetros desde Alabama hasta Maine.

Los dos senderos cruzan paisajes muy diferentes. Las Sierras son rocosas y empinadas, con muchos picos que se elevan a 3,000 metros sobre el nivel del mar. Los Apalaches son más redondeados, de declives más suaves y están cubiertos de suelo y vegetación. Las cumbres más altas de los Apalaches tienen menos de la mitad de la elevación de las cumbres más elevadas de las Sierras. ¿Qué cordillera crees que sea más antigua? Los Apalaches se formaron hace más de 250 millones de años. Las Sierras se formaron apenas en los últimos 10 millones de años. Las fuerzas que desgastan las rocas de la superficie terrestre han contado con más tiempo para desgastar los Apalaches.

Los efectos del desgaste

El proceso de formación de montañas eleva las rocas sobre la superficie terrestre. Ahí, las rocas quedan expuestas al desgaste. El **desgaste** es el proceso que fragmenta las rocas y otras sustancias de la superficie terrestre. El calor, el frío, el agua y el hielo contribuyen al desgaste, lo mismo que el oxígeno y el dióxido de carbono de la atmósfera. Por ejemplo, los congelamientos y los deshielos repetidos pueden romper las rocas en trozos pequeños. El agua de

Figura 1 Las cumbres escarpadas y rocosas de la Sierra Nevada (izquierda) muestran que las montañas son jóvenes. Las pendientes más suaves de los Apalaches (derecha) han estado expuestas al desgaste durante 250 millones de años.

lluvia disuelve los minerales que mantienen unidas a las rocas. No necesitas ir a las montañas para ver ejemplos de desgaste. Las fuerzas que desgastan las montañas también hacen que se oxiden las bicicletas, se descascaren las pinturas, se agrieten las banquetas y se formen baches.

Las fuerzas de desgaste fragmentan las rocas en partículas cada vez más pequeñas. Entonces, las fuerzas de la erosión se llevan las partículas. La **erosión** es el movimiento de las partículas de roca por el viento, el agua, el hielo o la gravedad. El desgaste y la erosión operan juntos para reducir y arrastrar las rocas de la superficie terrestre.

Hay dos formas de desgaste: mecánico y químico. Ambas formas de desgaste actúan lentamente, pero con el tiempo deshacen hasta las rocas más grandes y duras.

☑ *Punto clave* ¿Cuál es la diferencia entre desgaste y erosión?

Desgaste mecánico

Si golpeas una roca lo bastante fuerte con un martillo, se romperá en pedazos. Algunas fuerzas de desgaste también pueden romper las rocas en pedazos. El tipo de desgaste en el que las rocas se parten físicamente en trozos pequeños se llama **desgaste mecánico**. Estos trozos pequeños tienen la misma composición que la roca de la que vinieron. Si has visto rocas agrietadas o descascaradas en capas, entonces ya conoces rocas que han sufrido un desgaste mecánico.

El desgaste mecánico rompe las rocas en pedazos por congelamiento y deshielo, calentamiento y enfriamiento, crecimiento de plantas, acciones de animales y abrasión. El término **abrasión** se refiere al desgaste de las rocas por partículas de rocas arrastradas por el agua, el hielo, el viento o la gravedad. El desgaste mecánico opera lentamente. Pero en periodos muy largos, hace más que desgastar las rocas. El desgaste mecánico acaba por deshacer montañas enteras.

INTEGRAR LA FÍSICA En los climas fríos, la fuerza más importante del desgaste mecánico es la congelación y el deshielo del agua. El agua escurre por las grietas de las rocas y luego se congela cuando baja la temperatura. El agua se expande cuando se congela. Por tanto, el hielo actúa como cuña, una máquina simple que parte las cosas. Las cuñas de hielo ensanchan y profundizan las grietas de las rocas. Este proceso se denomina **calza de hielo.** Cuando el hielo se derrite, el agua escurre más adentro de las rocas. Al repetirse la congelación y el deshielo, las grietas se expanden hasta que se rompen en pedazos. En *Explorar las fuerzas del desgaste mecánico,* se muestra este proceso.

☑ *Punto clave* ¿Cómo desgastan a las rocas las calzas de hielo?

EXPLORAR *las fuerzas del desgaste mecánico*

El desgaste mecánico afecta a todas las rocas de la superficie terrestre. Con tiempo suficiente, puede convertir una montaña maciza en pequeñas partículas de arena.

Calentamiento y enfriamiento
El sol o los incendios forestales calientan más rápido el exterior de las rocas que el interior. Esto puede causar que la parte externa de las rocas se descascare como las capas de las cebollas. La lluvia también colabora en el proceso, pues al enfriar de repente las rocas calientes hace que se agrieten.

Congelación y deshielo
Cuando el agua se congela en la grieta de una roca, se expande y amplía la grieta. El proceso de calzas de hielo también ensancha las grietas de las banquetas y produce los baches de las calles.

Desgaste químico

Además del desgaste mecánico, hay otro tipo de desgaste que ataca las rocas es el desgaste químico. El **desgaste químico** es el proceso que rompe las rocas mediante cambios químicos. **Algunos de los agentes del desgaste químico son el agua, el oxígeno, el dióxido de carbono, los seres vivos y la lluvia ácida.**

El desgaste químico produce partículas de roca cuya composición mineral es diferente de la roca de la cual proceden. Las rocas están compuestas de uno o más minerales. Por ejemplo, el granito está hecho de varios minerales, entre ellos feldespato, cuarzo y mica. Sin embargo, el desgaste químico del granito acaba por cambiar los minerales de feldespato en minerales de arcilla.

Crecimiento de las plantas
Las raíces de los árboles y las plantas penetran en las grietas de las rocas. Cuando crecen las raíces, separan las grietas. Con el tiempo, incluso las raíces de plantas pequeñas pueden romper rocas agrietadas.

Abrasión
La arena y otras partículas de roca llevadas por el viento, el agua y el hielo desgastan las superficies expuestas de las rocas, como la lija a la madera. La arena llevada por el viento dio forma a las rocas que se muestran aquí.

Acción de los animales
Los animales que hacen sus madrigueras en el suelo (topos, tuzas, perros de las praderas y algunos insectos) aflojan y rompen las rocas.

Figura 2 A medida que el desgaste fragmenta las rocas, aumenta el área que se expone al desgaste.

El desgaste químico crea hoyos o puntos blancos en las rocas, por lo que se parten más fácilmente. Los desgastes químicos y mecánicos suelen trabajar juntos. A medida que el desgaste mecánico rompe las rocas en pedazos, queda expuesta más área superficial al desgaste químico. La actividad Descubre de esta sección muestra que al aumentar el área superficial se incrementa la velocidad de las reacciones químicas.

Agua El agua es el agente más importante del desgaste químico. El agua desgasta las rocas al disolverlas. Cuando una roca u otra sustancia se disuelve en agua, se mezcla uniformemente formando una solución. Con el tiempo, muchas rocas se disolverán en agua.

Oxígeno El oxígeno del aire es causante importante de desgaste químico. Si alguna vez olvidaste una bicicleta o una herramienta metálica bajo la lluvia, habrás visto que el oxígeno desgasta el hierro. El hierro se combina con el oxígeno en presencia de agua en un proceso llamado oxidación. El producto de la oxidación es la herrumbre. Las rocas que contienen hierro también se oxidan y la herrumbre las hace blandas, fáciles de desmoronar y les da un color rojo o marrón.

Dióxido de carbono Otro gas del aire, el dióxido de carbono, también causa desgaste químico. El dióxido de carbono se disuelve en la lluvia y en el agua que penetra en las pequeñas bolsas de aire del suelo. El resultado es un ácido débil llamado ácido carbónico, el cual desgasta con facilidad el mármol y la caliza.

Los seres vivos Imagina que cae una semilla sobre una roca. Cuando germina, sus raíces se meten entre las grietas de las roca. A medida que crecen las raíces, producen ácidos débiles que desgastan la roca alrededor. Los líquenes —organismos parecidos a plantas que crecen en las rocas— también producen ácidos débiles que desgastan las rocas.

Lluvia ácida Durante los últimos 150 años, se han consumido grandes cantidades de carbón, petróleo y gas para obtener energía. La quema de estos combustibles contamina el aire con compuestos de azufre, carbono y nitrógeno. Estos compuestos reaccionan químicamente con el vapor de agua de las nubes y forman ácidos. Estos ácidos se mezclan con las gotas de lluvia y caen en forma de lluvia ácida. Esta lluvia causa un desgaste químico muy rápido.

INTÉNTALO

Quita la herrumbre

En esta actividad podrás observar el desgaste.

1. Humedece una fibra metálica y colócala en un recipiente cerrado para que no se seque.
2. Observa la fibra después de unos días. ¿Qué le ha pasado?
3. Toma otra fibra y estrújala entre tus dedos. Saca la fibra del recipiente y estrújala también. ¿Qué sucede? Lávate las manos cuando hayas terminado.

Predecir Si mantienes húmeda la fibra mucho tiempo, ¿que le ocurrirá? ¿En qué se parece el desgaste de la fibra metálica al desgaste de las rocas?

Velocidad de desgaste

Los visitantes del cementerio histórico de Nueva Inglaterra notaron un hecho sorprendente. Las lápidas de esquisto del siglo XVIII están menos desgastadas y se leen con más facilidad que las lápidas de mármol del siglo XIX. ¿A qué se debe? **Los factores más importantes que determinan la velocidad a que se desgasta una roca, son el tipo de roca y el clima.**

Tipos de roca Algunos tipos de roca se desgastan más rápido que otras. Los minerales que componen las rocas determinan la velocidad de desgaste. Las rocas hechas de minerales que no se disuelven con facilidad en el agua, tardan más en desgastarse. Las rocas con minerales que se disuelven fácilmente se desgastan más rápido.

Algunas rocas se desgastan fácilmente porque son permeables. **Permeable** significa que tiene muchos espacios diminutos de aire que dejan pasar el agua. Las rocas permeables se desgastan químicamente a gran velocidad. ¿Por qué? Cuando el agua rezuma entre los espacios de las rocas, remueve el material disuelto formado por el desgaste.

Clima El clima se refiere al promedio de las condiciones climatológicas de una zona. Tanto el desgaste químico como el mecánico son más rápidos en los climas húmedos. La lluvia proporciona el agua necesaria para los cambios químicos, así como para la congelación y el deshielo.

Las reacciones químicas son más rápidas a temperaturas elevadas. Por eso el desgaste químico es más rápido donde el clima es cálido y húmedo. Por ejemplo, el granito es una roca muy dura que se forma cuando material fundido se enfría bajo la tierra. El granito se desgasta tan lentamente en los climas fríos que con frecuencia se usa como piedra de construcción. Pero en los climas cálidos y húmedos, el granito se desgasta más rápidamente y llega a desmoronarse.

Figura 3 La velocidad del desgaste de estas lápidas depende del tipo de roca. El esquisto (arriba) resiste mejor el desgaste que el mármol (abajo). *Inferir* ¿Qué tipo de desgaste será el que probablemente borre las letras de las lápidas de mármol?

Repaso de la sección 1

1. ¿Qué factores causan el desgaste mecánico?
2. Describe tres causas del desgaste químico.
3. ¿Qué factores afectan la velocidad del desgaste?
4. Explica por qué el desgaste químico es más rápido en los climas cálidos y húmedos que en los fríos y secos.
5. **Razonamiento crítico** *Predecir* Supón que ves una roca grande con varias grietas. ¿Qué esperarías encontrar si pudieras ver otra vez la roca dentro de varios siglos? Explica.

Las ciencias en casa

Demuéstrale a tu familia una forma de desgaste. Tapa un extremo de un popote con un poco de plastilina. Luego llena el popote con agua. Ahora tapa con plastilina el extremo superior del popote. Verifica que no escurra. Deja el popote, tendido, toda la noche en el congelador. Sácalo al día siguiente. ¿Qué pasó con los tapones de plastilina? ¿Qué procesos produjeron el resultado? Tira el popote a la basura, para que nadie beba con él.

Laboratorio de destrezas

Controlar variables

SACUDE LA ROCA

¿Qué crees que se desgaste más rápidamente, una roca atacada por los ácidos de una planta o una roca en las corrientes de un arroyo? En la velocidad a que se desgastan las rocas influyen muchos factores. En este experimento, compararás las velocidades de desgaste bajo diversas condiciones.

Problema

¿Cómo afectan las condiciones de agitación y acidez la velocidad de desgaste de la caliza?

Materiales

300 ml de agua
toallas de papel
2 trapos delgados
300 ml de vinagre, un ácido
probeta graduada de plástico, de 250 ml
80 piezas pequeñas de caliza empapadas en agua
4 recipientes de plástico herméticos con tapas de rosca, de 500 ml
balanza
cinta adhesiva ancha
lápiz o marcador

Procedimiento

Parte 1: Día 1

1. Con la cinta adhesiva, etiqueta los cuatro recipientes de 500 ml con las letras A, B, C y D.
2. Separa los 80 trozos de caliza en cuatro grupos de 20.
3. Copia en tu cuaderno la tabla de datos. Coloca en la balanza los primeros 20 trozos de caliza y anota su masa en la tabla. Mete las rocas en el recipiente A.
4. Repite el paso 3 con los demás grupos de rocas y colócalas en los recipientes B, C y D.
5. Vacía 150 ml de agua en el recipiente A y el B. Tápalos.
6. Pon 150 ml de vinagre en el recipiente C y el D. Tápalos.
7. Predice el efecto del desgaste en la masa de los trozos de caliza. ¿Cuál se desgastará más, la caliza en agua o la caliza en vinagre? (*Sugerencia:* El vinagre es un ácido.) Predice también el efecto de agitar la caliza de los recipientes B y D. Anota tus predicciones en tu cuaderno.
8. Deja las piezas sumergidas toda la noche.

Recipiente	Masa total inicial	Masa total al siguiente día	Cambios en la masa	Porcentaje del cambio en la masa
A (agua, sin agitar)				
B (agua, agitando)				
C (vinagre, sin agitar)				
D (vinagre, agitando)				

Parte 2: Día 2

9. Aprieta las tapas de los recipientes B y D. Agítalos durante 10 o 15 minutos; asegúrate de agitarlos el mismo tiempo y con la misma intensidad. Después, ponlos aparte. No agites los recipientes A y C.
10. Abre el recipiente A. Coloca un trapo sobre la boca del recipiente. Con cuidado, vacía en otro recipiente toda el agua a través del trapo. Cuida que no pasen trozos con el agua. Seca los trozos con cuidado y anota su masa en la tabla de datos.
11. Enseguida, determina cuánta caliza se perdió por desgaste en el recipiente A. (*Sugerencia:* Resta a la masa de los trozos de caliza del día 1 la masa de los trozos que quedaron el día 2.)
12. Repite los pasos 10 y 11 con los recipientes B, C y D.

Analizar y concluir

1. Calcula en qué porcentaje cambió la masa de los 20 trozos de cada recipiente.

   $$\% \text{ de cambio} = \frac{\text{Cambio en la masa} \times 100}{\text{Masa total inicial}}$$

   Anota tus resultados en la tabla de datos.
2. ¿Tus datos muestran algún cambio en la masa de los 20 trozos de los cuatro recipientes?
3. ¿Hay un cambio mayor en la masa total de los trozos de algunos de los recipientes que en los otros? Explica.
4. ¿Qué tan acertadas fueron tus predicciones sobre el efecto de agitar y del ácido en el desgaste de la caliza? Explica.
5. Si tus datos mostraron un cambio mayor en la masa total de los trozos de alguno de los recipientes, ¿cómo explicarías este cambio?
6. **Piensa en esto** Con base en tus datos, ¿qué variable crees que tuvo que ver más en el desgaste de la caliza: el vinagre o la agitación? Explica.

Crear un experimento

¿Se alterarían los resultados del experimento si cambiaras las variables? Por ejemplo, podrías sumergir o agitar los trozos más tiempo o probar rocas que no fueran caliza. También podrías probar si sumar más trozos de caliza (30 en lugar de 20 en cada grupo) produciría alguna diferencia en los resultados. Diseña un experimento sobre la velocidad de desgaste para probar los efectos de cambiar una de estas variables. Pídele a tu maestro que apruebe tu plan antes de comenzar.

Ciencias y Sociedad

Conservación de los monumentos de piedra

Una estatua con cabeza humana y cuerpo de león se agazapa en el desierto junto a las pirámides de Egipto. Es la gran Esfinge. Fue labrada en caliza hace unos 4,500 años. Miles de años de desgaste por agua, viento y arena han borrado casi todo el rostro de la Esfinge. En el siglo XIX retiraron la arena que protegía el cuerpo de la Esfinge. El desgaste atacó las nuevas partes expuestas. Pedazos e incluso piedras enteras cayeron de la estatua. Unos trabajadores trataron de reparar la Esfinge con cemento. Pero las reparaciones debilitaron la estatua y alteraron su forma.

Temas de debate

¿Deben restaurarse algunas construcciones? El desgaste amenaza en todo el mundo a muchos monumentos de piedra antiguos. Los contaminantes del agua y la lluvia hacen que la piedra se desgaste con más rapidez. Pero hay formas de disminuir la velocidad del desgaste de los monumentos sin alterarlos ni dañarlos. En 1998, trabajadores egipcios hicieron una nueva restauración de la Esfinge. Eliminaron el cemento y reemplazaron las piedras dañadas con bloques de caliza nuevos, cortados a mano del mismo tamaño y peso. La piedra nueva ayudará a proteger los restos del monumento. Los visitantes de la Esfinge verán ahora la estatua original y reparaciones hechas con materiales originales. Las nuevas reparaciones conservan la forma original de la estatua.

Casi todos quieren que la Esfinge y otros monumentos sean restaurados. Pero la restauración necesita tiempo y es costosa. Y a veces, puede dañar o cambiar la estructura original.

¿Puede la nueva tecnología reducir el desgaste? Es posible que los avances tecnológicos den algunas soluciones. En la Esfinge, los científicos miden la dirección y la velocidad del viento y la humedad atmosférica. Esta información les permite vigilar los procesos de desgaste e impedir mayores daños. En otros monumentos se emplean técnicas similares.

Otros científicos trabajan en hallar un medio de cubrir las piedras con un compuesto químico que fortalezca y repare las superficies. Hasta ahora, han encontrado un compuesto que se pega bien a la arenisca pero no al mármol ni la caliza.

¿Qué más se puede hacer? Reparar y restaurar no son las únicas opciones. Algunos sugieren enterrar de nuevo los monumentos después de ser descubiertos. Otros proponen que la propia Esfinge sea sepultada en la arena que la protegió tantos siglos. Pero los especialistas, arqueólogos y turistas no están de acuerdo. Mientras se encuentra la solución, la lluvia, el viento, el sol y el aire contaminado siguen dañando los monumentos.

Tú decide

1. Identifica el problema
Explica con tus propias palabras cuales son las dificultades para conservar los monumentos antiguos.

2. Analiza las opciones
Haz una lista de los métodos para conservar los edificios y monumentos antiguos. Anota las ventajas y las desventajas de las obras de reparación, la tecnología y otros métodos.

3. Encuentra una solución
Elabora un plan para conservar un monumento de tu ciudad. Escribe tus recomendaciones en la forma de una carta dirigida al alcalde o al ayuntamiento.

SECCIÓN 2: Formación y composición del suelo

DESCUBRE — ACTIVIDAD

¿Qué es el suelo?

1. Separa con un palillo de dientes las partículas componentes de una muestra de suelo. Con una lupa, trata de identificar las clases de partículas de la muestra. Lávate las manos cuando termines.
2. Escribe una "receta" de la muestra mencionando cada uno de los "ingredientes" que crees que contiene el suelo. Anota el porcentaje que se necesitaría de cada ingrediente para hacer el suelo.
3. Compara tu receta con las de tus compañeros.

Reflexiona sobre
Formular definiciones operativas Según tus observaciones, ¿cómo definirías *suelo*?

Una superficie rocosa desnuda no parece un sitio donde pudiera crecer una planta. Pero observa con atención. En esa superficie dura hay una grieta. Con el paso de muchos años, el desgaste químico y mecánico alargarán lentamente la grieta. La lluvia y el viento traerán trocitos de rocas desgastadas, polvo y hojas secas. El viento también puede llevar semillas diminutas. Con suficiente humedad, una semilla germinará y echará raíces. Cuando la planta florezca unos meses después, parecerá como si la roca hubiera dado flores.

GUÍA DE LECTURA

- ¿Cómo se forma el suelo?
- ¿De qué está hecho el suelo?
- ¿Cuál es la función de las plantas y los animales en la formación del suelo?

Sugerencia de lectura Antes de leer, escribe los títulos en forma de preguntas *cómo, qué, dónde* y *por qué*. A medida que leas busca las respuestas.

Formación del suelo

La grieta de la roca no parece tener mucho en común con un jardín florido de suelo espeso y rico. Pero es en suelo en lo que han comenzado a convertirse la roca y otros materiales de la grieta. El **suelo** es la materia suelta y desgastada de la superficie terrestre en la que pueden crecer plantas. **El suelo se forma cuando las rocas se rompen por desgaste y se mezclan en la superficie con otros materiales.**

El suelo está en formación constante dondequiera que haya una roca expuesta. El **lecho rocoso** es la capa sólida de roca bajo el suelo. Una vez en la superficie, la roca se desgasta en partículas cada vez más pequeñas que son los materiales básicos del suelo.

Figura 4 Una grieta entre rocas tiene el suelo suficiente para esta planta.

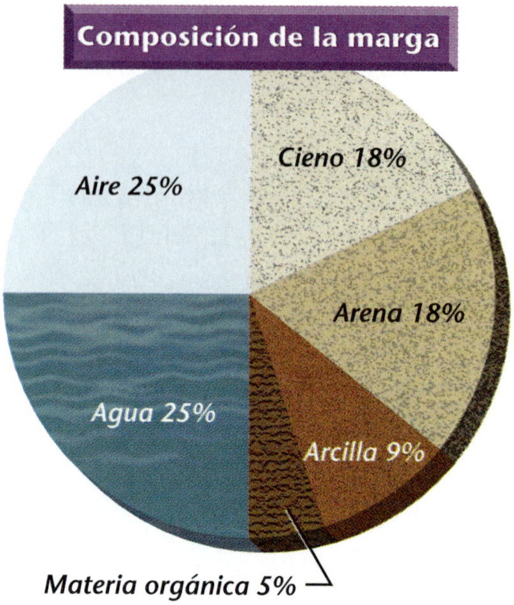

Composición de la marga

- Aire 25%
- Cieno 18%
- Arena 18%
- Arcilla 9%
- Materia orgánica 5%
- Agua 25%

Figura 5 La marga es una clase de suelo compuesta de aire, agua y materia orgánica, además de materiales de rocas desgastadas. *Interpretar gráficas* ¿Cuáles son los dos materiales que componen la mayor parte de este suelo?

Composición del suelo

El suelo es más que simples partículas de rocas desgastadas. **El suelo es una mezcla de partículas, minerales, materia orgánica descompuesta, aire y agua.**

El tipo de partículas de roca y minerales de cualquier suelo depende de dos factores: el lecho de roca que se ha desgastado para formar el suelo, y el tipo de desgaste. En conjunto, arena, cieno y arcilla forman la parte del suelo que procede de rocas desgastadas.

El material orgánico en descomposición es el humus del suelo. El **humus** es una sustancia que se forma cuando se descomponen los restos de vegetales y animales. El humus abre espacios en el suelo para que entre el aire y el agua que las plantas requieren. El humus también es rico en nitrógeno, azufre, fósforo y potasio, que necesitan las plantas para crecer.

Textura del suelo

La arena se siente áspera y granulosa, pero la arcilla se siente suave y tersa. Éstas son diferencias de textura. La textura del suelo depende del tamaño de las partículas del suelo.

Las partículas de roca en el suelo se clasifican por su tamaño. Como se ve en la Figura 6, las partículas más grandes son grava. Pequeños guijarros e incluso piedras grandes se consideran grava. Las siguientes en tamaño son las partículas de arena, seguidas por las de cieno, más pequeñas que las de arena. Las partículas de arcilla son más pequeñas que el punto al final de esta oración.

La textura del suelo es importante para el crecimiento de las plantas. El suelo que es principalmente arcilla es denso y pesado. Los suelos arcillosos retienen tanta agua que las plantas que crecen ahí "se ahogan" por falta de aire. En cambio los suelos arenosos son de textura gruesa. El agua drena tan rápido que las plantas pueden morir por falta de ella.

El suelo compuesto en proporciones casi iguales de arcilla, arena y cieno se llama **marga**. Tiene una textura que se desmorona y retiene tanto el agua como el aire. La marga es lo mejor para el crecimiento de muchos tipos de plantas.

Figura 6 El tamaño de las partículas del suelo va de la grava a la arcilla, cuyas partículas son demasiado pequeñas para verlas a simple vista. La arena, el cieno y la arcilla que se muestran aquí están amplificados.

Grava — 2 mm y mayores

Arena — menos de 2 mm

Cieno — menos de $\frac{1}{16}$ mm

Arcilla — menos de $\frac{1}{256}$ mm

Horizontes del suelo

La formación del suelo continúa durante un largo periodo. Gradualmente, el suelo desarrolla capas llamadas horizontes. Un **horizonte del suelo** es una capa de suelo que difiere en color y textura de las capas superior e inferior.

Si cavaras un hoyo de aproximadamente medio metro de profundidad, verías diferentes horizontes. La Figura 7 muestra que los científicos clasifican el suelo en tres horizontes. El horizonte A está formado por el **suelo superior,** un suelo desmenuzable café oscuro que es una mezcla de humus, arcilla y otros minerales. El horizonte B, que se denomina **subsuelo,** consta de arcilla y otras partículas desgastadas del horizonte A, pero poco humus. El horizonte C sólo contiene rocas parcialmente desgastadas.

✓ *Punto clave* ¿Cuáles son los horizontes del suelo?

Velocidad de la formación del suelo

La velocidad a la que se forma el suelo depende del clima y del tipo de roca. Recuerda que el desgaste es más rápido donde hay climas cálidos y lluviosos. Como resultado, el suelo se desarrolla más pronto. En cambio, el desgaste y la formación del suelo son más lentos en las zonas donde el clima es seco y frío.

Algunos tipos de rocas se desgastan y forman suelo más rápidamente que otros. Por ejemplo, la caliza se desgasta más rápido que el granito. Así, se forma primero el suelo de caliza que de granito.

Predecir

Los jardineros suelen mejorar el suelo añadiéndole materiales. Estos materiales cambian la composición del suelo. Lo vuelven más fértil o mejoran su capacidad de retener el agua. Por ejemplo, un jardinero podría añadir composta (hojas parcialmente descompuestas) a un suelo arenoso. ¿Qué cambio produciría la composta en el suelo arenoso?

Figura 7 Los horizontes del suelo se forman en tres etapas.

1. El horizonte C se forma a medida que el lecho rocoso se desgasta y las rocas se parten en partículas de suelo.

2. El horizonte A se desarrolla del horizonte C, cuando las raíces de las plantas desgastan las rocas mecánica y químicamente. Las plantas también agregan materia orgánica al suelo.

3. El horizonte B se desarrolla cuando la lluvia arrastra arcilla y minerales del horizonte A al B.

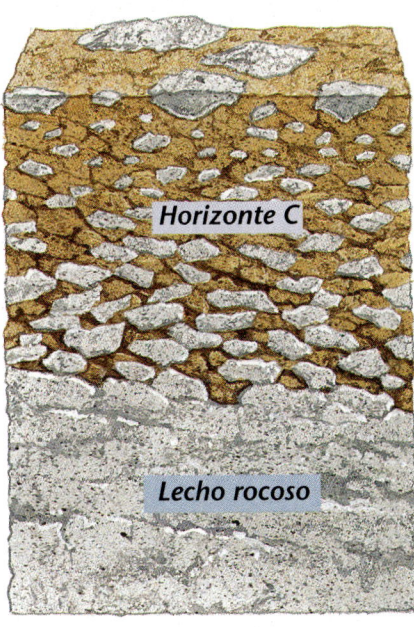

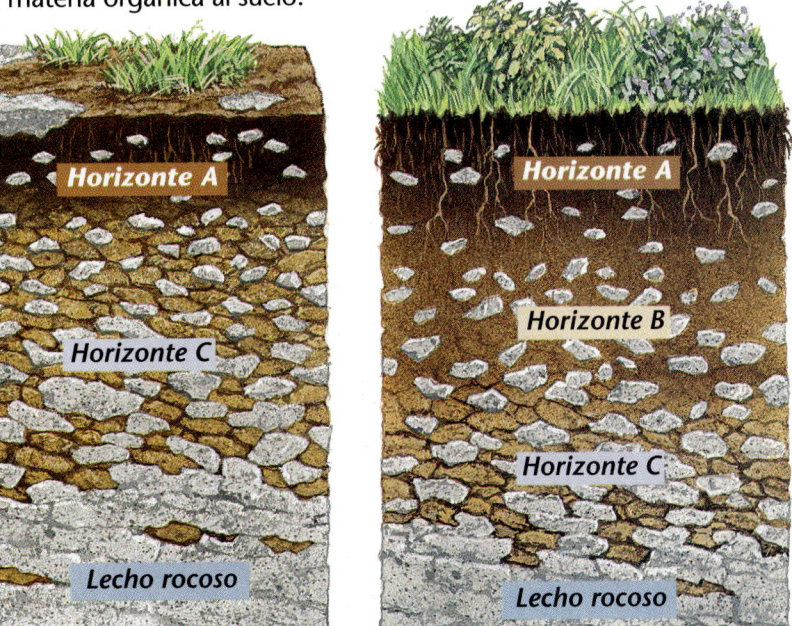

La vida en el suelo

 **INTEGRAR LAS CIENCIAS DE LA VIDA** El suelo es más que trocitos de roca. Si miras con atención un poco de suelo, verás que reboza de seres vivos. **Algunos organismos que viven en el suelo lo mezclan y abren espacios para el agua y el aire. Otros organismos forman humus, el material que hace fértil al suelo.** El suelo fértil es rico en los nutrientes que necesitan las plantas, como nitrógeno y fósforo.

Las plantas aportan la mayoría de los restos orgánicos que forman el humus. Cuando las plantas tiran las hojas, forman una capa suelta llamada **mantillo**.

EXPLORAR los organismos que viven en el suelo

En cada metro cúbico de suelo viven miles de millones de organismos. Todos los organismos del suelo enriquecen el humus con sus restos o sus desechos. Los animales y las raíces de las plantas abren en el suelo espacios para el aire y el agua.

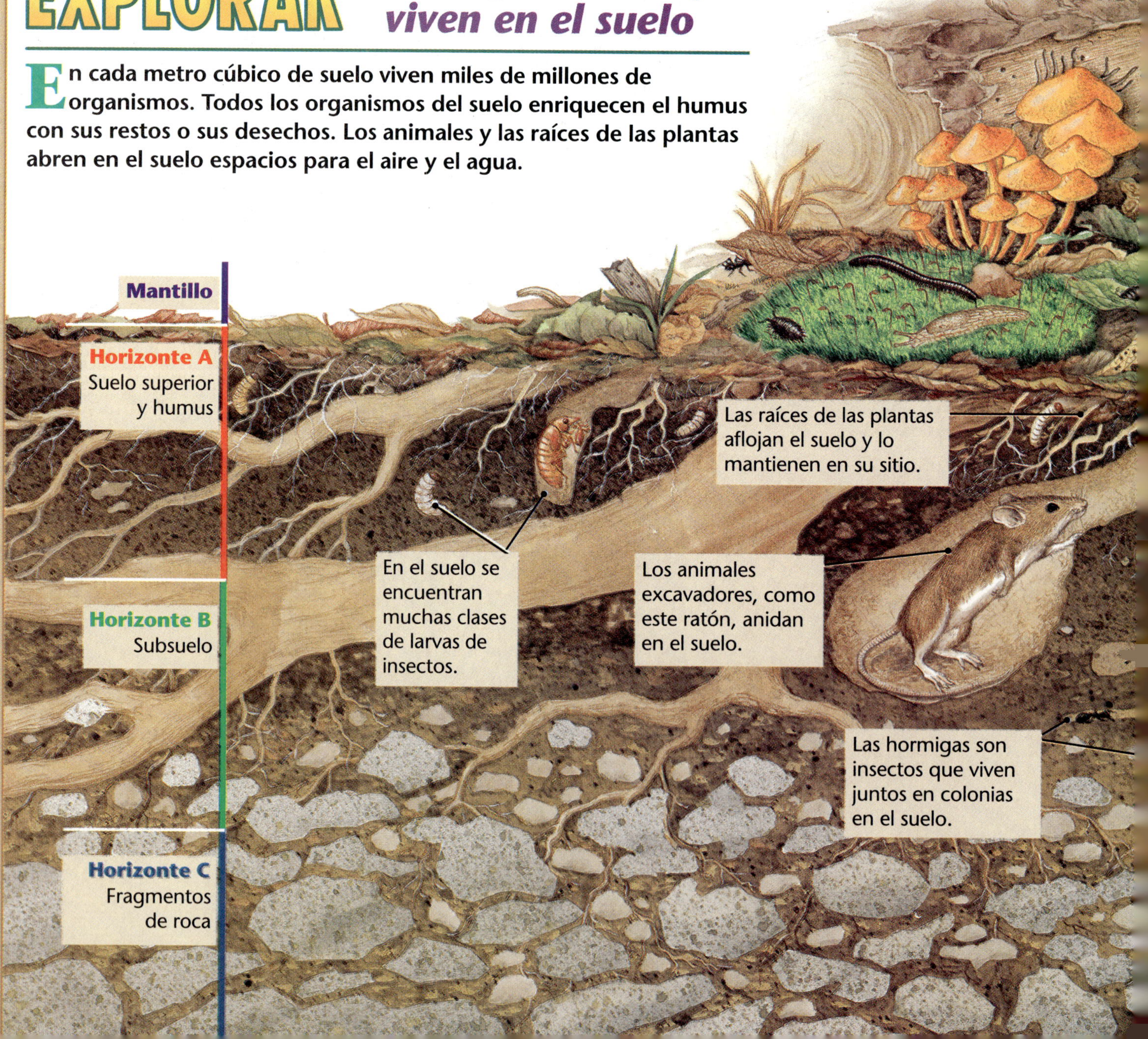

Mantillo

Horizonte A Suelo superior y humus

Horizonte B Subsuelo

Horizonte C Fragmentos de roca

Las raíces de las plantas aflojan el suelo y lo mantienen en su sitio.

En el suelo se encuentran muchas clases de larvas de insectos.

Los animales excavadores, como este ratón, anidan en el suelo.

Las hormigas son insectos que viven juntos en colonias en el suelo.

Cuando las plantas mueren, sus restos caen al suelo y se convierten en parte del mantillo. Las raíces de las plantas también mueren y comienzan a descomponerse bajo el suelo. Aunque los restos vegetales están llenos de nutrientes almacenados, todavía no son humus.

El humus se forma en un proceso llamado descomposición. Cuando ocurre la descomposición, los organismos que viven en el suelo convierten la materia orgánica muerta en humus. Estos organismos se llaman **descomponedores,** y son los que desintegran los restos de organismos muertos en partes más pequeñas y los digieren con sustancias químicas.

INTÉNTALO

Un metro cuadrado de suelo   ACTIVIDAD

1. Fuera de casa, mide una parcela de un metro cuadrado. Márcalo con una cuerda.
2. Observa el color y la textura de la superficie del suelo. ¿Es seco o húmedo? ¿Contiene arena, arcilla o grava? ¿Hay plantas, animales o humus?
3. Cava con un desplantador varios centímetros de suelo. ¿Cuál es su color y textura?
4. Cuando termines, deja el suelo como lo encontraste. Lávate las manos.

Sacar conclusiones ¿Qué puedes concluir sobre la fertilidad del suelo? ¿Qué pruebas apoyan tus conclusiones?

Los hongos, protistos, bacterias y gusanos son los principales descomponedores. Los hongos son organismos como los mohos y las setas. Crecen en los restos vegetales y los digieren. Las bacterias son descomponedores microscópicos que causan la putrefacción. Las bacterias atacan en el suelo a los organismos muertos y sus desechos. Otros animales pequeñísimos, como los ácaros y los gusanos, también descomponen la materia orgánica muerta y la mezclan con el suelo.

Las lombrices de tierra hacen casi todo el trabajo de mezclar el humus con otros materiales del suelo. Las lombrices se abren paso comiendo el suelo; así, llevan el humus al subsuelo y el subsuelo a la superficie. Las lombrices también desechan el suelo que comen. Este suelo está enriquecido con sustancias que las plantas necesitan para crecer, como el nitrógeno.

Muchos mamíferos excavadores, como los ratones, los topos, los perros de las praderas y algunas ardillas, rompen el suelo duro y compactado y entremezclan el humus. Estos animales también añaden nitrógeno al suelo cuando excretan sus desechos. Y cuando mueren y se descomponen añaden material orgánico.

Las lombrices de tierra y los animales excavadores también ayudan a airear, o mezclar aire con el suelo. Las raíces de las plantas necesitan el oxígeno que este proceso agrega al suelo.

✓ *Punto clave* ¿*Cómo contribuyen los descomponedores a la formación del suelo?*

Tipos de suelo en Estados Unidos

Si viajaras por las colinas del norte y centro de Georgia, verías suelos que parecen hechos de arcilla roja. En otras partes del país, el suelo es negro, café, amarillo o gris. Sólo en Estados Unidos, las diferencias de clima y lechos rocosos locales han llevado a la formación de miles de tipos diferentes de suelo.

Figura 8 Las lombrices de tierra abren el suelo, con lo cual permiten el paso del agua y el aire. Una lombriz come todos los días su peso en suelo.

Tipos de suelo en Estados Unidos

	Tipo	Descripción
	Tundra	Se forma cuando hace frío en cualquier época del año; consta de una delgada capa con un poco de humus.
	Bosques del norte	Se forma en climas húmedos y fríos; puede ser gruesa y muy fértil o delgada y con poco humus.
	Praderas	Se forma en climas frescos y secos de pastizales; el suelo es grueso y rico en humus.
	Montaña	El suelo superior es delgado debido a las bajas temperaturas, poco desgaste químico y erosión que produce pérdida de suelo.
	Bosques del sur	Se forma en climas húmedos y cálidos; suele ser bajo en humus.
	Desierto	Se forma en áreas muy secas, con pocas plantas y poco desgaste químico; es arenoso, delgado, bajo en humus.
	Tropical	Se forma en climas tropicales húmedos; suele tener baja cantidad de humus y minerales.

Figura 9 El clima y la flora de una zona ayudan a determinar qué tipo de suelo se forma del lecho rocoso. *Interpretar mapas* Recuerda que el suelo se forma más rápido en las zonas cálidas y húmedas que en las frías y secas. ¿Qué tipos de suelo del mapa esperarías que se formaran más lentamente?

Los científicos clasifican en grupos los distintos tipos de suelo. Estos grupos se basan parcialmente en el clima de la región. Las plantas más comunes de la región también sirven para clasificar el suelo. Los científicos también clasifican el suelo por su composición: si es rocoso, arenoso o arcilloso. Los principales tipos de suelo que hay en Estados Unidos son los de: bosque, pradera, desierto, montaña, tundra y tropicales. Mira en la Figura 9 dónde se encuentran los principales tipos de suelo. ¿Qué tipo de suelo hay en la parte del país donde vives?

Repaso de la sección 2

1. ¿Cuál es la función del desgaste en la formación del suelo?
2. ¿Cuáles son los materiales que conforman el suelo?
3. ¿Cómo influyen plantas y animales en la formación y composición del suelo?
4. ¿En qué difieren los suelos del bosque de los de la pradera?
5. **Razonamiento crítico Relacionar causa y efecto** Para respirar, las lombrices de tierra absorben el aire del suelo por la piel. ¿Por qué crees que las lombrices salen a la superficie cuando llueve? Explica.

Comprueba tu aprendizaje

PROYECTO DEL CAPÍTULO 2

Consigue muestras del suelo y materiales de crecimiento que usarás para tus semillas de frijol: arena, vermiculita, grava, tierra de macetas y suelo local. **PRECAUCIÓN:** *No recojas suelo cerca de excrementos. Lávate las manos después de tocar el suelo.* Haz notas para describir cada muestra. Predice qué suelo o mezcla será mejor para que crezcan las semillas. Diseña un método para anotar el crecimiento de tus plantas. Siembra las semillas en los materiales que elegiste.

Laboratorio real

Profesiones científicas

Aprender a conocer el suelo

Los científicos observan el suelo para determinar su composición y qué tan bien retiene el agua. Los agricultores usan esta información para cultivar sus campos.

Problema

¿Cuáles son las características de una muestra de suelo?

Enfoque en las destrezas

observar, inferir, plantear preguntas

Materiales

20 a 30 gramos de suelo
cuchara de plástico
gotero de plástico
palillo de dientes
microscopio binocular
agua
papel cuadriculado de 1 o 2 mm de espacio
caja de Petri o tapa de frasco

Procedimiento

1. Tu maestro te dará una muestra seca de suelo. Cuando la examines, anota tus observaciones en tu cuaderno de laboratorio.
2. Extiende la mitad de la muestra en el papel cuadriculado. Espácialo para que puedas ver las líneas del papel a través del suelo. Con el papel como fondo, calcula el tamaño de las partículas que componen el suelo.
3. Toma el resto de la muestra en la palma de tu mano, frótalo entre los dedos y presiona. ¿Es suave o arenoso? Cuando lo presionas, ¿se pega o se desmorona?
4. Pon la mitad de la muestra en la caja de Petri. Con el gotero, añade agua gota a gota. Mira cómo cambia la muestra. ¿Flota algún material? Cuando la muestra se humedece, ¿percibes algún olor?
5. Observa un poco del suelo en el microscopio. (*Sugerencia:* Usa el palillo para examinar las partículas del suelo.) Haz un boceto de lo que ves. Escribe los nombres de las partículas, como grava, materia orgánica o granos de forma extraña.
6. Limpia y desecha tu muestra de suelo siguiendo las instrucciones de tu maestro. **PRECAUCIÓN:** *Lávate las manos cuando termines de manipular el suelo.*

Analizar y concluir

1. ¿Qué observaste en el aspecto de la muestra de suelo cuando la tuviste por primera vez?
2. ¿Qué puedes inferir de la composición del suelo a partir de los tamaños de las partículas? ¿Y de tus observaciones de la textura? ¿Y de los cambios de la muestra cuando le pusiste agua? ¿Qué te sorprendió más de la composición de tu muestra?
3. Con base en la composición de tu muestra de suelo, ¿puedes determinar el tipo de ambiente del que se tomó?
4. **Aplicar** Haz una lista de preguntas que los expertos en suelos necesitarían contestar para determinar si una muestra de suelo sería buena para cultivar flores o verduras. ¿Tus observaciones respondieron a estas preguntas en cuanto a tu muestra de suelo?

Explorar más

Repite el procedimiento con una muestra de suelo de otro lugar. Compárala con la muestra que probaste primero.

INTEGRAR LAS CIENCIAS DEL AMBIENTE

SECCIÓN 3 Conservación del suelo

¿Cómo evitarías que el agua erosione el suelo?

1. Vacía unos 500 ml de suelo en un plato para pastel formando un montón.

2. Idea una forma para evitar que el suelo se escurra si le agregas agua. Para proteger tu montón de suelo, puedes usar palitos de manualidades, clips, guijarros, plastilina, tiras de papel y otros materiales que apruebe tu maestro.

3. Después de colocar tus materiales para proteger el suelo, sostén un recipiente que contenga unos 200 mL de agua, aproximadamente 20 cm sobre el centro del suelo. Vierte lentamente el agua en un chorro sobre el montón de suelo.

4. Compara tu plato de suelo con los de tus compañeros.

Reflexiona sobre

Observar De acuerdo con tus observaciones, ¿cuál crees que sea la mejor manera de evitar que el suelo de un declive se deslave?

Imagina que eres un colono que se dirige al oeste a comienzos del siglo XIX. Gran parte de tu viaje será a través de vastos pastizales llamados praderas. Después de los bosques y las montañas del este, las praderas son un paisaje sorprendente. Hierbas más altas que una persona oscilan y ondean al viento como un mar de verdor.

El suelo de la pradera era muy fértil. Era rico en humus por las hierbas altas. La **tierra herbosa**, es decir, la masa gruesa de raíces duras en la superficie del suelo, mantenía el suelo húmedo y en su lugar.

Las praderas cubrían una vasta zona. Comprendían el este de Kansas, Nebraska, Dakota del norte y del sur así como Iowa e Illinois. En la actualidad, las granjas donde se cultivan granos como maíz, soya y trigo han reemplazado las praderas. Pero los suelos de pradera siguen estando entre los más fértiles del mundo.

El valor del suelo

El suelo es uno de los recursos más valiosos de la Tierra porque todo lo que vive en el planeta depende directa o indirectamente del suelo. Las plantas dependen del suelo para vivir y crecer. Los animales dependen de las plantas —o de animales que comen plantas— para comer. El suelo es un recurso renovable que se encuentra dondequiera que haya desgaste. Pero su formación tarda mucho tiempo. Pueden pasar cientos de años para que se forme apenas unos centímetros de suelo. El suelo fértil y espeso de las praderas tardó miles de años en desarrollarse.

GUÍA DE LECTURA

◆ ¿Por qué el suelo es uno de los recursos más valiosos de la Tierra?

◆ ¿Qué originó la Cuenca del Polvo?

◆ ¿De cuántas maneras se puede conservar el suelo?

Sugerencia de lectura A medida que leas, haz una lista de las actividades humanas que dañan el suelo y otra lista de las actividades que ayudan a salvarlo.

Hierbas de la pradera y flores silvestres ▶

Regiones de cultivo de alimentos en la Tierra

CLAVE
- Región de suelo agrícola
- Región de cría de ganado

Figura 10 Los mejores suelos agrícolas del mundo suelen encontrarse en valles fluviales o en planicies interiores o costeras. Las zonas demasiado secas, montañosas o poco fértiles para la agricultura, se pueden dedicar a la cría de ganado.

El suelo fértil es valioso porque es un recurso limitado. Menos de un octavo de la tierra es de suelos útiles para la agricultura. En la Figura 10 se muestra dónde se localizan esas regiones. En muchas zonas, la agricultura es difícil y se producen pocos alimentos. Esto se debe a la poca fertilidad del suelo, la falta de agua, las pendientes pronunciadas o las temporadas de cultivo cortas.

Punto clave ¿Por qué es valioso el suelo?

Daños y pérdidas de suelo

El suelo es uno de los recursos más importantes de la Tierra. Pero puede perderse o dañarse. Por ejemplo, el suelo se puede agotar o perder su fertilidad. Esto ocurrió en muchas partes del sur a finales del siglo XIX. Los suelos en los que sólo se había cultivado algodón quedaron agotados. Muchos agricultores abandonaron sus granjas. En Alabama, a comienzos del siglo XX, un científico llamado George Washington Carver desarrolló nuevos cultivos y métodos agrícolas que ayudaron a restaurar la fertilidad en el sur. Los cacahuates fueron uno de los cultivos que contribuyeron a devolver la fertilidad al suelo.

El suelo puede perderse por la erosión del agua y el viento. La erosión del agua puede ocurrir donde el suelo no se encuentra protegido por una cobertura vegetal. Las plantas aminoran la fuerza de la lluvia y las raíces mantienen firme el suelo. La erosión del viento, combinada con métodos agrícolas inadecuados para las condiciones de los climas secos, causaron la Cuenca del Polvo en las Grandes Planicies.

Figura 11 George Washington Carver (1864–1943) enseñó nuevos métodos de conservación del suelo a los granjeros del sur.

La Cuenca del Polvo

Hacia el final del siglo XIX, los granjeros se habían establecido en casi todas las praderas. Los nuevos colonos siguieron rumbo a las Grandes Planicies, mucho más al oeste. Esta región se extiende al este desde el pie de las Montañas Rocallosas a través de las partes occidentales de Dakota del norte y del sur, Nebraska, Kansas, Oklahoma y Texas.

El suelo de las Grandes Planicies es fértil. Pero hay una diferencia importante entre las Grandes Planicies y las praderas. Las lluvias disminuyen constantemente de este a oeste a lo largo de las Grandes Planicies. Las hierbas altas ceden el terreno a pastos más cortos y delgados que necesitan menos humedad. **El arado removió el pasto de las Grandes Planicies y expuso el suelo. Durante las sequías, la capa del suelo superior se secaba rápidamente, se convertía en polvo y era arrastrado por el viento.**

En 1930, la mayoría de las Grandes Planicies se habían convertido en granjas o ranchos. Después, durante varios años muy secos el suelo de algunas partes de estas planicies se convirtió en polvo. El viento llevó el suelo al este en grandes nubes negras que oscurecieron el cielo en sitios tan lejanos como Chicago e incluso la ciudad de Nueva York. Finalmente, el suelo voló al océano Atlántico, donde se perdió para siempre.

El problema fue más grave en las planicies de los estados del sur. Ahí, la sequía y la pérdida del suelo superior duraron hasta 1938. Esta zona, que se muestra en la Figura 12, se llamó la **Cuenca del Polvo.** Mucha gente de los estados de la Cuenca del Polvo abandonaron sus granjas.

Artes del lenguaje CONEXIÓN

Woody Guthrie escribió y cantó canciones folklóricas. Guthrie vivió en Oklahoma y Texas en los tiempos de la Cuenca del Polvo y escribió una serie de canciones llamada "Baladas del Dust Bowl" (una balada es una canción que cuenta una historia). Una de las baladas describe cómo

> Vimos por la ventana
> Que donde crecían campos de trigo
> Se rizaba ahora un océano
> De polvo que el viento había soplado.

En tu diario

Escribe la letra de una balada que cuente la historia de un problema de tu comunidad y cómo crees que se resolvería.

Figura 12 La Cuenca del Polvo incluía el oeste de Oklahoma y parte de los estados circundantes. Fuertes vientos levantaban el polvo a grandes alturas provocando enormes tolvaneras que recorrían miles de kilómetros.

Conservación del suelo

La Cuenca del Polvo sirvió para que la gente apreciara el valor del suelo. En la década de 1930, con apoyo gubernamental, los granjeros de las Grandes Planicies y de todo el país comenzaron a cuidar mejor sus tierras. Adoptaron métodos agrícolas que ayudaron a salvar el suelo. Algunos métodos eran nuevos, otros se practicaban desde hacía siglos.

Los agricultores de Estados Unidos adoptaron métodos modernos de conservación del suelo. La **conservación del suelo** es el manejo del suelo para evitar su destrucción. **Dos maneras de conservar el suelo son la arada en contorno y la arada de conservación.**

La **arada en contorno** consiste en arar los campos según las curvas de un declive. Esto aminora el escurrimiento del exceso de lluvia y evita que arrastre el suelo.

La **arada de conservación** altera el suelo y su cobertura vegetal lo menos posible. Hierbas y tallos secos de la cosecha anterior se dejan en los campos para devolver al suelo los nutrientes, retener la humedad y conservar el suelo en su sitio. Este método también se llama de arada poco profunda o sin profundidad.

En pastizales como los de las Grandes Planicies, el pastoreo de ganado es un uso importante de la tierra. Pero si durante los periodos de sequía pasta un exceso de ganado, la cobertura de hierba que protege el suelo se puede dañar. Esto expone el suelo a la erosión del viento y el agua. Para no dañar el suelo, los ganaderos deben limitar el tamaño de sus rebaños.

Figura 13 La arada de contorno (arriba) y la arada de conservación (abajo) previenen la erosión del suelo. *Predecir* ¿Cómo afectaría a la cantidad de humus del suelo la arada de conservación?

Repaso de la sección 3

1. Explica la importancia del suelo como uno de los recursos de la Tierra.
2. ¿Cómo contribuyeron los colonos de las Grandes Planicies a la formación de la Cuenca del Polvo?
3. ¿Cuáles son algunas de las técnicas que usan los granjeros para conservar el suelo?
4. **Razonamiento crítico Resolver problemas** Si tuvieras que plantar maíz en una ladera empinada, ¿cómo lo harías para que la lluvia no arrastrara el suelo?

Comprueba tu aprendizaje

PROYECTO DEL CAPÍTULO 2

Supervisa a diario tus semillas y riégalas según lo necesiten. Cuenta y anota el número de semillas que brotan. También mide la altura de cada planta, cuenta el número de hojas y anota su color. Después de 14 días, debes ser capaz de hacer comparaciones. ¿Qué diferencias observaste entre las plantas cultivadas en diferentes materiales? ¿Cuándo aparecieron esas diferencias? De acuerdo con tus datos, ¿cuál sería el mejor material para cultivar plantas de frijol?

GUÍA DE ESTUDIO

SECCIÓN 1 — Las rocas y el desgaste

Ideas clave
- Las rocas se desgastan, o deshacen, cuando quedan expuestas al aire, el agua, la intemperie y los seres vivos de la superficie terrestre.
- El desgaste mecánico rompe las rocas en trozos. Los agentes del desgaste mecánico son el congelamiento y el deshielo, el calentamiento y el enfriamiento, el crecimiento de plantas, las actividades de los animales y la abrasión.
- El desgaste químico cambia el contenido mineral de las rocas. Los agentes del desgaste químico son el agua, el oxígeno, el dióxido de carbono, los organismos vivos y la lluvia ácida.
- El clima y el tipo de roca determinan la velocidad del desgaste.

Términos clave
desgaste   abrasión   erosión
desgaste químico   desgaste mecánico   permeable
calza de hielo

SECCIÓN 2 — Formación y composición del suelo

Ideas clave
- El suelo está compuesto de partículas pequeñas de roca mezcladas con restos de organismos en descomposición.
- El suelo se forma en capas, llamadas horizontes, a medida que el lecho de roca se desgasta y se acumulan materias orgánicas.
- Los tres horizontes del suelo son el horizonte A, el horizonte B y el horizonte C. El horizonte A está formado por el suelo superior, que es rico en humus. El horizonte B consta de arcilla y otras partículas arrastradas del horizonte A, pero poco humus. El horizonte C está compuesto de rocas parcialmente desgastadas sin arcilla ni humus.
- Plantas y animales rompen y mezclan el suelo y agregan, además, materias orgánicas que forman humus.

Términos clave
suelo   lecho rocoso   subsuelo
marga   horizonte del suelo   mantillo
humus   descomponedores   suelo superior

SECCIÓN 3 — Conservación del suelo

INTEGRAR LAS CIENCIAS DEL AMBIENTE

Ideas clave
- El suelo es un recurso valioso porque la vida en la Tierra depende de él. Se forma muy lentamente.
- Los métodos agrícolas inadecuados causan erosión del suelo y disminuyen su fertilidad.
- Al arar las Grandes Planicies se originó la Cuenca del Polvo, porque se retiró la tierra herbosa que evitaba que el viento se llevara el suelo durante las sequías.
- El suelo, así como su fertilidad se pueden conservar usando métodos de conservación del suelo.

Términos clave
tierra herbosa   arada de contorno
Cuenca del Polvo   arada de conservación
conservación del suelo

CAPÍTULO 2 REPASO

USAR LA INTERNET — ACTIVIDAD
www.science-explorer.phschool.com

Capítulo 2   G ◆ 61

Repaso del contenido

 Para repasar los conceptos clave, consulta el Interactive Student Tutorial CD-ROM.

Opción múltiple
Elige la letra que complete mejor cada enunciado.

1. La fuerza más importante del desgaste mecánico en los climas fríos es el (la)
   a. oxidación.
   b. congelamiento y deshielo.
   c. actividad animal.
   d. abrasión.
2. Casi todo el desgaste químico se debe a
   a. la lluvia ácida.
   b. el agua.
   c. el oxígeno.
   d. el dióxido de carbono.
3. El horizonte B consta de
   a. subsuelo.
   b. suelo superior.
   c. partículas de rocas.
   d. lecho rocoso.
4. Uno de los mejores tipos de suelo para la agricultura es
   a. el de bosque.
   b. el de montaña.
   c. el tropical.
   d. el de pradera.
5. La mayor parte del trabajo de mezclar el humus en el suelo es hecho por
   a. hongos.
   b. bacterias.
   c. lombrices de tierra.
   d. ácaros.

Falso o verdadero
Si el enunciado es verdadero, escribe verdadero. Si es falso, cambia la palabra o palabras subrayadas para hacer verdadero el enunciado.

6. El <u>desgaste mecánico</u> es el movimiento de partículas de rocas por el viento, el agua y el hielo.
7. El desgaste es más rápido en los climas <u>húmedos</u>.
8. La materia orgánica en descomposición en el suelo se llama <u>marga</u>.
9. Los <u>hongos</u> producen sustancias químicas que digieren los restos vegetales.
10. Los científicos clasifican los tipos de suelo basados parcialmente en el <u>clima</u> de la región.

Revisar los conceptos

11. ¿Dónde es probable que ocurra más rápido el desgaste mecánico: donde la temperatura en invierno suele estar por debajo del punto de congelación o donde hay cambios frecuentes arriba y abajo de ese punto? Explica.
12. Describe brevemente cómo se forma el suelo.
13. ¿Qué contiene más humus, el suelo superior o el subsuelo?
14. Explica cómo actúan las plantas como agentes del desgaste mecánico y químico.
15. ¿Qué función cumplía la hierba en la conservación del suelo de las praderas?
16. ¿Cómo contribuye la arada de conservación a resguardar el suelo?
17. **Escribir para aprender** Escribe una reseña de tu vida como lombriz de tierra. ¿Cómo sería vivir en el suelo? ¿Qué verías? ¿Qué comerías? ¿Cómo te moverías por el suelo? ¿Cómo lo cambiarías?

Razonamiento gráfico

18. **Red de conceptos** En una hoja de papel, copia la red de conceptos sobre los horizontes del suelo. Después complétala y ponle un título. (Para más información sobre las redes de conceptos, consulta el Manual de destrezas.)

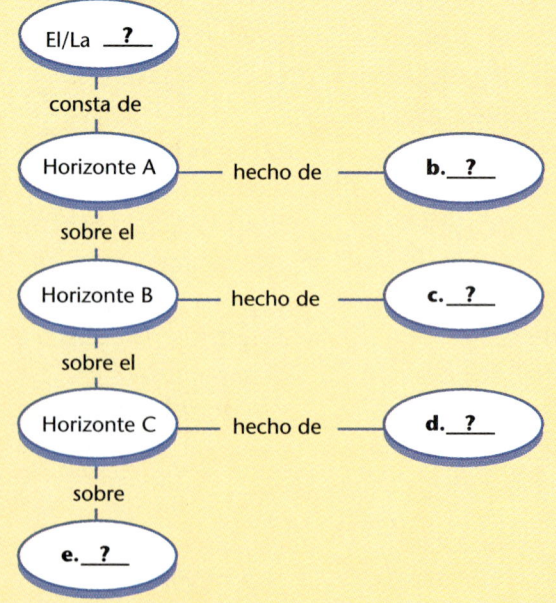

Aplicar las destrezas

Usa la siguiente información para responder las Preguntas 19–21. Tienes dos muestras de suelo. Una es en su mayor parte arena y la otra arcilla.

19. **Desarrollar hipótesis** ¿Qué muestra de suelo crees que perdería el agua más rápido? ¿Por qué?
20. **Crear experimentos** Diseña un experimento para probar qué tan rápido pasa el agua por cada muestra de suelo.
21. **Plantear preguntas** Imagina que eres un agricultor que quiere cultivar soya en uno de estos suelos. ¿Qué preguntas necesitarías responder antes de escoger dónde plantar tu soya?

Razonamiento crítico

22. **Predecir** Supón que el desgaste mecánico rompe en pedazos una roca. ¿Cómo afectaría esto la velocidad a la que la roca se desgasta químicamente?
23. **Clasificar** Clasifica los ejemplos siguientes como desgaste mecánico o como desgaste químico:
    A. Aparecen unas grietas en la banqueta junto a un árbol grande.
    B. En un trozo de caliza se abren hoyos como queso suizo.
    C. La superficie de una roca expuesta se vuelve lentamente café rojizo.
24. **Desarrollar hipótesis** En la luna no hay aire ni agua. Desarrolla una hipótesis sobre la velocidad del desgaste en la luna comparado con el de la Tierra. Explica.
25. **Relacionar causa y efecto** Dos rocas de lugares distintos se desgastaron durante el mismo tiempo. En una se formó suelo maduro y en la otra suelo inmaduro. ¿Qué factores podrían haber causado esta diferencia en la velocidad de formación del suelo?
26. **Formular juicios** ¿Cuál es el valor del suelo para el ser humano y los demás seres vivos? Explica tu respuesta.

Evaluación del rendimiento

Para terminar
PROYECTO DEL CAPÍTULO 2

Presenta tu proyecto Estás listo para presentar tus conclusiones sobre qué material es mejor para cultivar plantas de frijol. Decide cómo exponer los datos que reuniste acerca de los materiales. Compara los resultados de tu grupo con los resultados de otros grupos de tu clase.

Reflexiona y anota Describe en tu diario qué tan bien coincidieron tus resultados con tus predicciones. ¿Qué aprendiste en este proyecto sobre las características del suelo que ayudan a crecer a las plantas? ¿Qué mejoras le harías a tu experimento?

Participa

En tu comunidad Averigua si tu comunidad tiene un programa para hacer composta con hojas y otros desperdicios de jardín. Si existe, investiga más sobre el programa y haz un cartel para estimular a la gente a que participe. Si no hay ningún programa, haz un cartel en el que expliques los beneficios de la composta. Destaca que ayuda a controlar los desechos, mejora la fertilidad del suelo y aumenta la productividad de los jardines.

CAPÍTULO 3
Erosión y sedimentación

LO QUE ENCONTRARÁS

 SECCIÓN 1 Cambios en la superficie terrestre
Descubre ¿Cómo afecta la gravedad a los materiales de una pendiente?
Mejora tus destrezas Observar
Laboratorio de destrezas Colinas de arena

 SECCIÓN 2 Erosión por agua
Descubre ¿Cómo desgastan a las rocas las corrientes de agua?
Inténtalo Gotas de lluvia
Laboratorio real Corrientes en acción

Integrar la física
 **SECCIÓN 3 La fuerza del agua en movimiento**
Descubre ¿Cómo se depositan los sedimentos?
Mejora tus destrezas Desarrollar hipótesis

PROYECTO 3

Cambios en la forma del terreno

La vista desde el Borde Sur del Gran Cañón de Arizona es una de las más memorables del mundo.

Las paredes del Gran Cañón revelan las coloridas capas de roca que componen la meseta Colorado. ¿Qué fuerzas conformaron un cañón tan vasto? Durante unos 6 millones de años, el río Colorado ha cortado y labrado la meseta. El río también se lleva las partículas sueltas de roca.

En este capítulo, explorarás las fuerzas que modifican la superficie terrestre. Las corrientes de agua, los glaciares helados, las olas y el viento desgastan y forman accidentes geográficos. Durante el capítulo, harás modelos que muestren cómo la erosión transforma el paisaje.

Tu objetivo Crear modelos tridimensionales que muestren cómo las fuerzas de erosión y sedimentación pueden cambiar la forma del terreno, al cabo de millones de años.

Para completar este proyecto con éxito, tendrás que:
- hacer un modelo tridimensional de un paisaje
- predecir cómo puede afectar la erosión al modelo
- construir otro modelo que muestre cómo se vería el paisaje si la erosión se prolongara millones de años

Para empezar Comienza por hacer un boceto de un paisaje montañoso o con colinas. Añade cumbres agudas, valles profundos, un río o arroyo y una costa.

Comprueba tu aprendizaje Trabajarás en este proyecto mientras estudias el capítulo. Para mantener tu proyecto en marcha, revisa los cuadros de Comprueba tu aprendizaje en los puntos siguientes:

Repaso de la Sección 3, página 88: Dibuja y haz tu primer modelo.
Repaso de la Sección 4, página 93: Comienza a realizar tu segundo modelo, que muestre cómo causan erosión el agua y los glaciares.
Repaso de la Sección 5, página 97: Agrega al modelo los efectos de la erosión causados por las olas.

Para terminar Al final del capítulo (página 103), presenta tus modelos en la clase. En tu presentación, explica cómo cambió el paisaje y predice cómo podría cambiar en el futuro.

 SECCIÓN 4 Los glaciares

Descubre ¿Cómo cambian la tierra los glaciares?

 **SECCIÓN 5** Las olas

Descubre ¿Qué se puede aprender de la arena de la playa?
Mejora tus destrezas Calcular

 SECCIÓN 6 El viento

Descubre ¿Cómo afecta el viento a los sedimentos?

G ◆ 65

SECCIÓN 1
Cambios en la superficie terrestre

DESCUBRE

¿Cómo afecta la gravedad a los materiales de una pendiente?

1. Coloca una tabla pequeña sobre tu escritorio. Pon una canica sobre la tabla y levántala un poco por un extremo. Observa qué pasa.
2. Coloca un bloque de madera en la tabla. Lentamente, levanta un extremo de la tabla y observa el resultado.
3. Luego cubre la tabla y el bloque de madera con lija y repite el Paso 2.

Reflexiona sobre
Desarrollar hipótesis Compara los resultados de cada paso. Desarrolla una hipótesis para explicar las diferencias de lo que observaste.

GUÍA DE LECTURA

- ¿Qué procesos desgastan y forman levantamientos?
- ¿Qué fuerzas empujan hacia abajo las rocas y el suelo en las pendientes?
- ¿Cuáles son los tipos de movimiento de las masas?

Sugerencia de lectura Al leer, haz una lista de las ideas principales y los detalles secundarios sobre la erosión, la sedimentación y el movimiento de las masas.

El cañón del río Madison es una zona tranquila y solitaria en las Montañas Rocallosas de Montana. En 1959, el cañón cambió para siempre. Un fuerte terremoto sacudió el cercano parque nacional de Yellowstone y la ladera de una montaña del cañón cedió. En unos segundos, casi 30 millones de metros cúbicos de rocas, suelo y árboles se desplomaron dentro del cañón. Si todo este material tuviera la forma de un cubo, cada una de sus caras sería tres veces más larga que un campo de soccer. Las rocas y el suelo que se deslizaron obstruyeron el curso del río Madison y originaron la formación de un nuevo lago.

Figura 1 Durante un deslizamiento de tierra, las rocas y el suelo sueltos de la ladera de una montaña se desprenden en forma repentina del lecho rocoso. Este deslizamiento en el cañón del río Madison, Montana, sepultó una autopista y un campamento.

Desgaste y levantamiento

Los deslizamientos como el del cañón del río Madison son un ejemplo espectacular de erosión. La **erosión** es el proceso por el que las fuerzas naturales mueven de un lado a otro rocas y suelo desgastados. Los deslizamientos de tierra son formas muy rápidas de erosión. Las otras formas desgastan el suelo y las rocas más lentamente. La gravedad, las corrientes de agua, los glaciares, las olas y el viento causan erosión. Quizá hayas visto en los caminos que el agua arrastra tierra y grava después de las lluvias. Éste es un ejemplo de erosión. La erosión también causó los daños a la carretera de la Figura 2.

Los materiales que arrastra la erosión son **sedimentos.** Tanto el desgaste como la erosión producen sedimentos. La **sedimentación** ocurre cuando los agentes de la erosión depositan los sedimentos. La sedimentación cambia la forma del terreno. Tal vez hayas visto a un niño pequeño que toma varios juguetes, los lleva al otro extremo del cuarto y los deja. Este niño actúa en cierta forma como los agentes de la erosión y la sedimentación.

El desgaste, la erosión y la sendimentación operan juntos en un ciclo que desgasta y forma levantamientos en la superficie terrestre. La erosión y la precipitación ocurren en todas las partes de la Tierra. En unas ocasiones operan lentamente, en otras con más rapidez, como durante las tormentas, cuando las lluvias densas empapan las rocas y el suelo. Estos materiales mojados pueden aflojarse y deslizarse montaña abajo. Pero mientras una montaña se desgasta en un lugar, se forman nuevos levantamientos en otros sitios. La erosión y la sedimentación son perpetuas.

Figura 2 Las fuertes lluvias de invierno barrieron con esta autopista de California. *Relacionar causa y efecto* ¿Qué causó la erosión que ves en la fotografía?

☑ *Punto clave* ¿Qué ocurre con los sedimentos que son resultado de la erosión y la sedimentación?

Movimientos de masa

Imagina que estás en una bicicleta en la cumbre de una colina. Con un ligero empujón, podrías deslizarte cuesta abajo. Si la colina es muy empinada, alcanzarás gran velocidad antes de llegar abajo. La fuerza que te jala hacia abajo, a ti y a tu bicicleta, es la gravedad. La gravedad atrae todo hacia el centro de la Tierra.

La gravedad es la fuerza que mueve las rocas y otros materiales colina abajo. La gravedad produce **movimientos de masa,** que son procesos que arrastran hacia abajo los sedimentos. Los movimientos de masa pueden ser rápidos o lentos. **Los tipos de movimientos de masa incluyen los deslizamientos de tierra, avalanchas de lodo, desplomes y corrimientos.**

Capítulo 3 **G ◆ 67**

Deslizamientos De los tipos de movimientos de masa, los más destructivos son los deslizamientos de tierra, que ocurren cuando las rocas y el suelo resbalan de pronto por una pendiente empinada. Algunos pueden contener cantidades enormes de roca. Pero la mayoría sólo llevan cantidades pequeñas de rocas y suelo. Este movimiento de masas es común donde se han abierto colinas y montañas para el paso de autopistas.

Figura 3 Una avalancha de lodo causada por lluvias fuertes se precipita por las calles de esta población en Italia.
Relacionar causa y efecto ¿Qué característica del suelo puede contribuir a las avalanchas de lodo?

Avalanchas de lodo Una avalancha de lodo es el movimiento rápido, colina abajo, de una mezcla de agua, rocas y suelo. La cantidad de agua en ese lodo puede ser tan grande como el 60 por ciento. Las avalanchas suelen ocurrir después de lluvias fuertes en zonas secas. En suelos arcillosos que contienen mucha agua, puede haber avalanchas incluso en las pendientes menos inclinadas. Un terremoto también puede originar avalanchas de lodo o deslizamientos de tierra. Las avalanchas como la de la Figura 3 pueden ser muy peligrosas.

Desplomes Si desplomas tus hombros, toda la parte superior de tu cuerpo caerá. En el movimiento de masas conocido como desplome, una masa de rocas y suelo cae de pronto por una pendiente. A diferencia de los deslizamientos de tierra, el material del desplome cae en una sola masa. Parece como si alguien hubiera jalado la parte inferior de una pendiente. La Figura 4 muestra un ejemplo de desplome. Los desplomes ocurren cuando el agua empapa la base de una masa de suelo rico en arcilla.

Figura 4 Los desplomes parecen como si una cuchara gigante hubiera comenzado a sacar la masa de suelo de una ladera.

Corrimientos Los terrenos afectados por corrimientos tienen el aspecto extraño y desequilibrado de una casa de la risa en un parque de diversiones. Los corrimientos son movimientos muy lentos de roca y suelo. Ocurren incluso en pendientes suaves. Como el avance de la manecilla de las horas en los relojes, los corrimientos son tan lentos que apenas se notan. Pero puedes ver sus efectos en objetos como los postes telefónicos, las lápidas y los listones de las cercas. Los corrimientos suelen ser el resultado de congelamientos y deshielos del agua en las capas agrietadas de las rocas bajo el suelo. ¿Cómo afectó el corrimiento a los árboles de la Figura 5?

Mejora tus destrezas

Observar ACTIVIDAD

Compara los ejemplos de movimientos de masas de las Figuras 4 y 5. De acuerdo con tus observaciones, haz una tabla en la que compares desplome y corrimiento. Anota los materiales naturales de que se trate, la clase de pendiente y la velocidad de cada tipo de movimiento de masa.

Figura 5 Un corrimiento ha inclinado lentamente estos árboles hacia abajo, con lo que los troncos crecen torcidos. *Predecir Si el corrimiento sigue, ¿cómo afectaría la carretera, la cerca y las líneas eléctricas?*

Repaso de la sección 1

1. Explica la diferencia entre erosión y sedimentación.
2. ¿Qué fuerzas causan la erosión?
3. ¿Cuáles son los cuatro tipos de movimientos de masa?
4. **Razonamiento crítico Relacionar causa y efecto** ¿Por qué es más probable que ocurra un deslizamiento de tierra en una montaña escarpada que en una colina de pendientes suaves?

Las ciencias en casa

Después de una tormenta, pasea por el vecindario con un adulto de tu familia. Busca pruebas de la erosión: zonas donde se haya perdido suelo, arena, grava o rocas sueltas. (**PRECAUCIÓN:** No te acerques a ninguna acumulación grande de arena o suelo, pues puede deslizarse.) ¿En qué zonas hay más erosión? ¿En cuáles hay menos? ¿Cómo afecta una pendiente la fuerza de la erosión? Haz un boceto o toma fotografías de las zonas que muestren efectos de la erosión.

Laboratorio de destrezas

Desarrollar hipótesis

Colinas de arena

En este experimento, vas a desarrollar y a probar una hipótesis sobre el efecto de los movimientos de masas en el tamaño y la forma de una colina de arena.

Problema
¿Cuál es la relación entre la altura y la anchura de una colina de arena?

Materiales
arena seca, 500 ml
tubo de cartón de papel sanitario
bandeja (de unos 15 × 45 × 60 cm)
brocheta de madera   cinta adhesiva
cuchara   regla   lápiz o creyón
varias hojas de papel blanco

Procedimiento

1. Primero observa cómo la gravedad causa movimientos de masas en la arena. Para empezar, coloca verticalmente el tubo de cartón en el centro de la bandeja.
2. Usa la cuchara para llenar de arena seca el tubo de cartón. Ten cuidado de no tirar arena alrededor del tubo.

3. Levanta el tubo con cuidado y sin inclinarlo para que la arena se derrame. Mientras lo haces, observa el flujo de la arena.
4. Desarrolla una hipótesis sobre cómo cambiarán la altura y la anchura de la colina si añades más arena. Escribe tu hipótesis como un enunciado condicional ("si... entonces").
5. Planea un método para probar tu hipótesis. Cuando la pongas a prueba, necesitarás un método para medir la colina (ve las instrucciones abajo).
6. Vacía la arena de la bandeja en un recipiente. Prepara tu sistema para medir la colina.
7. Copia la tabla de datos en tu cuaderno de laboratorio.

Cómo medir una colina de arena

1. Cubre el fondo de la bandeja con papel blanco y fíjalo firmemente con cinta adhesiva.
2. Marca puntos a distancias de 0.5 cm a lo largo de un lado del papel de la bandeja.
3. Traza con cuidado el contorno del montículo de arena. La línea debe seguir completamente alrededor de la base del montículo.
4. Ahora mide la anchura de la colina con las marcas que hiciste en el borde del papel.
5. Para medir la altura de la colina, mete una brocheta de madera por el centro. Haz una marca en la brocheta en la cumbre de la colina.
6. Saca la brocheta y mide con la regla cuánto se enterró en la colina. Trata de no mover la arena.

TABLA DE DATOS

Prueba	1	2	3	4	5
Altura					
Anchura					

8. Sigue los Pasos 1 a 3 para hacer otra colina de arena.
9. Mide y anota la altura y la anchura de la colina de arena para la Prueba 1.
10. Ahora prueba lo que ocurre cuando pones más arena en la colina. Coloca el tubo de cartón verticalmente en el centro de la colina. Ten cuidado de no meter el tubo en la arena. Como antes, llena de arena el tubo con la cuchara.
11. Levanta con cuidado el tubo y observa los resultados del movimiento de la arena.
12. Mide y anota la altura y la anchura de la colina para la Prueba 2.
13. Repite los Pasos 10 a 12 por lo menos otras tres veces. Después de cada prueba, anota tus resultados. No olvides numerar cada prueba.

Analizar y concluir

1. Haz una gráfica que muestre los cambios en la altura y la anchura en cada prueba. (*Sugerencia:* Grafica la altura en el eje *x* y la anchura en el eje *y*.)
2. ¿Qué muestra tu gráfica acerca de la relación entre la altura y la anchura de la colina de arena?
3. ¿Apoya la gráfica tu hipótesis sobre la altura y la anchura de la colina? ¿Por qué?
4. ¿Cómo revisarías tu hipótesis original después de examinar tus datos? Da las razones de tu respuesta.
5. **Piensa en esto** Predice lo que ocurriría si continuaras el experimento otras cinco pruebas. Prolonga la gráfica con una línea punteada para mostrar tu predicción. ¿Cómo probarías tu predicción?

Crear un experimento

¿Crees que usar diferentes materiales, como arena húmeda o grava, produciría resultados distintos que la arena seca? Haz una nueva hipótesis sobre la relación entre la pendiente y la anchura de colinas hechas de otros materiales aparte de la arena seca. Diseña un experimento en el que pruebes de qué manera forman colinas estos materiales. Antes de realizar el experimento pide la aprobación de tu maestro.

SECCIÓN 2 Erosión por agua

DESCUBRE

¿Cómo desgastan a las rocas las corrientes de agua?

1. Consigue dos barras de jabón del mismo tamaño y marca.
2. Abre un poco la llave para que el agua gotee muy lentamente. ¿Cuántas gotas por minuto salen de la llave?
3. Coloca una de las barras de jabón en un lugar seco. Pon la otra barra bajo la llave. Predice el efecto de las gotas en el jabón.
4. Deja que la llave gotee 10 minutos.
5. Cierra la llave y observa las dos barras de jabón. ¿Qué diferencias observas entre ambas?

Reflexiona sobre
Predecir ¿Cómo se vería la barra que estuvo bajo la llave que goteaba si la dejaras otros 10 minutos? ¿Y durante una hora? ¿Cómo acelerarías el proceso? ¿Cómo lo aminorarías?

GUÍA DE LECTURA

- ¿A qué proceso se debe principalmente la forma de la superficie terrestre?
- ¿Qué formas produce la erosión del agua?
- ¿Qué formas surgen cuando ríos y arroyos depositan sedimentos?

Sugerencia de lectura Antes de leer, usa los títulos para hacer un esquema de la erosión del agua y la sedimentación.

Al caminar en un bosque durante el verano, puedes oír la corriente del agua de un arroyo antes de verlo. El agua suena al hacer espuma en las salientes de rocas y peñas. Cuando llegas al arroyo, ves cómo se desliza el torrente de agua. En el fondo se agitan arena y guijarros. Conforme avanza la corriente, también arrastra ramas, hojas y trozos de suelo. En los estanques resguardados, insectos como los zancudos brincan sobre la superficie tranquila del agua. Bajo la superficie, ves una trucha de arco iris desovando en el agua clara.

Si visitas el arroyo en otras épocas del año, será muy diferente. En invierno, estará congelado. En el lecho y las orillas flotan y se atoran trozos de hielo. En primavera, el arroyo fluye. Entonces, la corriente del agua puede ser lo suficientemente fuerte para arrastrar rocas grandes. Pero durante todo el año el arroyo erosiona su pedacito de superficie terrestre.

Un arroyo en el bosque ▼

Figura 6 Una gota de lluvia comienza el proceso de erosión. El agua que fluye por la superficie se une en riachuelos. Estos se combinan para formar barrancos más grandes. *Predecir* ¿Qué pasará con el terreno entre los dos barrancos cuando éstos se ensanchen?

Escurrimiento y erosión

Las corrientes de agua crean muchos accidentes geográficos. **El agua en movimiento es el principal agente de erosión que modifica la superficie de la Tierra.**

La erosión del agua comienza con la salpicadura de la lluvia, como se ve en la Figura 6. Parte de la lluvia penetra en el suelo. La otra parte se evapora o la asimilan las plantas. La fuerza de una gota de lluvia puede aflojar y separar partículas del suelo. El agua que corre por la tierra se lleva esas partículas. Esta agua en movimiento se llama escurrimiento. El **escurrimiento** es el exceso de agua que corre sobre la superficie terrestre. Cuando el escurrimiento fluye en una capa delgada sobre la tierra, puede causar un tipo de erosión llamado erosión laminar.

Riachuelos y barrancos Debido a la gravedad, el escurrimiento con el material que contiene se mueve hacia abajo. Conforme avanza, forma surcos pequeños en el suelo, llamados **riachuelos**. Los riachuelos, al unirse, se ensanchan y forman barrancos. Los **barrancos** son surcos grandes o cauces en el suelo que llevan los escurrimientos después de las tormentas. Cuando el agua fluye por ellos se lleva suelo y rocas que los ensancha por erosión. Los barrancos fluyen sólo después de las lluvias.

Figura 7 Cuando el agua erosiona los barrancos el suelo se pierde.

INTÉNTALO

Gotas de lluvia

ACTIVIDAD

Averigua cómo afectan al suelo las gotas de lluvia.

1. Llena una caja de Petri con suelo de textura fina a una profundidad de aproximadamente 1 cm. Comprueba que el suelo tiene una superficie llana, pero no lo oprimas con fuerza.
2. Pon la caja de Petri en el centro de un periódico.
3. Llena un gotero con agua. Desde una altura de más o menos 1 m, deja caer una gota gruesa en la superficie del suelo. Repite 4 veces.
4. Mide con una regla métrica la distancia a la que salpicó el suelo de la caja. Anota tus observaciones.
5. Repite los pasos 1 a 4, ahora desde una altura de 2 m. ¿Cuál llegó más lejos, la salpicadura desde 1 m o la salpicadura desde 2 m?

Sacar conclusiones ¿Qué prueba causó la mayor erosión? ¿Por qué?

Arroyos y ríos Los barrancos se unen para formar un cauce más grande llamado arroyo. Los **arroyos** son cauces por los que el agua fluye constantemente por una pendiente. A diferencia de los barrancos, los arroyos casi nunca se secan. Los arroyos pequeños también se llaman corrientes o riachuelos. Cuando los arroyos se unen, forman cuerpos de agua corriente cada vez más grandes. Los arroyos grandes se llaman **ríos.**

Cantidad de escurrimiento La cantidad de escurrimiento en una zona depende de cinco factores principales. El primero es la cantidad de lluvia que cae en esa zona. El segundo es la vegetación. Hierbas, arbustos y árboles reducen el escurrimiento al absorber el agua y retener el suelo. El tercer factor es la clase de suelo. Algunos tipos de suelo absorben más agua que otros. El cuarto factor es la forma del terreno. Los terrenos empinados tienen más escurrimiento que los planos. El quinto factor es el uso del suelo. Por ejemplo, un estacionamiento pavimentado no absorbe agua, de modo que toda la lluvia que cae se convierte en escurrimiento. El escurrimiento también aumenta cuando los agricultores siegan los campos, pues quitan la vegetación del terreno.

En general, más escurrimiento significa más erosión. En cambio, lo que reduce el escurrimiento, como las hojas y raíces de las plantas, disminuye la erosión. Aunque en los desiertos llueve poco, suele haber muchos escurrimientos y erosión. Esto se debe a que en los desiertos hay pocas plantas. En las zonas húmedas, el escurrimiento y la erosión pueden ser pocos porque el suelo está protegido por la vegetación.

Punto clave ¿Qué factores afectan la cantidad de escurrimiento en una región?

Sistemas fluviales

Un arroyo se convierte en un río cuando recibe las aguas de tributarios. Los **tributarios** son corrientes que fluyen en una corriente más grande. Un arroyo que fluye en un río más grande es tributario de este río. Lo mismo un río grande que se suma a otro más grande. Por ejemplo, el río Missouri se convierte en tributario del Mississippi cerca de St. Louis, aunque en ese punto ambos son más o menos del mismo tamaño.

Mira la Figura 8. Observa los tributarios del río Ohio. Todas estas corrientes —desde los riachuelos hasta los ríos grandes— forman un sistema que drena gran parte del este de Estados Unidos. Una **cuenca de drenaje** es la zona terrestre de donde colectan sus aguas un río y sus tributarios.

Si siguieras todo el trayecto de un río corriente arriba, hasta su origen, llegarías a la vertiente. La **vertiente** es el terreno elevado entre dos cuencas de drenaje. La vertiente más famosa de Estados Unidos es la Continental, que sigue las cumbres de las Montañas Rocallosas. La vertiente Continental separa las corrientes que fluyen al Golfo de México de las que fluyen a la Gran Cuenca o el océano Pacífico.

Erosión causada por ríos

Para clasificar los ríos, los científicos identifican las formas topográficas que produce la erosión. **Por la erosión, los ríos forman valles, cascadas, llanuras aluviales, meandros y lagos fluviales.**

Los ríos se forman en las laderas empinadas. Cerca de su origen, los ríos suelen ser rápidos y en general siguen un curso recto y estrecho. Las cuestas empinadas de las riberas se erosionan rápidamente. El resultado es un valle profundo en forma de V.

Las cascadas se forman cuando un río pasa por una zona de rocas duras que se erosionan lentamente. El río corre sobre estas rocas y continúa corriente abajo por rocas más blandas. Éstas se desgastan más rápido que las rocas duras. Con el tiempo, donde se desgastaron las rocas blandas aparece una cascada. Este proceso formó las cataratas del Niágara que se muestran en la Figura 9. Las zonas de aguas turbulentas llamadas rápidos también se forman cuando un río choca con rocas duras.

Figura 8 La cuenca de drenaje del río Ohio drena gran parte del este de Estados Unidos.
Interpretar mapas ¿Cuáles son los tributarios del río Ohio? ¿Puede venir un tributario desde afuera de la cuenca de drenaje?

Figura 9 Las cataratas del Niágara se formaron en el río Niágara, que conecta los lagos Erie y Ontario. Una capa plana de rocas duras está sobre una capa de rocas blandas que se erosionan con facilidad. Cuando estas rocas blandas se erosionan, partes de las rocas duras superiores se rompen y forman la caída abrupta de las aguas.

Figura 10 El lago fluvial (arriba) fue antiguamente parte del cauce del río Kasanak, en Alaska. Estos meandros fueron formados por un río en Australia (derecha).

En las partes inferiores de su curso, los ríos suelen fluir en terrenos menos empinados y forman valles fluviales anchos. La zona extensa y llana de tierra junto a los ríos es la **llanura aluvial.** En las inundaciones, los ríos se desbordan sobre sus llanuras aluviales. En una llanura aluvial muy ancha, las paredes pueden estar a kilómetros del propio río.

A veces, los ríos desarrollan meandros cuando fluyen entre sedimentos y rocas que se erosionan fácilmente. Un **meandro** es una curva pronunciada en el curso de un río. Cuando los ríos se ensanchan, tienden a erosionar las orillas exteriores de las curvas y a depositar sedimentos en las orillas interiores. Con el tiempo, la curva o meandro se cierra cada vez más.

Cuando la parte poco inclinada de un río fluye por una zona de sedimentos o rocas blandas, puede erosionar una llanura aluvial muy extensa. En esta parte del curso, su cauce es profundo y ancho. El trecho sur del río Mississippi es un ejemplo de un río que forma meandros en una llanura aluvial ancha y poco inclinada.

A veces, un río serpenteante forma un accidente geográfico llamado lago fluvial. Los **lagos fluviales** son meandros que se han separado del río. Los lagos fluviales se forman cuando un río se desborda. Durante el desbordamiento, las aguas elevadas encuentran una ruta más directa corriente abajo. Cuando las aguas bajan, los sedimentos cierran los extremos de un meandro y éste se convierte en un lago fluvial.

Punto clave ¿Cómo se forma un lago fluvial?

Sedimentos fluviales

Las corrientes de agua llevan sedimentos. Cada vez que el agua disminuye su velocidad, suelta, o deposita, parte de los sedimentos. Cuando el agua corre despacio, las partículas finas caen en el lecho del río. Las piedras más grandes dejan de rodar y resbalar. **La sedimentación crea formaciones como abanicos aluviales y deltas. También puede agregar suelo a la llanura aluvial de un río.** En *Explorar el curso de un río*, de las páginas 78 y 79, puedes ver estas y otras formas creadas por ríos y arroyos.

Figura 11 Este abanico aluvial en el Valle de la Muerte, California, se formó con los sedimentos de corrientes de las montañas.

Abanicos aluviales Una corriente que sale de un valle montañoso estrecho y empinado, de repente se ensancha y pierde profundidad, y el agua aminora su velocidad. Los sedimentos se depositan en un abanico aluvial. Los **abanicos aluviales** son depósitos de sedimentos anchos e inclinados que se forman donde una corriente se separa de una cordillera. Estos sedimentos adoptan la forma de un abanico.

Deltas Un río termina su viaje cuando desemboca en una masa de agua inmóvil, como un océano o lago. Al dejar de fluir hacia abajo, las aguas dejan de moverse. En este punto, los sedimentos caen al fondo. Los sedimentos que deposita un río cuando desemboca en un océano o lago forman un terreno llamado **delta**. Los deltas tienen una variedad de formas: unos son como arcos y otros como triángulos. El delta del río Mississippi es un ejemplo del llamado "pata de pájaro".

El suelo en las llanuras aluviales La sedimentación también se produce en las inundaciones. Las lluvias fuertes o la nieve derretida hacen que el río crezca, se desborde y corra por su llanura aluvial. Cuando el río vuelve a su cauce, deja sedimentos como suelo nuevo. Este suelo nuevo es lo que hace fértiles a los valles fluviales. En el suelo enriquecido de las llanuras aluviales se pueden desarrollar bosques densos y también es perfecto para el cultivo de granos.

INTEGRAR LAS CIENCIAS DE LA VIDA

Figura 12 Esta imagen de satélite muestra parte del delta del río Mississippi, que está en constante crecimiento y cambio. *Observar* ¿Qué pasa con el río Mississippi cuando fluye por su delta? ¿Puedes localizar el cauce principal del río?

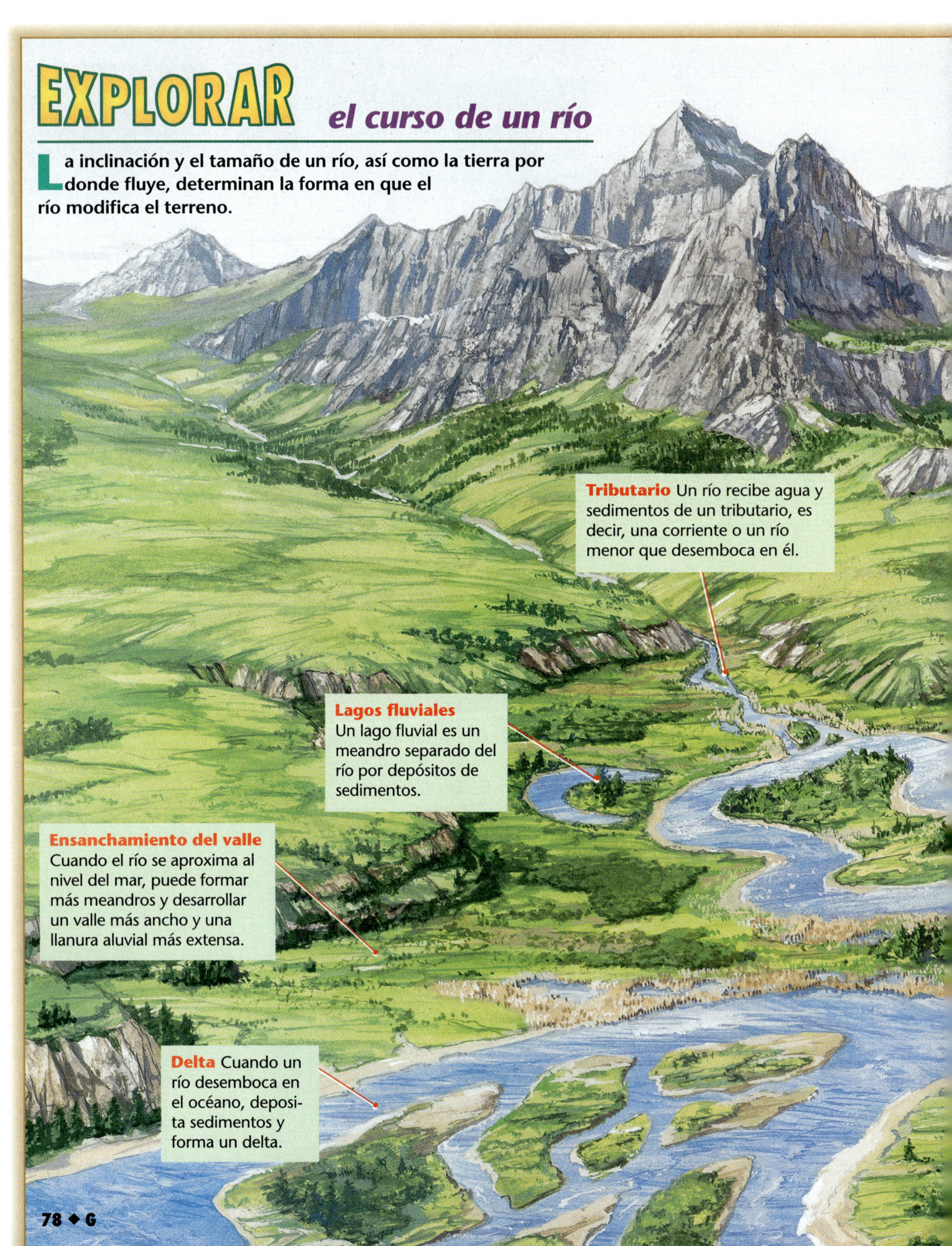

EXPLORAR *el curso de un río*

La inclinación y el tamaño de un río, así como la tierra por donde fluye, determinan la forma en que el río modifica el terreno.

Tributario Un río recibe agua y sedimentos de un tributario, es decir, una corriente o un río menor que desemboca en él.

Lagos fluviales Un lago fluvial es un meandro separado del río por depósitos de sedimentos.

Ensanchamiento del valle Cuando el río se aproxima al nivel del mar, puede formar más meandros y desarrollar un valle más ancho y una llanura aluvial más extensa.

Delta Cuando un río desemboca en el océano, deposita sedimentos y forma un delta.

Erosión y sedimentación por aguas subterráneas

Cuando llueve o cuando la nieve se derrite, no toda el agua se evapora o escurre. Parte del agua penetra en el suelo. Ahí, llena las aberturas del suelo y se filtra entre las grietas y espacios entre las capas de rocas. Estas aguas forman las **aguas subterráneas.** Al igual que el agua que corre por la superficie, las aguas subterráneas modifican la forma de la tierra.

INTEGRAR LA QUÍMICA Las aguas subterráneas producen erosión por el proceso de desgaste químico. Cuando el agua se filtra en el suelo, se combina con el dióxido de carbono y forma un ácido débil llamado ácido carbónico, capaz de descomponer la caliza. Las aguas subterráneas que contienen ácido carbónico fluyen en las grietas de la caliza. Entonces, parte de la caliza sufre un cambio químico y es arrastrada en una solución acuosa. Gradualmente, se abren bolsas en la roca. Con el tiempo, estas bolsas se convierten en grandes cavidades subterráneas llamadas cuevas o cavernas.

La acción del ácido carbónico en la caliza también produce sedimentación. En las cuevas de caliza se suelen formar unos sedimentos llamados estalactitas y estalagmitas. El agua que contiene ácido carbónico y calcio de la caliza gotea desde la bóveda de las cuevas.

Figura 13 En el transcurso de millones de años, el desgaste químico de la caliza y la erosión por las aguas subterráneas crearon formas hermosas en las cavernas de Carlsbad, en Nuevo México. *Interpretar fotografías* ¿Qué indicios de sedimentación ves en las fotos de las cavernas de Carlsbad?

Figura 14 Los hundimientos, como éste de Florida, son característicos de las topografías kársticas. Los hundimientos son un peligro para los habitantes de una región kárstica.

Cuando el agua se evapora, se forma un depósito de calcita. Los depósitos que cuelgan como carámbanos, de la bóveda de la cueva, se llaman **estalactitas.** El goteo lento forma **estalagmitas** en forma de cono sobre el suelo de la cueva.

En las regiones lluviosas donde hay una capa de caliza cerca de la superficie, la erosión por las aguas subterráneas puede alterar grandemente la forma del terreno. Las corrientes son raras, porque el agua penetra fácilmente en la caliza desgastada. Los valles y las cavernas profundas son comunes. Si la bóveda de una cueva se desploma por efecto de la erosión sobre la caliza de la base, el resultado es una depresión llamada hundimiento. Este paisaje se llama **topografía kárstica** por el nombre de una región de Europa del este. En Estados Unidos, hay regiones con topografía kárstica en Florida, Kentucky e Indiana.

Repaso de la sección 2

1. ¿Cuál es la principal causa de erosión en la superficie terrestre?
2. Describe cinco formas creadas por la erosión que producen en la tierra ríos y corrientes.
3. ¿Cuáles son los resultados de la sedimentación en el curso de un arroyo o río?
4. ¿Cómo contribuyen las aguas subterráneas a la erosión?
5. **Razonamiento crítico Comparar y contrastar** ¿En qué se parecen y difieren los abanicos aluviales y los deltas?

Las ciencias en casa

En un platito, haz un cubo con 27 cubos de azúcar, tres cubos de azúcar por lado. Dobla una toalla cuadrada de papel para que coincida con la parte superior del cubo. Moja la toalla, ponla sobre el cubo y déjala 15 o 20 minutos. Rocía unas gotas de agua en la toalla cada dos o tres minutos. Después, quita la toalla. ¿Qué le ocurrió al cubo? ¿En qué se parece el efecto del agua sobre el cubo de azúcar a la erosión causada por el agua subterránea en la caliza? ¿En qué difieren?

Laboratorio real

Tú y tu medio ambiente

Corrientes en acción

La erosión puede formar barrancos, arrastrar la capa superior del suelo y contaminar los ríos con sedimentos. Observa los efectos de la erosión con una tabla de corrientes.

Problema
¿Cómo erosionan la tierra los ríos y los arroyos?

Enfoque en las destrezas
hacer modelos, observar, predecir

Materiales

cubo de plástico de 27 cm × 40 cm × 10 cm
tierra diatomita   taza de medir
botella aspersora   reloj o cronómetro
lupa   1 cuchara de metal
agua   colorante de
vaso de hule espuma   alimentos azul
detergente líquido   tijeras
2 bloques de madera de unos 2.5 cm de grueso
cubeta para 2 o 3 litros de agua o una toma
   de agua corriente
agitadores de plástico de 10 a 12 cm de largo,
   cada uno con dos pequeñas perforaciones
alambre de 13 a 15 cm de largo, calibre 20

Procedimiento

Parte A Creación de corrientes con el tiempo

1. Tu maestro te dará un cubo de plástico con tierra diatomita empapada de agua. Coloca el cubo en una superficie uniforme.
   PRECAUCIÓN: *La tierra diatomita seca produce polvo que puede irritar si se inhala. Para evitar que se seque, rocíala con agua.*

Cómo hacer el gotero
1. Inserta el alambre por una de las dos perforaciones de un agitador. Los extremos del alambre deben sobresalir del agitador.
2. Dobla suavemente el agitador hasta formar una U. Ten cuidado de no hacer dobleces agudos. Éste es el gotero.
3. Corta dos muescas pequeñas en lados opuestos de la boca del vaso de hule espuma.
4. Llena el vaso con agua coloreada con dos gotas del colorante azul, hasta los cortes. Después agregarás más colorante, cuando viertas más agua al vaso.
5. Añade una gota de detergente para sacar las burbujas del gotero y aumentar el flujo.
6. Para accionar el gotero, llénalo de agua, inclínalo rápidamente y colócalo en uno de los cortes del vaso, como se muestra.
7. Ajusta el flujo a unas dos gotas por segundo. (*Sugerencia:* Dobla más el gotero en forma de U para aumentar el flujo. Suaviza la curva para reducir el flujo.)

2. Un extremo del cubo tendrá más tierra diatomita. Usa un bloque para elevar este extremo 2.5 cm.
3. Coloca el vaso en el extremo superior de la pendiente, con los cortes apuntando a izquierda y derecha.
4. Presiona firmemente el vaso en la tierra, para que no se caiga.
5. Acciona el gotero (ve el paso 6 en el recuadro superior). Deja que el agua gotee a la derecha sobre la tierra.

6. Deja gotear el gotero durante 5 minutos. (*Sugerencia:* Al agregar más agua, cuida de no desacomodar el gotero.)
7. Observa el flujo de agua y los cambios que produce. Con la lupa mira el lecho de la corriente.
8. Después de los 5 minutos, quita el gotero.
9. En tu cuaderno de laboratorio, haz un dibujo de la corriente producida y ponle el título "5 minutos".
10. Ahora dale vuelta al gotero al lado izquierdo del vaso. Vuelve a accionar el gotero y déjalo gotear durante 10 minutos. Luego, retíralo.
11. Haz un dibujo, ponle el título "10 minutos".

Parte B Cambio del ángulo de inclinación

1. Quita el vaso de la tabla de corrientes.
2. No toques el lecho del lado derecho de la tina. Con el cuenco de la cuchara, alisa la tierra del lado izquierdo.
3. Para aumentar el ángulo de inclinación de tu tabla de corrientes, eleva el extremo de la tina otros 2.5 cm.
4. En tu cuaderno, predice los efectos de aumentar el ángulo de inclinación.
5. De nuevo pon el vaso y acciona el gotero, colocándolo en el corte del lado izquierdo del vaso. Deja que gotee 5 minutos. Observa cualquier cambio en el lecho de la nueva corriente.
6. Al final de los 5 minutos, retira el gotero.
7. Haz en tu cuaderno un dibujo del lecho de la nueva corriente. Ponle el título "Ángulo incrementado".
8. Sigue las instrucciones de tu maestro para limpiar todo al terminar la actividad. Cuando acabes, lávate las manos.

Analizar y concluir

1. Compara la corriente de 5 minutos con la de 10. ¿Cuál fue el efecto de la corriente de agua en la erosión que sufrió el lecho de la corriente?
2. ¿Fueron correctas tus predicciones acerca de los efectos de aumentar el ángulo de inclinación? Explica tu respuesta.
3. ¿Qué pasó con el material erosionado que fue arrastrado corriente abajo?
4. Aparte del tiempo y el ángulo de inclinación, ¿qué otras variables pueden afectar la erosión del suelo que causan ríos y arroyos?
5. **Aplicar** ¿Has visto correr agua colina abajo o por una calle después de una lluvia intensa? Si lo has visto, ¿cuál era la inclinación de la zona? ¿Observaste algo acerca del color del agua? Explica.

Crear un experimento

Diseña un experimento de tabla de corrientes para medir el cambio en la cantidad de sedimentos que arrastra un río cuando aumenta su volumen de agua. Antes de intentar el experimento, pídele a tu maestro que lo apruebe.

Ciencias y Sociedad

Protección de casas en llanuras aluviales

Por lo menos diez millones de hogares estadounidenses están en llanuras aluviales. Es tentador vivir cerca de un río; la tierra suele ser llana y es fácil construir ahí. Como tanta gente vive en llanuras aluviales, el costo de los daños de las inundaciones ha aumentado. Las comunidades ribereñas quieren reducir el costo de los desbordamientos y buscan proteger a los habitantes y las construcciones de las llanuras aluviales. También buscan evitar que la gente se mude a las planicies.

Temas de debate

¿Debe el gobierno asegurar a la gente por daños de inundaciones? El gobierno estadounidense asegura los hogares de las llanuras aluviales. El seguro paga parte del costo de las reparaciones después de una inundación, pero es muy caro y sólo el 17 por ciento de los habitantes de estas llanuras lo compra. El seguro está disponible sólo en los lugares que toman medidas para reducir los daños de las inundaciones. Las ciudades deben autorizar nuevas construcciones sólo en tierras altas. El seguro no pagará la reconstrucción de las casas muy dañadas por inundación, sino que los dueños deben usar el dinero para mudarse a otra parte.

Los críticos dicen que el seguro estimula a la gente para que regrese a las zonas que se inundan. Los defensores dicen que premia a las ciudades y poblaciones que reglamentan la construcción en las llanuras aluviales.

¿Cuánto se debe proteger a las llanuras aluviales? El seguro gubernamental de inundación se compra en lugares donde se estima que habrá una en un siglo o una en 5 siglos. En apenas 12 años, hubo tres inundaciones en una zona asegurada, cerca de Sacramento, California.

¿Debe el gobierno decidir qué zonas son habitables? Algunos programas prohíben todas las construcciones nuevas. Otros alientan a los habitantes a mudarse a zonas más seguras. El desbordamiento en 1997 del río Red en Grand Forks, Dakota del norte, es un ejemplo. El gobierno de Grand Forks ofreció comprar todas las edificaciones dañadas cerca del río, pues quería construir escolleras elevadas para proteger al resto de la población.

El plan de Grand Forks quizá evite daños en el futuro, pero ¿es justo? Los defensores dicen que el gobierno tiene el derecho de hacer que la gente se mude de las llanuras aluviales. Los críticos dicen que la gente es libre de vivir donde quiera, incluso en zonas de riesgo.

¿Quién debe decidir en dónde no se pueden construir casas nuevas? ¿Quién decide que se le debe decir a la gente que se mude de las llanuras aluviales? Los expertos no están de acuerdo si deben ser funcionarios locales, estatales o federales quienes decidan qué zonas incluir. Algunos piensan que esta decisión corresponde a los científicos.

Tú decide

1. Identifica el problema
Describe la polémica en torno de las llanuras aluviales y la construcción de casas.

2. Analiza las opciones
Haz una lista de medidas que podrían reducir los daños a las edificaciones en las llanuras aluviales. Señala en cada medida, quién se beneficiaría y quién pagaría los costos.

3. Encuentra una solución
Tu población tiene que decidir qué hacer con un vecindario dañado por la peor inundación en 50 años. Escribe un discurso en el que defiendas tu solución.

INTEGRAR LA FÍSICA

SECCIÓN 3 La fuerza del agua en movimiento

DESCUBRE ACTIVIDAD

¿Cómo se depositan los sedimentos?

1. Ponte las gafas de protección.
2. Consigue un frasco o una botella de plástico con tapa. Llénala con agua hasta dos tercios.
3. Llena un vaso de precipitados de plástico con 200 ml de arena fina y gruesa, suelo, arcilla y piedrecitas.
4. Vacía la mezcla en la jarra de agua. Aprieta la tapa firmemente y agita durante dos minutos. Sujeta la jarra con firmeza.
5. Deja la jarra y obsérvala 10 o 15 minutos.

Reflexiona sobre
Inferir ¿En qué orden se depositaron los sedimentos del frasco? ¿A qué crees que se debe este orden?

El río Merrimack en New Hampshire y Massachusetts tiene sólo 180 kilómetros de largo. Pero el Merrimack hace bastante trabajo en su recorrido de las montañas al mar. Las aguas del río caen 82 metros de rápidos y cascadas. En el siglo XIX, la gente aprovechó esta caída de agua para accionar máquinas que hilaban y tejían telas con mucha rapidez y a bajo costo. Gracias a la energía del agua, los pueblos ribereños se convirtieron rápidamente en ciudades.

Trabajo y energía

Las aguas del río Merrimack impulsaban las máquinas porque el agua tiene energía. La **energía** es la capacidad de realizar un trabajo o producir un cambio. Hay dos clases de energía. La **energía potencial** es la que está almacenada a la espera de ser usada. Las aguas del Merrimack tienen al principio energía potencial, por su posición sobre el nivel del mar. La **energía cinética** es la que tienen los objetos por su movimiento. **Cuando la gravedad impulsa el agua por una pendiente, la energía potencial del agua se convierte en energía cinética que puede realizar trabajo.**

GUÍA DE LECTURA

◆ ¿Por qué el agua puede realizar trabajo?
◆ ¿Cómo llegan los sedimentos a ríos y arroyos?
◆ ¿Qué factores afectan la capacidad que tienen los ríos de erosionar y arrastrar sedimentos?

Sugerencia de lectura Antes de leer, escribe los títulos de las secciones en forma de preguntas *cómo, por qué* o *qué*. A medida que leas, busca las respuestas a estas preguntas.

Figura 15 Con presas como ésta del río Merrimack, en Lowell, Massachusetts, se aprovecha la energía de las corrientes de agua.

Estudios sociales
CONEXIÓN

Las hilanderías de algodón de Lowell, Massachusetts, se construyeron en la década de 1820. Las hilanderías empleaban mujeres jóvenes de las granjas y pueblos de Nueva Inglaterra. En aquella época, no era común que las mujeres trabajaran fuera del hogar. El horario de labores era largo y la paga poca. Pero el trabajo en la hilandería permitió a esas mujeres ganar su propio dinero. Después, la mayoría regresaba a sus pueblos de origen.

En tu diario

Investiga en la biblioteca más sobre la vida diaria de las trabajadoras de las hilanderías. Describe en tu diario un día cualquiera de una trabajadora.

Cuando la energía realiza trabajo, se transfiere de un objeto a otro. En las hilanderías del río Merrimack, la energía cinética de las aguas en movimiento se transfería a las máquinas hiladoras. Se convertía en energía mecánica aprovechada para un fin humano: hacer telas. Pero a lo largo del río, la energía cinética realiza otros trabajos. Los ríos, al mismo tiempo que erosionan sus orillas y valles, llevan sedimentos de las montañas al mar.

☑ **Punto clave** ¿Qué son la energía potencial y la energía cinética?

Cómo el agua erosiona y acarrea sedimentos

La gravedad es la causa del movimiento del agua en la superficie terrestre. ¿Pero cómo causa erosión el agua? En el proceso de la erosión, el agua recoge y lleva sedimentos. Entre estos se encuentran suelo, rocas, arcilla y arena. Los sedimentos llegan a los ríos y arroyos de varias maneras. **La mayor parte de los sedimentos se desliza o cae en el río como resultado de los movimientos de masas y el escurrimiento. Otros sedimentos son erosionados del fondo o las orillas del río.** El viento también arroja sedimentos al agua.

La abrasión es otro proceso por el que los ríos reciben sedimentos. La **abrasión** es el desgaste de las rocas por un agente de trituración. La abrasión ocurre cuando las partículas de los sedimentos de las corrientes chocan contra el lecho una y otra vez. Por ejemplo, las rocas grandes empequeñecen a medida que corren por el lecho. Los sedimentos también desgastan y cascan las rocas del lecho, con lo que el cauce se hace más profundo y ancho.

La cantidad de sedimentos que arrastra un río es su **carga**. La gravedad y la fuerza de las aguas en movimiento hacen que la carga de sedimentos se mueva corriente abajo. Los sedimentos grandes caen al fondo, donde ruedan y se deslizan. Las aguas que se mueven rápidamente levantan la arena y otros sedimentos pequeños y los arrastran corriente abajo. El agua disuelve por completo algunos sedimentos, que el río se lleva disueltos en solución. En la Figura 16 puedes observar las formas en que el agua lleva los sedimentos. Por ejemplo, fíjate que los granos de arena y las piedrecitas se pueden mover rebotando.

Figura 16 Los ríos y arroyos arrastran sedimentos en varias maneras.
Predecir ¿Qué ocurrirá con una roca grande en el fondo de un río?

Dirección de la corriente
Sedimentos disueltos
Sedimentos suspendidos
Partículas grandes empujadas o arrastradas sobre el lecho de la corriente
Partículas pequeñas que se mueven rebotando

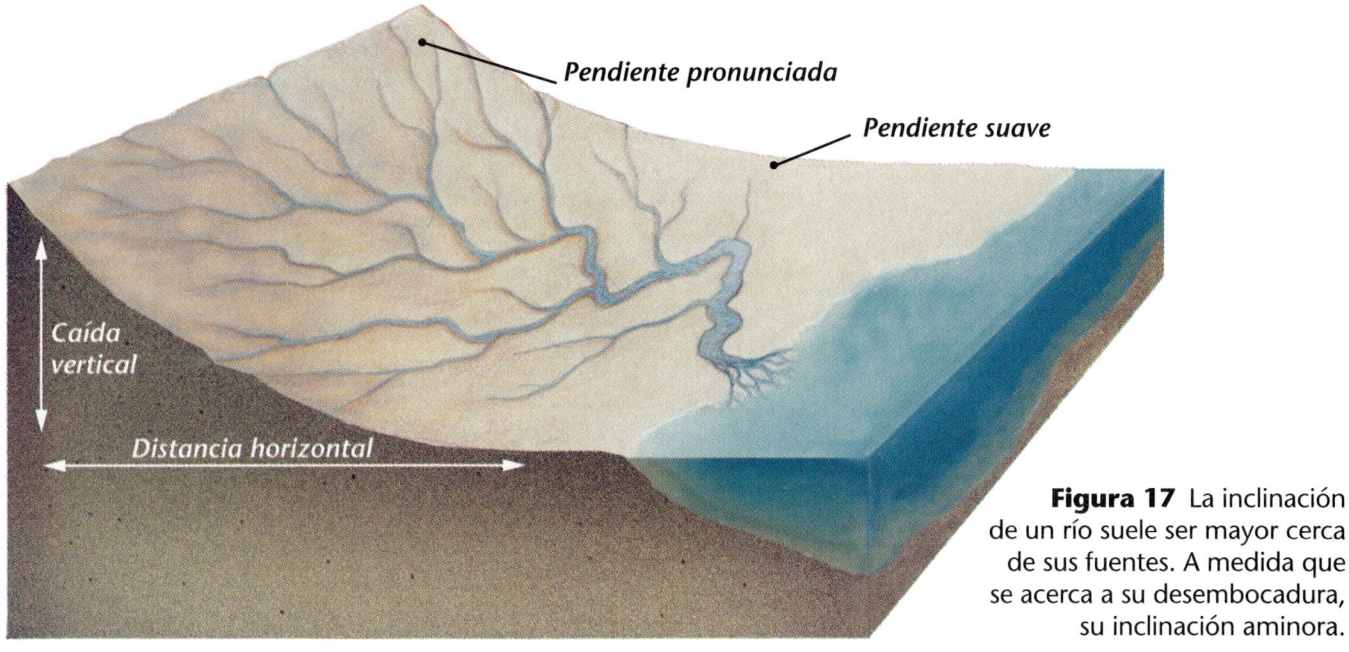

Figura 17 La inclinación de un río suele ser mayor cerca de sus fuentes. A medida que se acerca a su desembocadura, su inclinación aminora.

Erosión y carga de sedimentos

La fuerza de un río para erosionar y arrastrar sedimentos depende de varios factores. **La pendiente del río, el volumen de su flujo y la forma de su lecho influyen en la velocidad con que fluye y en la cantidad de sedimentos que puede erosionar.**

Un río rápido lleva más partículas de sedimentos y más grandes. Cuando el río aminora su velocidad, su carga de sedimentos se deposita. Las partículas más grandes se asientan primero.

Pendiente En general, si la pendiente de un río aumenta, la velocidad del agua también se incrementa. La pendiente de un río se refiere a la distancia que cae con respecto al nivel del mar. Si la velocidad del río aumenta, su carga de sedimentos y su capacidad de erosionar pueden incrementarse. Hay otros factores que también son importantes para determinar la cantidad de sedimento que el río erosiona y acarrea.

Volumen de flujo El flujo de un río es la cantidad de agua que pasa por un punto en un tiempo determinado. A mayor flujo de agua, su velocidad aumenta. Durante una creciente, el volumen de agua hace que el río abra más sus orillas y profundice su lecho. Un río desbordado puede tener cientos de veces más fuerza de erosión que en otras ocasiones. Puede llevar enormes cantidades de arena, suelo y otros sedimentos y mover rocas gigantes como si fueran guijarros.

Forma del lecho La forma del lecho afecta la cantidad de fricción entre el agua y el lecho. La **fricción** es la fuerza que se opone al movimiento de una superficie cuando se mueve a través de otra superficie. La fricción influye en la velocidad del río. En las partes donde un río es profundo, hay menos agua en contacto con el lecho. Esto reduce la fricción y el río fluye

Desarrollar hipótesis

Un geólogo compara dos abanicos aluviales. Uno está compuesto por grava y rocas pequeñas; el otro por arena y cieno. Haz una hipótesis que explique la diferencia de tamaño entre las partículas de ambos abanicos. (*Sugerencia:* Piensa en las características de las corrientes que formaron cada abanico aluvial.)

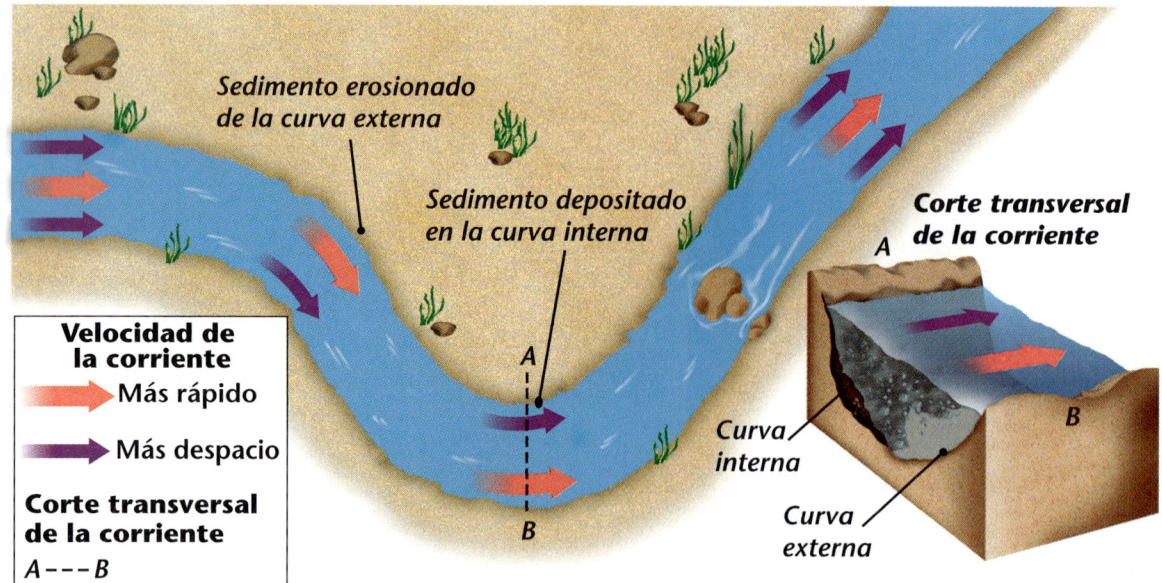

Figura 18 Un río erosiona sedimentos de sus orillas en la curva externa y los asienta en la curva interna.
Relacionar causa y efecto ¿Por qué deposita un río sus sedimentos en la parte interna de una curva?

más rápido. En los ríos poco profundos, gran parte de las aguas entran en contacto con el lecho. Por tanto, la fricción aumenta y disminuye la velocidad de la corriente.

A menudo, los lechos están llenos de rocas grandes y otros obstáculos. Esta aspereza impide que el agua fluya uniformemente, con lo que aumenta la fricción y se reduce la velocidad del río. En lugar de moverse corriente abajo, el agua corre en todos sentidos en un movimiento llamado **turbulencia**. Por ejemplo, en una pendiente empinada un arroyo puede fluir a una velocidad menor que un río grande con poca inclinación. La fricción y la turbulencia aminoran la velocidad del arroyo. Pero un arroyo o un río turbulento pueden tener una gran capacidad de erosión.

La forma del río influye en la forma en que éste deposita sus sedimentos. Si el río fluye en línea recta, las aguas corren más rápido en el centro que cerca de las orillas. La sedimentación ocurre en las orillas, donde las aguas se mueven más despacio.

Si un río se curva, las aguas se mueven más rápidamente en la curva exterior. Ahí, el río tiende a desgastar sus orillas. Los sedimentos se depositan en la curva interior, donde la velocidad de las aguas es menor. Observa este proceso en la Figura 18.

Repaso de la sección 3

1. ¿Cómo realiza trabajo el agua que se mueve sobre la superficie terrestre?
2. ¿Cómo recoge un río sus sedimentos?
3. ¿Cuáles son los tres factores que afecta la carga de sedimentos de los ríos?
4. Describe tres formas en que se mueven los sedimentos en los ríos.
5. **Razonamiento crítico Relacionar causa y efecto** ¿Qué efecto tiene una mayor inclinación en la velocidad y la carga de sedimentos de los ríos? Explica.

Comprueba tu aprendizaje

PROYECTO DEL CAPÍTULO 3

Haz un dibujo del paisaje que piensas modelar. El paisaje mostrará el terreno antes de la erosión. ¿Qué accidentes geográficos mostrarás en el modelo? Incluye una montaña elevada y una costa. Haz una lista de los materiales con que construirás tu modelo. Cuando tu maestro apruebe tu dibujo y tu lista de materiales, estarás listo para construir tu primer modelo.

SECCIÓN 4 Los glaciares

DESCUBRE

¿Cómo cambian la tierra los glaciares?

1. Pon un poco de arena en un recipiente de plástico pequeño.
2. Llena el recipiente con agua y métalo en el refrigerador hasta que el agua se congele.
3. Saca el bloque de hielo del recipiente.
4. Sostén el hielo con toallas de papel y frótalo, con la arena abajo, contra una barra de jabón. Observa lo que ocurre en la superficie del jabón.

Reflexiona sobre
Inferir De acuerdo con tus observaciones, ¿cómo crees que podría cambiar la superficie del terreno el movimiento del hielo?

Viajas en un bote cerca de las costas de Alaska. Navegas frente a vastos bosques siempre verdes y montañas cubiertas de nieve. Al dar vuelta en una saliente, aparece una vista sorprendente. Una gran masa de hielo serpentea como río entre hileras de montañas. De pronto escuchas un ruido como de trueno. Cuando el hielo toca el mar, un trozo gigante del hielo se desprende y se hunde en el agua. Con habilidad conduces el bote alrededor del iceberg y hacia la masa de hielo que se yergue altísima frente a tu bote. Ves que está compuesta de hielo sólido azul y verde profundos, además de blanco. ¿Qué es este río de hielo?

GUÍA DE LECTURA

◆ ¿Cuáles son los dos tipos de glaciares?
◆ ¿Cómo causan erosión y sedimentación los glaciares?

Sugerencia de lectura Antes de leer, revisa los títulos y los términos clave de la sección. Predice algunas características de los glaciares.

Clases de glaciares

Los geólogos definen los **glaciares** como cualquier masa grande de hielo que se desliza lentamente sobre la tierra. **Hay dos clases de glaciares: glaciares de valle y glaciares continentales.**

Los **glaciares de valle** son glaciares largos y estrechos que se forman cuando la nieve y el hielo se acumulan en un valle de montaña. Las laderas de las montañas impiden que los glaciares se dispersen en todas direcciones. En general, descienden por los valles que han abierto los ríos. Los glaciares de valle se encuentran en muchas montañas elevadas.

Los **glaciares continentales** son los glaciares que cubren gran parte de un continente o una isla grande. Son mucho más grandes que

Figura 19 El glaciar Mendenhall, en Alaska, comienza en lo alto de una montaña y luego se desliza lentamente hacia el mar.

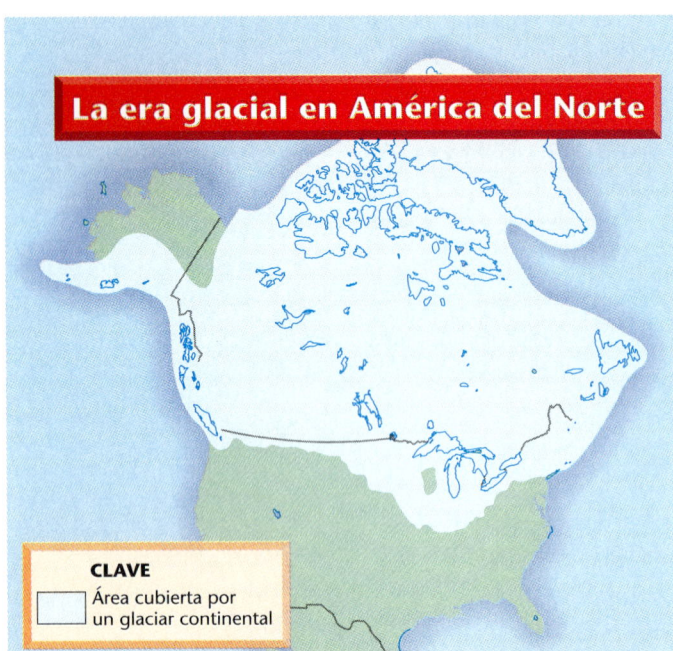

Figura 20 El glaciar continental de la última glaciación cubrió casi por completo Canadá y Alaska, así como gran parte del norte de Estados Unidos. La glaciación duró unos 70,000 años y terminó hace aproximadamente 10,000 años.

los glaciares de valle y se extienden por grandes zonas de terreno. En la actualidad, los glaciares continentales cubren alrededor del 10 por ciento de la superficie terrestre. Ocupan la Antártida y la mayor parte de Groenlandia. El glaciar que cubre la Antártida se extiende sobre 14 millones de kilómetros cuadrados y tiene más de 2 kilómetros de espesor.

Eras glaciales

En el pasado, los glaciares han cubierto en muchas ocasiones grandes extensiones de la superficie terrestre. Esas épocas se denominan **eras glaciales.** Por ejemplo, hace unos 9 millones de años se comenzaron a formar glaciares continentales en América del Norte, Europa y Asia. Estos glaciares crecieron lentamente y avanzaron hacia el sur. Hace aproximadamente 2.5 millones de años, cubrían alrededor de un tercio de la superficie terrestre. Los glaciares avanzaron y retrocedieron, o se derritieron, varias veces. La Figura 20 muestra qué tan al sur del continente norteamericano llegaron los glaciares en la última glaciación. Finalmente, retrocedieron hace unos 10,000 años.

Formación y movimiento de glaciares

Los glaciares se forman en las zonas donde cae más nieve de la que se derrite. En los valles de montaña, la temperatura rara vez supera el punto de congelamiento. La nieve se acumula año tras año. El peso de la nieve, que se incrementa cada vez más, compacta la que está debajo y la convierte en hielo. Cuando la profundidad de la nieve y el hielo llega a más de 30 o 40 metros, la gravedad comienza a jalar el glaciar colina abajo.

Los glaciares de valle se desplazan a una velocidad de unos cuantos centímetros a unos cuantos metros por día. Pero también pueden deslizarse mucho más rápidamente en lo que se llama oleada. Un glaciar en oleada puede desplazarse hasta 6 kilómetros por año. A diferencia de los glaciares de valle, los continentales se mueven en todas direcciones. Los glaciares continentales se extienden como la masa de los panqueques en la sartén.

Punto clave ¿Cómo se forman los glaciares?

Erosión causada por glaciares

El movimiento de un glaciar altera el terreno debajo de él. Aunque los glaciares operan lentamente, son una de las más grandes fuerzas de erosión. **El arrastre y la abrasión son los dos procesos de erosión de la tierra por los glaciares.**

A medida que el glaciar se mueve por el terreno, va recogiendo rocas, en un proceso conocido como **arrastre.** El peso del hielo rompe las rocas del suelo que está debajo. Los fragmentos de roca se congelan en el fondo del glaciar. Cuando el glaciar se mueve, se lleva las rocas consigo. La Figura 21 muestra el arrastre de un glaciar. El arrastre puede mover incluso peñascos.

Muchas rocas se quedan en la base del glaciar y éste las arrastra por el terreno. Este proceso, llamado abrasión, desprende y rasga el lecho rocoso. Puedes ver los resultados de la erosión de los glaciares en la actividad *Explorar la topografía de los glaciares*, de las páginas 92 y 93.

Sendimentación por glaciares

Los glaciares recogen una enorme cantidad de rocas y suelo al erosionar la tierra a su paso. **Cuando un glaciar se derrite, deposita los sedimentos que erosionó de la tierra y forma diversos accidentes geográficos.** Éstos permanecen miles de años después de derretirse el glaciar.

La mezcla de sedimentos que deposita el glaciar directamente en la superficie, se llama **morena.** La morena está compuesta de partículas de muchos tamaños: arcilla, cieno, arena, grava y rocas.

La morena que se acumula en los bordes del glaciar forma una cresta llamada **morrena.** La morrena terminal es la cresta en el punto más lejano que alcanzó el glaciar, y se ve como si una pala mecánica gigante la hubiera empujado. Long Island en Nueva York es una morrena terminal de los glaciares continentales de la última glaciación.

INTEGRAR LAS CIENCIAS DE LA VIDA Otro accidente geográfico que dejan los sedimentos de los glaciares son las pozas de las praderas. Se trata de depresiones poco profundas en la morena que formó el agua al fluir cuando se derritió el glaciar. Las pozas de las praderas sólo tienen agua parte del año. Cada poza es un pequeño oasis para los seres vivos. En ellas y su alrededor crecen en abundancia pastos y plantas acuáticas. En primavera, las pozas rebosan de agua de lluvia o nieve derretida. Miles de patos migratorios y otras aves se detienen en ellas para alimentarse y descansar en su viaje al norte. Algunas se quedan a anidar y alimentar a sus crías.

Figura 21 A medida que el glaciar desciende, el hielo recoge del suelo trozos del lecho rocoso.
Predecir ¿Qué pruebas del arrastre podrías encontrar después que se derrite un glaciar?

Figura 22 Esta poza de la pradera en Wisconsin está rodeada de campos de cultivo. Las pozas de las praderas se formaron en la morena depositada por los glaciares.

Capítulo 3 **G ◆ 91**

EXPLORAR la topografía de los glaciares

Cuando los glaciares avanzan y retroceden, esculpen el paisaje por erosión y sedimentación.

Astas Cuando los glaciares excavan los lados de una montaña, el resultado es una asta, un pico afilado.

Circo Los circos son hondonadas en forma de tazón erosionadas por un glaciar.

Aristas Las aristas son crestas afiladas que separan dos circos.

Fiordo Los fiordos se forman cuando el nivel del mar asciende y llena un valle abierto por un glaciar en la región costera.

Los glaciares en retroceso también crean formaciones llamadas calderos. Los **calderos** son pequeñas depresiones que se forman cuando un trozo de hielo se queda en la morena del glaciar. Cuando el hielo se derrite, queda el caldero. El glaciar continental de la última glaciación dejó muchas de estas cavidades. Los calderos suelen llenarse de agua y formar estanques o lagos pequeños llamados lagos de caldero. Estos lagos son comunes en las zonas que fueron cubiertas por los hielos.

El glaciar continental de la última glaciación también formó los Grandes Lagos. Antes de la glaciación, había grandes valles fluviales en la zona que ahora ocupan los lagos. Cuando el hielo avanzó por los valles, arrastró sedimentos y rocas blandas y formó cuencas anchas y profundas. Los Grandes Lagos se formaron al cabo de miles de años, cuando los glaciares se fundieron y las cuencas se llenaron de agua.

suelo que está debajo. Los fragmentos de roca se congelan en el fondo del glaciar. Cuando el glaciar se mueve, se lleva las rocas consigo. La Figura 21 muestra el arrastre de un glaciar. El arrastre puede mover incluso peñascos.

Muchas rocas se quedan en la base del glaciar y éste las arrastra por el terreno. Este proceso, llamado abrasión, desprende y rasga el lecho rocoso. Puedes ver los resultados de la erosión de los glaciares en la actividad *Explorar la topografía de los glaciares,* de las páginas 92 y 93.

Figura 21 A medida que el glaciar desciende, el hielo recoge del suelo trozos del lecho rocoso.
Predecir ¿Qué pruebas del arrastre podrías encontrar después que se derrite un glaciar?

Sendimentación por glaciares

Los glaciares recogen una enorme cantidad de rocas y suelo al erosionar la tierra a su paso. **Cuando un glaciar se derrite, deposita los sedimentos que erosionó de la tierra y forma diversos accidentes geográficos.** Éstos permanecen miles de años después de derretirse el glaciar.

La mezcla de sedimentos que deposita el glaciar directamente en la superficie, se llama **morena**. La morena está compuesta de partículas de muchos tamaños: arcilla, cieno, arena, grava y rocas.

La morena que se acumula en los bordes del glaciar forma una cresta llamada **morrena.** La morrena terminal es la cresta en el punto más lejano que alcanzó el glaciar, y se ve como si una pala mecánica gigante la hubiera empujado. Long Island en Nueva York es una morrena terminal de los glaciares continentales de la última glaciación.

 Otro accidente geográfico que dejan los sedimentos de los glaciares son las pozas de las praderas. Se trata de depresiones poco profundas en la morena que formó el agua al fluir cuando se derritió el glaciar. Las pozas de las praderas sólo tienen agua parte del año. Cada poza es un pequeño oasis para los seres vivos. En ellas y su alrededor crecen en abundancia pastos y plantas acuáticas. En primavera, las pozas rebosan de agua de lluvia o nieve derretida. Miles de patos migratorios y otras aves se detienen en ellas para alimentarse y descansar en su viaje al norte. Algunas se quedan a anidar y alimentar a sus crías.

Figura 22 Esta poza de la pradera en Wisconsin está rodeada de campos de cultivo. Las pozas de las praderas se formaron en la morena depositada por los glaciares.

EXPLORAR la topografía de los glaciares

Cuando los glaciares avanzan y retroceden, esculpen el paisaje por erosión y sedimentación.

Astas Cuando los glaciares excavan los lados de una montaña, el resultado es una asta, un pico afilado.

Circo Los circos son hondonadas en forma de tazón erosionadas por un glaciar.

Aristas Las aristas son crestas afiladas que separan dos circos.

Fiordo Los fiordos se forman cuando el nivel del mar asciende y llena un valle abierto por un glaciar en la región costera.

Los glaciares en retroceso también crean formaciones llamadas calderos. Los **calderos** son pequeñas depresiones que se forman cuando un trozo de hielo se queda en la morena del glaciar. Cuando el hielo se derrite, queda el caldero. El glaciar continental de la última glaciación dejó muchas de estas cavidades. Los calderos suelen llenarse de agua y formar estanques o lagos pequeños llamados lagos de caldero. Estos lagos son comunes en las zonas que fueron cubiertas por los hielos.

El glaciar continental de la última glaciación también formó los Grandes Lagos. Antes de la glaciación, había grandes valles fluviales en la zona que ahora ocupan los lagos. Cuando el hielo avanzó por los valles, arrastró sedimentos y rocas blandas y formó cuencas anchas y profundas. Los Grandes Lagos se formaron al cabo de miles de años, cuando los glaciares se fundieron y las cuencas se llenaron de agua.

Valle en forma de U Se forma cuando un glaciar que avanza remueve a su paso una porción de tierra, creando un valle en forma de U.

Lago glaciar Los glaciares pueden dejar lagos grandes en cuencas amplias erosionadas por arrastre y abrasión.

Morrena Se forma cuando un glaciar deposita montículos o crestas de morena. Una morrena está compuesta de una mezcla de partículas de varios tamaños, desde arena y grava hasta rocas grandes.

Colina oval El hielo que se resbala sobre una morrena puede darle la forma de una colina oval. Este tipo de colinas son una acumulación alargada de morena alisada en la dirección del flujo del glaciar.

Lago de caldero Se forma cuando el hielo derretido llena de agua una depresión dejada en la morena.

Repaso de la sección 4

1. ¿En qué difieren los glaciares de valle de los continentales?
2. ¿Cuáles son los dos tipos de erosión glacial?
3. Describe tres formaciones originadas por sedimentación glacial.
4. **Razonamiento crítico** **Relacionar causa y efecto** Al viajar por las tierras de Michigan, tú y tu familia llegan a una serie de lagos pequeños y redondos. Explica el proceso que los formó.

Comprueba tu aprendizaje

PROYECTO DEL CAPÍTULO 3

Ya estás listo para comenzar a construir tu segundo modelo. Hazlo según tu dibujo en el que predices los efectos de la erosión y la sedimentación. El modelo mostrará cómo afectan al paisaje la gravedad, el agua y los glaciares. ¿En qué parte de tu modelo se podrían formar glaciares?

SECCIÓN 5 Las olas

DESCUBRE — ACTIVIDAD

¿Qué se puede aprender de la arena de la playa?

1. Toma dos cucharadas de arena de dos playas. Puedes tomar las muestras de dos partes de la misma playa.
2. Examina la primera muestra de arena con una lupa.
3. Anota las propiedades de los granos de arena, por ejemplo, su color y forma. ¿Son lisos y redondeados o angulosos y ásperos? ¿Los granos de la muestra tienen la misma forma y color?
4. Examina la segunda muestra y repite el paso 3. ¿Cómo se comparan las dos muestras?

Reflexiona sobre
Plantear preguntas ¿Qué preguntas necesitas responder para entender qué es la arena de la playa? Aprovecha lo que sabes de la erosión y la sedimentación para responder tus preguntas.

GUÍA DE LECTURA

- ¿Cómo adquieren las olas su energía?
- ¿Cómo moldean las olas la costa?

Sugerencia de lectura A medida que leas, haz una red de conceptos que muestre las formaciones que producen las olas por erosión y sendimentación.

Las olas del océano contienen energía, a veces en gran cantidad. Las olas que barren las costas del Pacífico son poderosas en especial. Creadas por los vientos que soplan en el océano, llevan la energía a grandes distancias a través del océano Pacífico. Las olas actúan como taladros o sierras que erosionan las rocas sólidas de las costas y forman acantilados y cuevas. Las olas también llevan sedimentos que crean formaciones como las playas. Pero éstas no duran mucho. Siempre hay más olas que vuelven a cambiar la costa.

Cómo se forman las olas

La energía de las olas procede del viento que sopla sobre la superficie del agua. Cuando el viento entra en contacto con el agua, le transfiere parte de su energía. Las olas grandes son el resultado de tormentas poderosas en mar abierto. Pero las brisas ordinarias pueden producir olas en lagos o estanques pequeños.

La energía que el agua toma del viento hace que las partículas de agua suban y bajen como se mueven las olas. Pero las partículas de agua no avanzan en sí, es la forma de la ola la que se desplaza. ¿Has visto una onda en un campo de pastos altos? Las hojas de los pastos se mueven hacia adelante y hacia atrás, pero no cambian de lugar. Sin embargo, la energía de la onda se mueve por el campo.

Olas en la costa de Oregon ▼

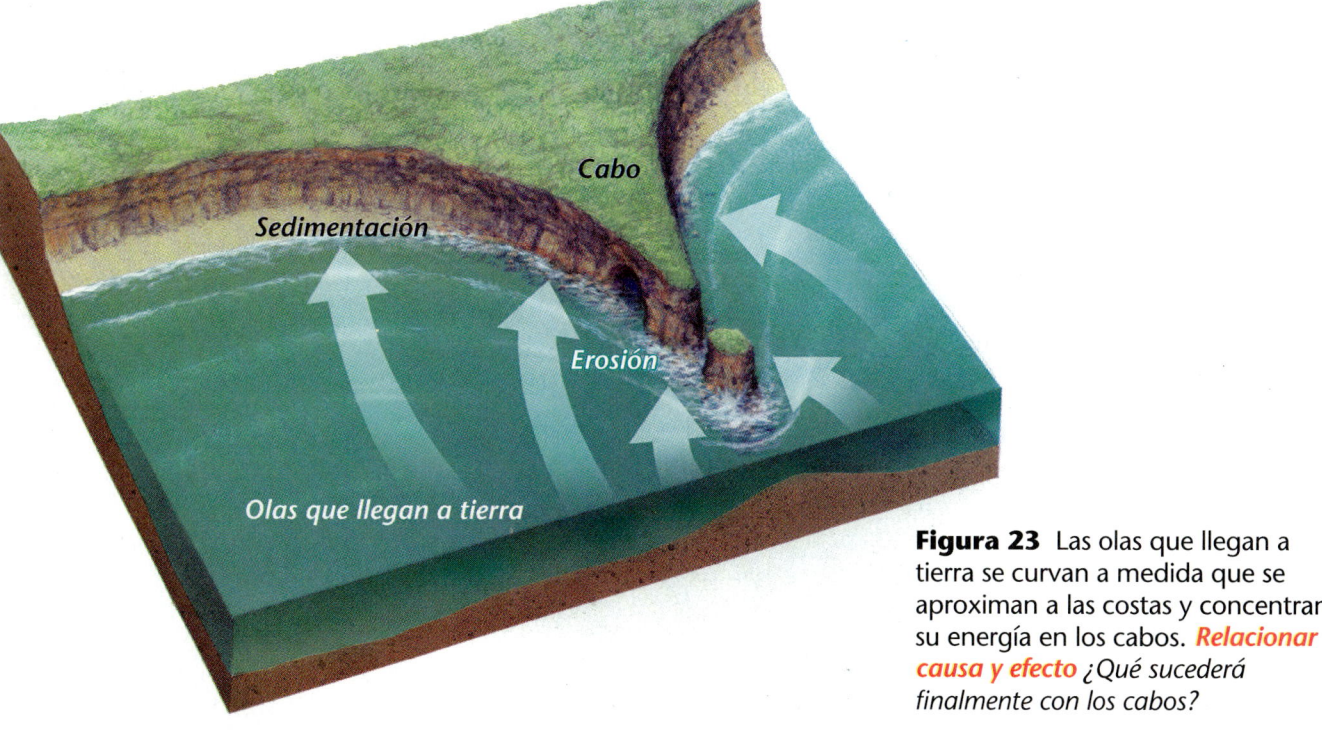

Figura 23 Las olas que llegan a tierra se curvan a medida que se aproximan a las costas y concentran su energía en los cabos. *Relacionar causa y efecto* ¿Qué sucederá finalmente con los cabos?

Las olas cambian a medida que se aproximan a tierra. En las aguas profundas, las olas sólo afectan el agua cerca de la superficie. Pero cuando se aproximan a aguas poco profundas, comienzan a rozar el fondo. La fricción entre las olas y el fondo hace que éstas vayan más despacio. En este momento el agua sí avanza con la ola. Este avance del agua proporciona la fuerza que modifica la tierra a los largo de las costas.

Erosión causada por olas

Las olas son la principal fuerza de erosión en las costas. Una forma en que erosionan la tierra es por impacto. Las olas grandes pueden golpear las rocas de la orilla con gran fuerza. Esta energía de las olas puede romper las rocas. Con el tiempo, las olas agrandan las grietas pequeñas de una roca y terminan por romperla en pedazos.

Las olas también erosionan la tierra por abrasión. Cuando las olas se aproximan a aguas poco profundas, recogen sedimentos, como arena y grava y los acarrean. Cuando las olas golpean la tierra, los sedimentos actúan sobre las rocas como el papel de lija en la madera.

Las olas que se acercan a la costa cambian de dirección gradualmente. El cambio de dirección ocurre conforme las partes de las olas comienzan a rozar el fondo. Observa en la Figura 23 que las olas cambian de dirección conforme se acercan a la costa. La energía de estas olas se concentra en los cabos. Los cabos son partes de las costas que se extienden hacia el océano. Los cabos sobresalen de las costas porque están compuestos de rocas más duras que resisten las olas. Pero con el tiempo, las olas erosionan los cabos e incluso los borran de la costa.

✓ *Punto clave* ¿Cuáles son los dos procesos por los que las olas causan erosión?

Calcular

Una costa arenosa se erosiona a una velocidad de 1.25 metros por año. Pero una tormenta fuerte puede erosionar otros 3.75 m. Si 12 tormentas fuertes ocurren en el curso de 50 años, ¿cuánto se erosionará la costa? Si lo deseas, usa una calculadora para obtener la respuesta.

Figura 24 Las olas labraron estos acantilados en la costa de Australia. Los trozos de roca frente a la costa son peñascos marinos. *Desarrollar hipótesis* Desarrolla una hipótesis para explicar cómo se formaron estos pañascos marinos.

Accidentes geográficos creados por la erosión de las olas

Cuando las olas golpean costas escarpadas y rocosas, lo hacen una y otra vez. Piensa en una hacha que golpea el tronco de un árbol. El tajo se hace más grande y profundo con cada golpe. Por fin, el árbol cae. Las olas del océano erosionan así la base de la tierra en las costas escarpadas. Donde las rocas son blandas, las olas erosionan más rápidamente. Con el tiempo, se forma una zona hueca en la roca llamada caverna marina.

Las olas pueden erosionar tanto la base de un acantilado que las rocas superiores caen. El resultado es un acantilado labrado por las olas. En la Figura 24 puedes ver un ejemplo de tales acantilados.

Otra formación creada por la erosión de las olas son los arcos marinos. Los arcos marinos se forman cuando las olas erosionan una capa de rocas blandas que está bajo una capa de rocas duras. Si un arco se derrumba, el resultado puede ser un peñasco, un pilar de roca que se eleva sobre el agua.

Punto clave ¿Cómo forman las olas un acantilado?

Sedimentos depositados por olas

Las olas no sólo erosionan la tierra, sino que también depositan sedimentos. **Las olas moldean la costa por erosión y por sedimentación.** La sedimentación ocurre cuando las olas disminuyen su velocidad y el agua suelta sus sedimentos. Este proceso es similar a la sendimentación en los deltas de los ríos.

Cuando las olas llegan a la costa, arrojan los sedimentos que llevan y forman una playa. Una **playa** es una zona de sedimentos deslavados por las olas. Generalmente, los sedimentos depositados en las playas son arena. La mayor parte de la arena viene de los ríos que llevan al océano las partículas erosionadas de las rocas. Pero no todas las playas están hechas de esta arena; algunas están formadas de pequeños fragmentos de corales o conchas acumuladas por la acción de las olas. Florida tiene muchas de estas playas.

Los sedimentos suelen moverse hacia abajo de las playas después de ser depositados. En general, las olas golpean la playa en ángulos y no en línea recta. Estas olas anguladas crean una corriente que fluye paralela a la costa. A medida que las olas golpean la playa, parte de sus sedimentos se mueven con la corriente en un proceso llamado **deriva longitudinal.**

Un resultado de la deriva longitudinal es la formación de puntas. Una **punta** es una playa que se prolonga como un dedo en el mar. Las puntas se forman como resultado de la sedimentación por la deriva longitudinal. Las puntas surgen donde un cabo u otro obstáculo interrumpen la deriva o donde la costa se curva abruptamente. Las olas que llegan a la costa con arena pueden levantar bancos largos de arena paralelos a la costa.

 INTEGRAR LAS CIENCIAS DEL AMBIENTE Una playa de barrera se parece a un banco de arena, pero se forma por las olas de las tormentas que apilan arena sobre el nivel del mar. Las playas de barrera se encuentran en muchos lugares de las costas estadounidenses del Atlántico, como los Outer Banks de Carolina del norte. La gente ha construido sus hogares en muchas playas de barrera. Pero estas playas también pueden ser desgastadas por las mismas olas que las formaron. Las poblaciones de las playas de barrera deben estar preparadas para los daños que pueden ocasionar huracanes y otras tormentas.

Figura 25 Esta imagen satelital de cabo Cod en Massachusetts muestra que la deriva longitudinal transporta la arena y la deposita para formar una punta.
Observar ¿Cuántas puntas puedes ver en esta imagen?

 **Repaso de la sección 5**

1. ¿Cómo se forman las olas del océano?
2. Describe dos accidentes geográficos formados por erosión y dos por sedimentación ocasionados por las olas.
3. ¿Por qué los cabos se erosionan más rápidamente que la tierra en los extremos de ensenadas y bahías?
4. **Razonamiento crítico Predecir** Visitas en el océano una costa rocosa que tiene un arco marino y varios peñascos marinos. ¿Cómo cambiará esta zona en los próximos 500 años?

PROYECTO DEL CAPÍTULO 3

Comprueba tu aprendizaje

Estás listo para añadir a tu modelo los efectos de la erosión de las olas. ¿Qué accidentes geográficos formará la erosión de las olas en la costa del modelo? ¿Qué materiales usarás para representarlos? Al terminar tu segundo modelo, haz letreros para los accidentes de los dos modelos.

SECCIÓN 6 El viento

DESCUBRE — ACTIVIDAD

¿Cómo afecta el viento a los sedimentos?

1. Cubre el fondo de un plato con una capa de harina de maíz (1 a 2 cm de profundidad).
2. Sopla suavemente sobre la capa de harina; usa un popote para dirigir el aire. Observa lo que ocurre.

PRECAUCIÓN: *No le soples harina en dirección a otro estudiante.*

Reflexiona sobre
Observar ¿Qué cambios se produjeron al soplar en la capa de harina de maíz?

GUÍA DE LECTURA

◆ ¿Cómo causa erosión el viento?
◆ ¿Qué accidentes resultan de la sedimentación por viento?

Sugerencia de lectura Antes de leer, revisa la Figura 27. Predice algunas características de la erosión del viento.

Imagina un paisaje que esté formado completamente de arena. Un lugar así es el desierto de Namibia. Este desierto se extiende unos 1,900 kilómetros por la costa de Namibia, en África. En la parte sur hay largas hileras de dunas gigantes. Una **duna** es un depósito de arena formado por el viento. Algunas dunas del desierto de Namibia miden más de 200 metros de alto y 15 kilómetros de largo. Buena parte de la arena de las dunas proviene del cercano río Orange. En el transcurso de miles de años, el viento ha barrido la arena por el desierto y la ha acumulado en dunas enormes que siempre están en cambio constante.

Cómo causa erosión el viento

El viento en sí mismo es el agente de erosión más débil. El agua, las olas, el hielo en movimiento e incluso el movimiento de masas tienen un efecto mayor en el terreno. Pero el viento puede ser una fuerza poderosa en la conformación de la tierra en las zonas donde hay pocas plantas que retengan el suelo. Como supondrás, el viento es muy eficaz en la erosión de los desiertos. Ahí crecen pocas plantas y el viento puede mover fácilmente los granos de arena seca y ligera.

Figura 26 La erosión del viento moldea constantemente las enormes dunas del desierto de Namibia en la costa suroccidental de África.

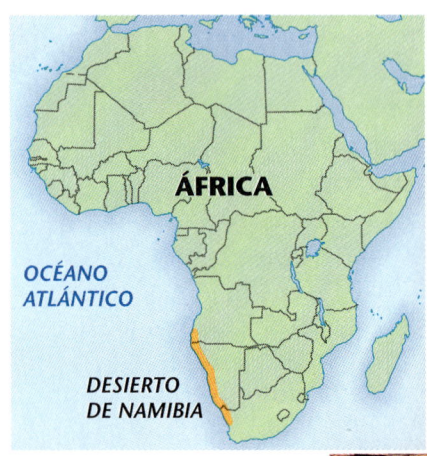

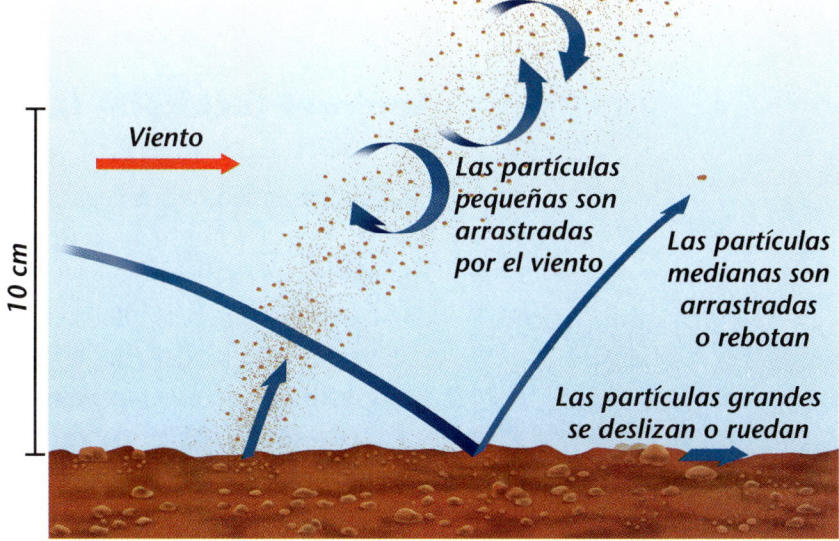

Figura 27 La erosión del viento mueve partículas de sedimento de diversos tamaños en las tres formas que se muestran arriba. *Comparar y contrastar* Compara el movimiento de sedimentos causado por el viento con el movimiento de sedimentos provocado por el agua, en la Figura 16 de la página 86. ¿En qué se parecen los procesos? ¿En qué difieren?

La principal forma en que el viento provoca erosión es por deflación. Los geólogos definen la **deflación** como el proceso mediante el cual el viento remueve los materiales que están en la superficie. Cuando el viento sopla sobre la tierra, recoge las partículas más pequeñas de sedimento. Este sedimento está compuesto de partículas de arcilla y cieno. Cuanto más fuerte es el viento, más grandes son las partículas que puede recoger y llevar por el aire. Las partículas ligeramente más pesadas, como la arena, saltan y rebotan a una distancia corta. Pero pronto caen de nuevo al suelo. Los vientos fuertes pueden hacer rodar partículas más grandes de sedimento. La Figura 27 muestra cómo es la erosión del viento por deflación.

La deflación no suele tener un gran efecto en la tierra. Sin embargo, durante la década de 1930 la deflación causó en las Grandes Planicies la pérdida de aproximadamente 1 metro de suelo superior en apenas unos cuantos años. En los desiertos, la deflación crea a veces una zona de fragmentos de roca llamada pavimento. En la Figura 28 puedes ver una zona de pavimento. Ahí el viento se ha llevado las partículas más pequeñas. Todo lo que queda son materiales rocosos demasiado grandes y pesados para moverlos. Cuando ya hay una ligera depresión en el terreno, la deflación puede crear una hondonada en forma de tazón llamada hoya.

Figura 28 La erosión del viento formó este pavimento en el desierto de Arizona. La arena arrastrada por el viento puede pulir y moldear las rocas.

La abrasión de la arena arrastrada por el viento pule las rocas, pero causa poca erosión. En una época, los geólogos pensaban que los sedimentos arrastrados por el viento labraban las rocas en las formas que se ven en los desiertos. Pero las pruebas revelan que casi toda la topografía de los desiertos es obra del desgaste y la erosión del agua.

Punto clave ¿Dónde sería más probable encontrar pruebas de erosión del viento?

Figura 29 Cerca de Natchez, Mississippi, el viento formó este depósito de loes con finas partículas de cieno.

Sedimentación de la erosión por viento

Todos los sedimentos que lleva el viento acabarán por caer al suelo. Esto ocurre cuando el viento disminuye su velocidad o cuando un obstáculo, como una roca o una planta, detiene la arena y otros sedimentos del viento. **La erosión y la sedimentación por viento forman dunas de arena y loes.** Cuando el viento topa con un obstáculo, el resultado es por lo regular una duna de arena. Las dunas se ven en las playas y los desiertos donde se han acumulado sedimentos llevados por el viento.

Las dunas de arena tienen muchas formas y tamaños. Algunas son largas con ondulaciones paralelas, mientras que otras tienen forma de U. También pueden ser muy pequeñas o muy grandes; algunas dunas de China han alcanzado alturas de 500 metros. Las dunas se mueven con el tiempo. Poco a poco, la arena cambia con el viento de un lado de la duna al otro. A veces empiezan a crecer plantas en las dunas. Las raíces ayudan a que las dunas se queden en su lugar.

Las dunas de arena están compuestas casi siempre de sedimentos gruesos llevados por el viento. Los sedimentos más finos, entre ellos partículas de arcilla y cieno, a veces se depositan en capas lejos de su origen. Esta fina sedimentación del viento es el **loes**. En China central y en estados como Nebraska, Dakota del sur, Iowa, Missouri e Illinois se localizan sedimentaciones grandes de loes, el cual ayuda a formar suelo fértil. Muchas zonas con depósitos gruesos de loes son tierras de cultivo valiosas.

Repaso de la sección 6

1. Describe cómo erosiona el viento la tierra.
2. ¿Cómo se forman las dunas y el loes?
3. ¿Qué es una hoya y qué proceso la forma?
4. **Razonamiento crítico Predecir** Visitas una playa que tiene dunas cubiertas de vegetación. Pero en las partes de la duna, donde la gente hace un atajo, la hierba ha desaparecido. ¿Qué podría pasar con la duna si la gente sigue transitando ese camino?

Las ciencias en casa

He aquí cómo hacer un modelo de pavimento de desierto. Pon unas cuantas monedas en un molde de aproximadamente 1 cm de fondo. Cubre las monedas con una capa delgada de harina. Ahora, sopla suavemente con un popote en la superficie de la harina. Cuida de no absorber harina por el popote o que vuele a tus ojos o los de alguien más. Pídele a tu familia que prediga cuál será el aspecto de la superficie del molde si el "viento" soplara largo tiempo.

GUÍA DE ESTUDIO

SECCIÓN 1 — Cambios en la superficie terrestre

Ideas clave
- El desgaste, la erosión y la sedimentación forman y deshacen la superficie terrestre.
- La gravedad atrae los sedimentos hacia abajo. Hay cuatro tipos principales de movimientos de masas: deslizamientos de tierra, avalanchas de lodo, desplomes y corrimientos.

Términos clave

erosión sedimentación
sedimento movimiento de masas

SECCIÓN 2 — Erosión por agua

Ideas clave
- El agua en movimiento es la principal fuerza de erosión que ha conformado la superficie terrestre.
- Los ríos forman valles en forma de V, cascadas, meandros, lagos fluviales y llanuras aluviales.
- Cuando un río disminuye su velocidad, deja parte de la carga de sedimentos que acarrea y crea formaciones como los abanicos aluviales y los deltas.

Términos clave

escurrimiento cuenca de drenaje delta
riachuelo vertiente agua subterránea
barranco llanura aluvial estalactita
arroyo meandro estalagmita
río lago fluvial topografía
tributario abanico aluvial kárstica

SECCIÓN 3 — La fuerza del agua en movimiento

INTEGRAR LA FÍSICA

Ideas clave
- Cuando la gravedad atrae el agua por una pendiente, la energía potencial del agua se convierte en energía cinética que realiza trabajo.
- Casi todos los sedimentos caen en las corrientes o se erosionan por abrasión del lecho fluvial.
- Entre mayor sea la inclinación o el caudal de un río, más sedimentos puede erosionar.

Términos clave

energía abrasión fricción
energía potencial carga turbulencia
energía cinética

SECCIÓN 4 — Los glaciares

Ideas clave
- Las dos clases de glaciares son los glaciares de valle y los glaciares continentales.
- Los glaciares erosionan la tierra por dos procesos: arrastre y abrasión.
- Cuando se derriten, los glaciares depositan sedimentos y dejan caer las rocas y el suelo que habían erosionado.

Términos clave

glaciar morrena caldero
glaciar de valle
glaciar continental
eras glaciales
arrastre

SECCIÓN 5 — Las olas

Ideas clave
- La energía de las olas del océano proviene del viento que sopla en la superficie marina y le transfiere su energía.
- Las olas del océano que golpean la tierra la erosionan por impacto y abrasión. Las olas también mueven y depositan sedimentos en las costas.

Términos clave

playa deriva longitudinal punta

SECCIÓN 6 — El viento

Ideas clave
- El viento causa erosión por deflación, que consiste en soplar los materiales de la superficie.
- Las principales formas que produce la sedimentación por viento son las dunas de arena y los depósitos de loes.

Términos clave

deflación duna de arena loes

USAR LA INTERNET

www.science-explorer.phschool.com

CAPÍTULO 3 REPASO

Repaso del contenido

Para repasar los conceptos clave, consulta el Interactive Student Tutorial CD-ROM.

Opción múltiple
Elige la letra que complete mejor cada enunciado.

1. Los materiales erosionados llevados por el agua o el viento se llaman
   a. estalactitas.
   b. pavimento del desierto.
   c. sedimentos.
   d. morrenas.
2. El movimiento colina abajo de materiales erosionados se conoce como
   a. movimientos de masa.
   b. abrasión.
   c. sedimentación.
   d. deflación.
3. Una masa de rocas y suelo depositada directamente por un glaciar se llama
   a. carga.   b. morena.
   c. loes.   d. erosión.
4. Cuando las olas golpean una costa, concentran su energía en
   a. playas.
   b. circos.
   c. dunas de arena.
   d. cabos.
5. La erosión de sedimentos por el viento es la
   a. sedimentación.   b. deflación.
   c. abrasión.   d. glaciación.

Falso o verdadero
Si el enunciado es verdadero, escribe verdadero. Si es falso, cambia la palabra o palabras subrayadas para hacer verdadero el enunciado.

6. El proceso por el que los sedimentos del agua se asientan en otro sitio es el <u>movimiento de masa</u>.
7. Una zona de <u>abanicos aluviales</u> se encuentra donde el agua subterránea erosiona la caliza para formar valles, sumideros y cavernas.
8. Por estar en movimiento, el flujo del agua produce una clase de energía llamada <u>energía cinética</u>.
9. Una curva muy cerrada en el curso de un río es un <u>meandro</u>.
10. Los sedimentos depositados en el borde de un glaciar forman una cresta llamada <u>caldero</u>.

Revisar los conceptos

11. ¿Qué agentes de erosión son causados en parte por la fuerza de gravedad?
12. ¿Cómo influyen la inclinación y el caudal de un río en su carga de sedimentos?
13. Describe cómo cambia la velocidad de la corriente de un río cuando se curva. ¿Cómo afecta a la sedimentación en el río?
14. ¿Por qué se forma un delta cuando un río desemboca en una masa de agua mayor?
15. ¿Qué son las eras glaciales?
16. **Escribir para aprender** Vas en un viaje en balsa río abajo, de las montañas al mar. Escribe una carta a una amiga en la que le describas las formaciones creadas por la erosión y la sedimentación que ves en tu viaje. Incluye las formaciones cercanas al origen del río, a la mitad de su curso y dónde desemboca en el océano.

Razonamiento gráfico

17. **Diagramas de flujo** El diagrama de flujo incompleto muestra el proceso que comienza cuando las gotas de lluvia caen al suelo. En una hoja de papel, copia el diagrama de flujo. Después complétalo y ponle un título. (Para más información sobre los diagramas de flujo, consulta el Manual de destrezas.)

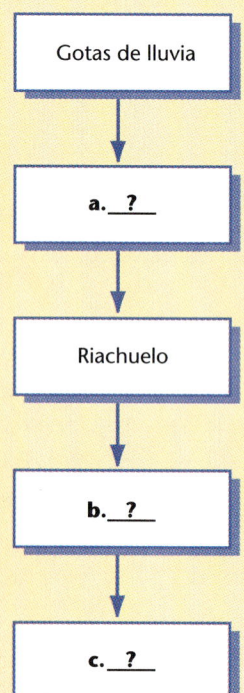

102 ◆ G

Aplicar las destrezas

La tabla inferior muestra cómo cambian el flujo y la carga de sedimentos de un río en seis meses. Usa la tabla para responder las Preguntas 18–21.

Mes	Volumen de flujo (metros cúbicos/segundo)	Carga de sedimentos (toneladas métricas/día)
Enero	1.5	200
Febrero	1.7	320
Marzo	2.6	725
Abril	4.0	1600
Mayo	3.2	1100
Junio	2.8	900

18. Graficar Haz dos gráficas. En la primera, anota el mes en el eje *x* y el volumen del flujo en el eje *y*. En la segunda gráfica, anota la carga de sedimentos en el eje *y*. Compara las gráficas. ¿Cuándo son mayores el volumen del flujo y la carga del río? ¿Cuándo son menores?

19. Desarrollar hipótesis ¿Qué puedes inferir de tus gráficas sobre la relación entre el caudal y la carga de sedimentos?

20. Relacionar causa y efecto ¿Qué ocurriría en abril en la cuenca de drenaje del río que causó los cambios en el caudal y la carga de sedimentos? Explica.

21. Predecir En donde se encuentra el río, llueve poco en junio. ¿Qué puedes predecir sobre la carga de sedimentos en julio? Explica.

Razonamiento crítico

22. Aplicar los conceptos ¿En qué condiciones esperarías que la abrasión causara la mayor erosión en el lecho de un río?

23. Relacionar causa y efecto En un desierto ves una zona que parece como si estuviera pavimentada de fragmentos de rocas. Explica de qué manera ocurre esto naturalmente.

24. Resolver problemas Supón que eres un geólogo que estudia un glaciar de valle. ¿Con qué método averiguarías si avanza o retrocede?

25. Formular juicios Un vendedor le ofrece a tu familia una casa nueva justo al lado de un río por muy poco dinero. ¿Por qué dudaría tu familia en comprar esa casa?

Evaluación del rendimiento

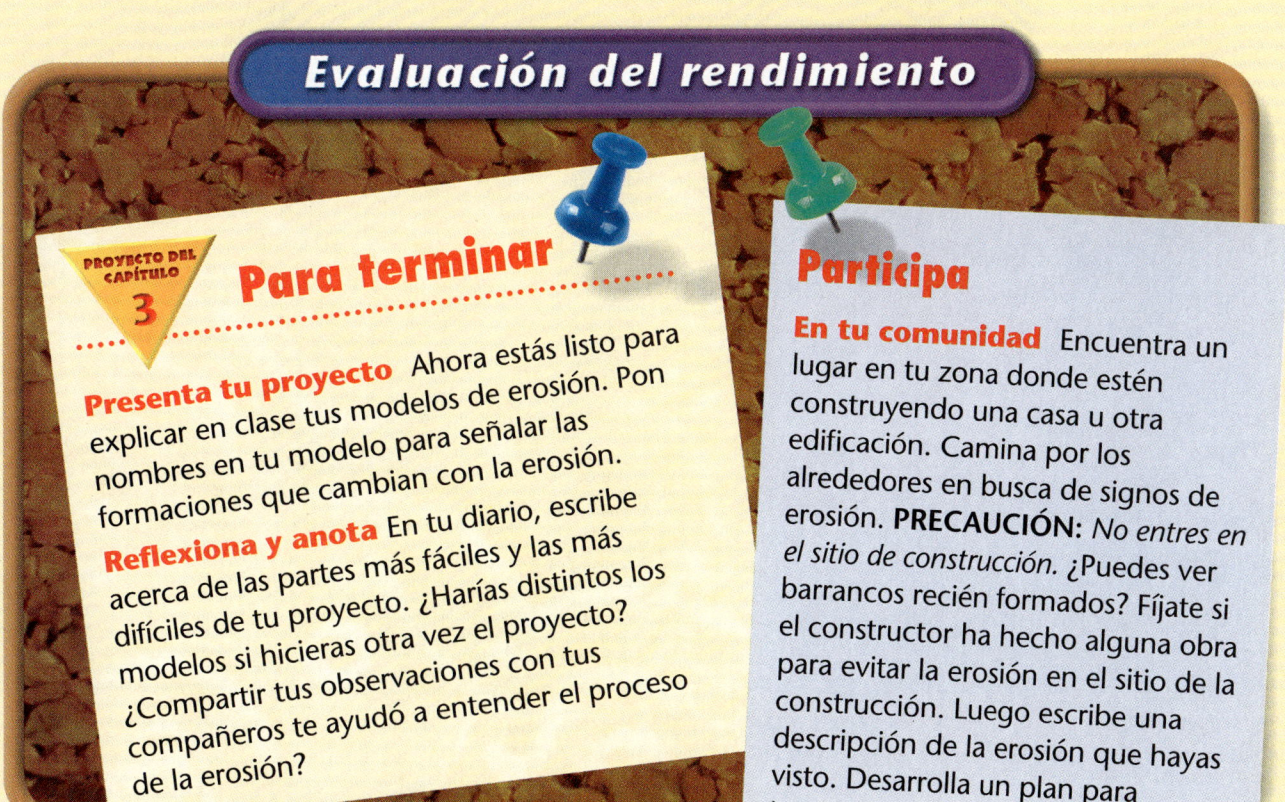

Para terminar

Presenta tu proyecto Ahora estás listo para explicar en clase tus modelos de erosión. Pon nombres en tu modelo para señalar las formaciones que cambian con la erosión.

Reflexiona y anota En tu diario, escribe acerca de las partes más fáciles y las más difíciles de tu proyecto. ¿Harías distintos los modelos si hicieras otra vez el proyecto? ¿Compartir tus observaciones con tus compañeros te ayudó a entender el proceso de la erosión?

Participa

En tu comunidad Encuentra un lugar en tu zona donde estén construyendo una casa u otra edificación. Camina por los alrededores en busca de signos de erosión. **PRECAUCIÓN:** *No entres en el sitio de construcción.* ¿Puedes ver barrancos recién formados? Fíjate si el constructor ha hecho alguna obra para evitar la erosión en el sitio de la construcción. Luego escribe una descripción de la erosión que hayas visto. Desarrolla un plan para impedirla.

CAPÍTULO 4
Un viaje a través del tiempo geológico

LO QUE ENCONTRARÁS

 SECCIÓN 1 Fósiles

Descubre ¿Qué hay en una roca?
Inténtalo Fósiles dulces

 SECCIÓN 2 Cálculo de la edad relativa de las rocas

Descubre ¿En qué orden se depositan los sedimentos?
Inténtalo Analiza un sándwich
Laboratorio real Hallar pistas en las capas de roca

Integrar la química

 **SECCIÓN 3** Datación por radiactividad

Descubre ¿Cuánto tardará en desaparecer?
Mejora tus destrezas Calcular

PROYECTO 4

Un viaje al pasado

Con mucho cuidado, los científicos quitan la tierra que cubre los huesos de un mamut. En este sitio, han desenterrado fósiles de más de 30 animales que vivieron en las Grandes Planicies durante la última glaciación. Con fósiles como estos, los científicos pueden hacer un retrato de cómo fue la vida en el pasado distante.

Este capítulo te llevará en un viaje a través del tiempo geológico. Aprenderás cómo revelan los fósiles la historia de la vida en la Tierra. Para guiarte en tu viaje, harás una línea cronológica que muestre los periodos del tiempo geológico.

Tu objetivo Convertirte en experto en un periodo geológico y elaborar una línea cronológica.

Para completar este proyecto con éxito, tendrás que:
- investigar el periodo geológico que escojas
- crear un folleto de viajes que muestre cómo era la vida en ese periodo
- ilustrar la línea cronológica de tu periodo geológico

Para empezar Comienza por revisar *Explorar la historia geológica*, en las páginas 132 a 135. Elige el periodo que te gustaría investigar. Comprueba con tu maestro que todos los periodos están cubiertos por los miembros de la clase.

Comprueba tu aprendizaje Trabajarás en este proyecto mientras estudias el capítulo. Para mantener tu proyecto en marcha, revisa los cuadros de Comprueba tu aprendizaje en los puntos siguientes:

Repaso de la Sección 2, página 117: Reúne información sobre los animales, los vegetales y el ambiente de tu periodo geológico.

Repaso de la Sección 4, página 125: Escribe un folleto de viajes acerca de los animales, los vegetales y el ambiente del periodo que escogiste.

Repaso de la Sección 5, página 140: Crea ilustraciones que describan el periodo que elegiste para completar tu folleto.

Para terminar Al final del capítulo (página 143), añade tus ilustraciones a la línea cronológica. Usa tu folleto de viajes para presentar a la clase tu periodo geológico.

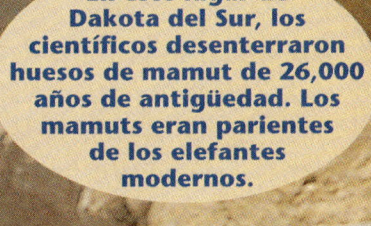

En este lugar de Dakota del Sur, los científicos desenterraron huesos de mamut de 26,000 años de antigüedad. Los mamuts eran parientes de los elefantes modernos.

 SECCIÓN 4 **La escala del tiempo geológico**
Descubre ¡Así es tu vida!
Laboratorio de destrezas Cómo pasa el tiempo

 SECCIÓN 5 **Historia de la Tierra**
Descubre ¿Qué revelan los fósiles sobre la historia de la Tierra?
Inténtalo La vida y las épocas

SECCIÓN 1 Fósiles

DESCUBRE

¿Qué hay en una roca?

1. Con una lupa, observa atentamente la muestra de roca que te dé tu maestro.
2. Haz un dibujo de todas las formas que veas en la roca. Incluye tantos detalles como puedas. Debajo de tu dibujo, escribe una descripción breve de lo que ves.

Reflexiona sobre
Inferir ¿Qué crees que contiene la roca? ¿Cómo crees que aparecieron las formas que observaste en la roca?

GUÍA DE LECTURA

- ¿Cómo se forman los fósiles?
- ¿Cuáles son las diferentes clases de fósiles?
- ¿Qué indican los fósiles sobre cómo cambian los organismos con el tiempo?

Sugerencia de lectura
A medida que leas, haz un resumen con los títulos sobre qué son los fósiles, cómo se forman y por qué son importantes.

Eres un geólogo que trabaja en las montañas altas del oeste de Canadá. Partes con cuidado un trozo de roca blanda. Impresa en la roca se encuentra la forma de un animal pequeño, más o menos del tamaño de tu pulgar. El animal no se parece a ningún otro que hayas visto.

La roca proviene de una capa llamada esquisto de Burgess. Esta capa es famosa porque contiene pruebas de vida en la Tierra, de hace más de 500 millones de años. Las criaturas del esquisto de Burgess son animales pequeños de cuerpo blando sin columna vertebral. Algunos se ven como los cangrejos o los gusanos actuales. Estos animales vivieron en el fondo del mar, en aguas poco profundas. Los científicos suponen que una avenida de lodo los sepultó de repente. Al cabo de millones de años, el lodo se convirtió en esquisto. Los restos de los animales también se convirtieron en roca sólida.

Evidencias de vida prehistórica

Los **fósiles** son vestigios o restos conservados de seres vivos y aportan pruebas de cómo ha cambiado la vida con el tiempo. Los fósiles también sirven para inferir cómo ha cambiado la forma de la Tierra. Y son claves para saber cómo era el ambiente en el pasado.

En su mayoría, los fósiles se forman cuando los seres vivos mueren y quedan enterrados en sedimentos. Estos sedimentos se endurecen formando rocas y conservan las formas de los organismos. Los científicos que estudian los fósiles se llaman **paleontólogos.** En general, los fósiles se encuentran en rocas

Figura 1 Unos paleontólogos rompen una roca del esquisto de Burgess, que contiene un fósil.

Figura 2 Un fósil se forma cuando los sedimentos cubren rápidamente el cuerpo del animal.
Predecir ¿Qué pasaría con el fósil si la erosión continuara después de la etapa D?

A. Un animal muere y se hunde en aguas poco profundas.

B. Los sedimentos cubren al animal.

C. Los sedimentos se convierten en roca y conservan partes del animal.

D. La formación de montañas, el desgaste y la erosión pueden dejar al fósil expuesto a la superficie.

sedimentarias. Las **rocas sedimentarias** están compuestas de sedimentos endurecidos. La mayoría de fósiles se forma de animales o plantas que vivieron en zonas de aguas tranquilas, como pantanos, lagos o aguas poco profundas del mar, donde se acumulan los sedimentos. En la Figura 2 puedes ver cómo se forma un fósil.

Cuando un organismo muere, sus partes blandas se descomponen con rapidez o son comidas por los animales. Así, sólo las partes duras dejan fósiles. Estas partes duras incluyen huesos, conchas, dientes, semillas y tallos leñosos. Es raro que las partes blandas de un organismo se fosilicen.

Clases de fósiles

Para que se forme un fósil, se debe impedir que los restos del organismo se descompongan. El fósil se puede formar por uno o varios procesos. **Los fósiles hallados en las rocas incluyen a los fósiles petrificados, moldeados y vaciados, películas de carbono y vestigios fósiles. Otros se forman cuando los restos de organismos se conservan en sustancias como alquitrán, ámbar o hielo.**

Fósiles petrificados Un fósil se forma cuando los restos de un organismo se petrifican; el término *petrificar* significa "convertirse en piedra". Los **fósiles petrificados** son aquellos en los que los minerales reemplazan todo el organismo o parte de él. Los troncos de árboles fosilizados que aparecen en la Figura 3 son ejemplos de bosques petrificados. Estos fósiles se formaron cuando los sedimentos cubrieron el bosque. Después, el agua, rica en minerales disueltos, se introdujo en los espacios de las células vegetales. Con el tiempo, el agua se evaporó y dejó los minerales endurecidos. Parte del bosque original queda; los minerales se endurecieron y lo conservaron.

Figura 3 Parece como si los acabaran de talar, pero estos troncos petrificados se formaron hace 200 millones de años. Estos fósiles se pueden ver en el Parque Nacional Bosque Petrificado de Arizona.

INTÉNTALO

Fósiles dulces

1. Envuelve con plastilina un cubo de azúcar, a la mitad.
2. Envuelve por completo otro cubo de azúcar y séllalo con fuerza.
3. Mete los dos cubos en un tazón de agua junto con un cubo sin cubrir.
4. Agita hasta que el cubo de azúcar sin cubrir se disuelva por completo.
5. Retira los otros cubos del agua y examina los restos.

Observar Describe la apariencia de los dos cubos de azúcar. ¿Conservó la plastilina los cubos? ¿Es esta actividad un buen modelo de cómo se forman los fósiles?

Los fósiles petrificados también se forman por reemplazo. En el reemplazo, los minerales del agua hacen una copia del organismo. Por ejemplo, si el agua contiene minerales disueltos puede disolver lentamente una concha de almeja enterrada en sedimentos. A la vez, los minerales se endurecen y forman una roca. El resultado es una copia de la concha de almeja en la roca.

Moldes y vaciados Los fósiles más comunes son los moldes y vaciados. Ambos copian la forma de organismos antiguos. Los **moldes** son partes huecas en los sedimentos con la forma de un organismo o parte del organismo. Los moldes se forman cuando la parte dura del organismo, como la concha, queda enterrada en sedimentos.

Cuando el agua que lleva minerales y sedimentos disueltos entra en el espacio vacío del molde y deja ahí los minerales y los sedimentos, el resultado es un vaciado. El **vaciado** es una copia de la forma de un organismo. La Figura 4 muestra un molde (arriba) y un vaciado (abajo). Como puedes ver, los vaciados son lo contrario de sus moldes. Observa cómo el molde y el vaciado han preservado detalles de la estructura del animal.

Figura 4 El molde del fósil (arriba) muestra claramente la forma del animal llamado *Cryptolithus*. Lo mismo ocurre con el fósil del vaciado (abajo). El *Cryptolithus* vivió en los océanos hace unos 450 millones de años.

Película de carbono  Otra clase de fósil es la **película de carbono**, una capa muy delgada de carbono que recubre la roca. ¿Cómo se forma la película de carbono? Recuerda que todos los seres vivos contienen carbono. Cuando los sedimentos entierran un organismo, el peso de los sedimentos exprime a casi todo el organismo en descomposición. Al final, sólo queda una delgada película de carbono. Este proceso conserva las partes delicadas de hojas e insectos. En la Figura 5 puedes ver una película de carbono de insectos antiguos.

Vestigios fósiles Casi todos los fósiles conservan la forma de los antiguos animales o plantas. En cambio, los **vestigios fósiles** proporcionan evidencias de las actividades de los organismos antiguos. La huella de una pisada es un ejemplo de vestigio fósil. Un dinosaurio dejó las huellas fósiles de la Figura 6. El lodo o la arena que pisó el animal quedó enterrado en capas de sedimentos. Estos se convirtieron lentamente en roca y conservaron las huellas de las pisadas durante millones de años.

Las huellas fósiles de pisadas dan claves acerca del tamaño y el comportamiento de un animal. ¿Qué tan rápidamente se movía? ¿Caminaba en dos o en cuatro patas? ¿Vivía solo o con otros de su especie? Los científicos pueden inferir las respuestas a tales preguntas al estudiar las huellas fósiles.

Otros ejemplos de vestigios fósiles son los senderos que seguían los animales o las madrigueras donde vivían. Un sendero o una madriguera pueden dar claves sobre el tamaño y la forma del animal, dónde vivía y cómo conseguía su alimento.

☑ *Punto clave* ¿Qué revelan los vestigios fósiles acerca de los primeros animales?

Restos conservados Algunos procesos conservan los restos de organismos con pocos cambios o ninguno. Por ejemplo, algunos restos se conservan cuando los organismos quedan atrapados en alquitrán. El alquitrán es una sustancia oleosa y pegajosa que brota de la superficie terrestre. Se han encontrado muchos fósiles conservados en alquitrán en las minas del Rancho La Brea, en Los Ángeles, California. Hace miles de años, los animales venían a beber el agua que cubría estas minas. De algún modo,

Figura 5 Este fósil de insectos en película de carbono tiene entre 5 y 23 millones de años.

Figura 6 Estas huellas de pisadas de dinosaurio se encuentran en el desierto Painted de Arizona. *Inferir* ¿Qué puedes inferir sobre este dinosaurio a partir de sus huellas?

Figura 7 Un fósil conservado en ámbar es una ventana a la historia de la vida en la Tierra. Las partes del cuerpo, incluyendo las cerdas pilosas de las patas del insecto, sus antenas y sus alas delicadas, suelen estar perfectamente conservadas.

quedaron pegados en el alquitrán y murieron. El alquitrán empapó sus huesos e impidió que se descompusieran.

También se han conservado organismos antiguos en ámbar. El ámbar es la resina endurecida, o savia, de los árboles siempre verdes. Primero, un insecto queda atrapado en la resina. Cuando muere, es cubierto por más resina, que impide el paso del aire y evita que su cuerpo se descomponga.

La congelación es otra forma en que se pueden conservar los restos. En regiones muy frías de Siberia y Alaska se han encontrado restos de unos parientes de los elefantes, llamados mamuts lanudos. La congelación ha conservado incluso el pelambre y la piel de los mamuts.

✓ *Punto clave* *¿Cuáles son tres formas de conservación de los restos de los organismos?*

Cambios con el paso del tiempo

Los paleontólogos reúnen fósiles de rocas sedimentarias de todas las partes del mundo. Con esta información determinan cómo eran las formas antiguas de vida. Quieren saber qué comían estos animales, quién se los comía y en qué medio ambiente vivían.

Los paleontólogos también clasifican los organismos. Agrupan a los organismos similares. Los colocan en el orden en que vivieron, de los primeros a los últimos. Toda la información que han reunido los paleontólogos sobre la vida del pasado se denomina registro de fósiles. **El registro de fósiles aporta pruebas acerca de la historia de la vida en la Tierra. El registro también muestra que los grupos de organismos han cambiado con el tiempo.**

El registro de fósiles revela un hecho sorprendente: los fósiles se encuentran en un orden particular. Las rocas más antiguas contienen los fósiles de organismos más simples, las más nuevas contienen los fósiles de organismos más complicados. En otras palabras, el registro de fósiles muestra que los organismos han evolucionado, o cambiado. Los organismos unicelulares simples dieron origen a animales y vegetales más complejos.

El registro de fósiles da pruebas que apoyan la teoría de la evolución. Una **teoría científica** es un concepto bien probado que explica una gama amplia de observaciones. La **evolución** es el cambio gradual de los seres vivos durante largos periodos de tiempo. En *Explorar la evolución de los elefantes,* puedes seguir la evolución de un grupo de animales.

El registro de fósiles muestra que millones de tipos de organismos han evolucionado. Pero muchos otros se han extinguido. Un tipo de organismo se considera **extinto** cuando ya no existe ni volverá a vivir sobre la Tierra.

EXPLORAR *la evolución de los elefantes*

Aquí están algunos miembros de la familia de los elefantes. Los elefantes modernos, los mamuts y los mastodontes evolucionaron de un antepasado común que vivió hace unos 34 millones de años.

Elefante asiático actual
Los elefantes asiáticos viven en la India y el sureste de Asia. Pueden ser entrenados para mover objetos con la trompa y llevar cargas pesadas en el lomo.

Elefante africano actual
De unos 4 metros de altura hasta los hombros, el elefante africano es más grande que el asiático. Son fieros y difíciles de amaestrar.

Mamut lanudo
hace 2 millones de años
El mamut lanudo vivió en la última era glacial. La cacería de que fue objeto por los humanos pudo ser la causa de su extinción hace unos 10,000 años.

Mastodonte
hace 25 a 30 millones de años
Los mastodontes tenían trompas largas y flexibles y colmillos prolongados. Los mastodontes posteriores se parecían a los mamuts, pero eran más bajos y robustos. Los mastodontes se extinguieron hace unos 10,000 años.

Gomphotherium
hace 23 millones de años
El *Gomphotherium* alcanzaba los 2 metros hasta los hombros. Tenía trompa pequeña, dos colmillos en el maxilar superior y otros dos en el inferior.

Moeritherium
hace 36 millones de años
El *Moeritherium* era un pariente de los elefantes modernos que tenía el tamaño de un cerdo, dientes frontales largos —colmillos primitivos— y un gran labio superior.

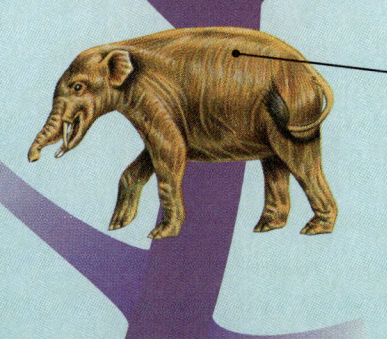

Paleomastodonte
hace 34 millones de años
Los paleomastodontes tenían trompa corta y colmillos pequeños en los maxilares superior e inferior. El paleomastodonte es el antepasado de animales posteriores parecidos a elefantes.

Figura 8 Estos son fósiles de braquiópodos y crinoideos que vivieron hace más de 435 millones de años. En la actualidad, todavía viven organismos similares en los océanos. A partir de estos fósiles, los científicos saben que el lugar donde los encontraron hubo alguna vez aguas de mar poco profundas.

Fósiles y ambientes del pasado

Los paleontólogos usan los fósiles para reconstruir imágenes de los ambientes del pasado. Los fósiles de una zona revelan si fue una bahía de aguas poco profundas, el fondo del océano o un pantano de agua dulce.

Los fósiles también aportan evidencias del clima de la Tierra en el pasado. Por ejemplo, se ha descubierto hulla en la Antártida. Pero la hulla sólo se forma de los restos de vegetales que crecen en regiones cálidas y pantanosas. Como ya sabes, hoy la Antártida está cubierta de capas gruesas de nieve y hielo. La presencia de hulla muestra que el clima de la Antártida fue mucho más cálido de lo que es ahora.

Los científicos usan los fósiles para conocer los cambios en la superficie terrestre. Por ejemplo, los corales son organismos de mares cálidos y aguas poco profundas. Debido a que se han encontrado corales fósiles en muchos lugares del medio oeste de Estados Unidos, los científicos infieren que esta zona estuvo cubierta por mares de aguas poco profundas.

Repaso de la sección 1

1. Describe el proceso por el que se forman la mayoría de los fósiles en las rocas.
2. ¿Cuáles son los cinco tipos de fósiles que se pueden encontrar en las rocas?
3. ¿Cómo apoya el registro de fósiles la teoría de la evolución?
4. Describe una forma de preservación de los restos de un organismo.
5. **Razonamiento crítico** **Inferir** Se han encontrado conchas marinas fósiles en el lecho rocoso, en tierra. ¿Qué puedes inferir sobre cómo ha cambiado la zona?

Las ciencias en casa

Un fósil es algo antiguo que se ha conservado. ¿Por qué algunas cosas antiguas se conservan y otras se destruyen? Con el permiso de tus padres, busca en tu casa el objeto más antiguo que encuentres. Pregunta a tus familiares qué tan antiguo es el objeto, por qué lo conservaron y cómo ha cambiado desde que estaba nuevo. Haz un dibujo del objeto y tráelo a clase. Cuenta la historia de tu "fósil".

SECCIÓN 2 Cálculo de la edad relativa de las rocas

DESCUBRE

¿En qué orden se depositan los sedimentos?

1. Haz una pila de capas de plastilina de diferentes colores, con el tamaño y el espesor de un panqueque. Si estas capas son sedimentos, ¿qué capa se sedimentó primero? (*Sugerencia:* Ésta es la capa más antigua.)

2. Ahora presiona la pila sobre un objeto redondeado, como un tazón pequeño, para formar una cúpula. Con un cuchillo de plástico, corta la parte superior de la cúpula. Mira las capas que dejaste expuestas. ¿Cúal es la más antigua?

Reflexiona sobre
Inferir Si oprimes la pila dentro de un tazón pequeño y desechas la plastilina que sobresale del borde, ¿dónde encontrarás la capa más antigua?

¿Alguna vez has visto capas de roca en un acantilado junto a la carretera? A menudo, las capas difieren en color o textura. ¿Qué son estas capas y cómo se formaron?

Los sedimentos que forman las rocas sedimentarias son depositados en capas delgadas una sobre otra. Con los años, los sedimentos quedan enterrados profundamente. Luego, se endurecen y se convierten en rocas sedimentarias. Al mismo tiempo, los restos de los organismos de los sedimentos se convierten en fósiles. Con el tiempo, muchas capas de sedimento se convierten en capas de rocas. Estas capas proporcionan un registro de la historia geológica de la Tierra.

Edad relativa y edad absoluta

Cuando observas una roca que contiene un fósil, tu primera pregunta puede ser "¿qué tan antigua es?" La **edad relativa** de una roca es su edad comparada con las edades de otras rocas. Es probable que hayas aplicado la idea de edad relativa al comparar tu edad con la de alguien más. Por ejemplo, si dices que eres mayor que tu hermano pero menor que tu hermana, estás describiendo tu edad relativa.

La edad relativa de las rocas no proporciona su edad absoluta. La **edad absoluta** de una roca son los años que tiene desde que se formó. Tal vez sea imposible conocer con exactitud la edad absoluta de una roca. Pero a veces los geólogos pueden determinar la edad absoluta de una roca en el margen de cierto número de años.

GUÍA DE LECTURA

◆ ¿Cómo determinan los geólogos la edad relativa de las rocas?

◆ ¿Cómo usan los geólogos los fósiles indicadores?

Sugerencia de lectura Antes de leer, escribe los títulos de la sección en forma de preguntas *cómo, por qué* o *qué*. A medida que leas, busca las respuestas a las preguntas.

Capítulo 4 **G ◆ 113**

Figura 9 Más de una docena de capas de rocas componen las paredes del Gran Cañón. En la fotografía puedes ver claramente cinco capas. *Aplicar los conceptos* ¿En cuál de las capas señaladas encontrarías los fósiles más antiguos? Explica.

INTÉNTALO

Analiza un sándwich

ACTIVIDAD

Tu maestro te dará un sándwich que representa capas de roca en la superficie terrestre.

1. Consigue un fideo grueso, redondo, hueco y crudo como instrumento de perforación. Mételo por las capas del sándwich.

2. Saca el fideo del sándwich. Rómpelo con cuidado para sacar la muestra del centro.

3. Haz un dibujo coloreado y con nombres de lo que ves en cada capa del centro.

Observar Si esta fuera una muestra real de capas de roca, ¿qué capa sería la más antigua? ¿Y la más reciente? ¿Cómo crees que estudian los científicos las muestras del centro?

Posición de las capas rocosas

La edad absoluta de las rocas puede ser difícil de determinar. Por eso, los geólogos emplean un método para averiguar su edad relativa. Los geólogos usan la **ley de la superposición** para determinar la edad relativa de las capas de roca sedimentaria. **De acuerdo con la ley de la superposición, en las capas horizontales de rocas sedimentarias la capa más antigua está en el fondo. Cada capa superior es más reciente que la de abajo.** Si realizaste la actividad Descubre, al principio de esta sección, ya has empleado la ley de la superposición.

Las paredes del Gran Cañón de Arizona ilustran la ley de la superposición. Las capas de roca sedimentaria de las paredes del cañón representan 2,000 millones de años de historia de la Tierra. En la Figura 9 puedes ver algunas de las capas encontradas en el Gran Cañón. Los científicos le han puesto nombre a cada capa de roca expuesta en las paredes del Gran Cañón. Al usar la ley de la superposición, deberás ser capaz de determinar la edad relativa de estas capas.

Si comenzaras en la parte alta del Gran Cañón, verías caliza Kaibab. Como está en la parte alta, es la capa más reciente. Al comenzar tu descenso, pasarías por la caliza Toroweap. En seguida, verías la arenisca Coconino. Entre más te internes en la profundidad del cañón, más antiguas serán las rocas. Tu viaje dentro del cañón es un viaje a través de la historia de la Tierra. Mientras más profundices, más antiguas son las rocas.

☑ *Punto clave* ¿Cómo calculan los geólogos la edad relativa de las rocas?

114 ◆ G

Otras claves sobre la edad relativa

Hay otras claves de la edad relativa de las rocas. Para encontrar algunas de estas claves, los geólogos estudian las extrusiones e intrusiones de las rocas ígneas y las fallas.

Claves sobre las rocas ígneas Las rocas ígneas se forman cuando el magma o la lava se endurecen. El magma es materia fundida bajo la superficie terrestre. El magma que fluye a la superficie se llama lava.

La lava que se endurece en la superficie se llama **extrusión.** Las capas de roca debajo de una extrusión siempre son más antiguas.

Bajo la superficie, el magma puede meterse entre masas de rocas. Ahí, se enfría y endurece en una masa de roca ígnea llamada **intrusión.** Una intrusión siempre es más reciente que las capas de rocas que la rodean y que están debajo. La figura 10A muestra una intrusión. Los geólogos estudian dónde se formaron intrusiones y extrusiones en relación con otras capas de roca. Esto les ayuda a entender la edad relativa de los tipos de roca.

Claves sobre las fallas Más claves proceden del estudio de las fallas. Una **falla** es una ruptura en la corteza terrestre. Las fuerzas del interior de la Tierra causan movimientos de rocas en los lados opuestos de la falla.

Una falla siempre es más reciente que las rocas que atraviesa. Para determinar la edad relativa de una falla, los geólogos encuentran la edad relativa del estrato de rocas más reciente por el que pasa la falla.

Los movimientos a lo largo de las fallas dificultan a los científicos la determinación de la edad relativa de las capas de roca. En la Figura 10B puedes ver que las capas de roca no están alineadas a causa del movimiento de la falla.

Música CONEXIÓN

El Gran Cañón ofrece una de las mejores imágenes del registro geológico de la Tierra. El compositor estadounidense Ferde Grofé compuso la suite para orquesta *Grand Canyon* en 1931. La música pinta un paisaje desierto y un viaje a lomo de mula por el Gran Cañón.

En tu diario

Escucha una grabación de la suite *Grand Canyon*. ¿Cómo expresa la música de Grofé lo que es visitar el Gran Cañón? ¿Con qué palabras describirías lo que escuchas?

Figura 10 Las intrusiones y las fallas dan claves de la edad relativa de las rocas. En 10A, una intrusión atraviesa capas de rocas. En 10B, unas capas de roca están rotas y desplazadas a lo largo de una falla. *Inferir* ¿Qué es más antigua, la intrusión de 10A o las capas de rocas que cruza?

1. Las rocas sedimentarias se forman en capas horizontales.

2. Los pliegues inclinan las capas de roca.

Figura 11 Cuando la erosión desgasta las capas de roca sedimentaria ocurre una discordancia.

3. La superficie se erosiona.

Discordancia

4. Se asientan nuevos sedimentos que forman capas de roca sobre la discordancia.

Vacíos en el registro geológico

El registro geológico de las capas de roca sedimentaria no siempre está completo. La sedimentación acumula lentamente capa tras capa de rocas sedimentarias. Pero algunas de esas capas se erosionan y exponen la roca más antigua. Luego, la sedimentación acumula otra vez capas nuevas de roca.

La superficie donde entran en contacto capas recientes de roca con una superficie de rocas mucho más antiguas que estaban debajo se llama discordancia. Una **discordancia** es un vacío en el registro geológico e indica dónde se han perdido algunas capas de roca a causa de la erosión. La Figura 11 muestra cómo se forma una discordancia.

Datación de rocas mediante fósiles

Para fechar las rocas, los geólogos comienzan por dar una edad relativa a un estrato de rocas de un lugar. Luego, le asignan la misma edad a los estratos rocosos de otros sitios que concuerden.

Ciertos fósiles, llamados indicadores, ayudan a los geólogos a hacer que correspondan las capas de rocas. Para ser útil como **fósil indicador,** el fósil debe estar muy diseminado y ser un tipo de organismo que existió brevemente. Se considera muy diseminado si se encuentra en muchas zonas diferentes. Los geólogos buscan fósiles indicadores en las capas de roca. **Los fósiles indicadores son útiles porque señalan la edad relativa de las capas rocosas en donde aparecen.**

Los geólogos utilizan tipos particulares de fósiles indicadores; por ejemplo, ciertos tipos de trilobites, los cuales fueron un grupo de animales de concha dura cuyos cuerpos tenían tres partes distintas. Los trilobites

Figura 12 Los fósiles de trilobites están muy diseminados. Algunos tipos de trilobites sirven como fósiles indicadores.

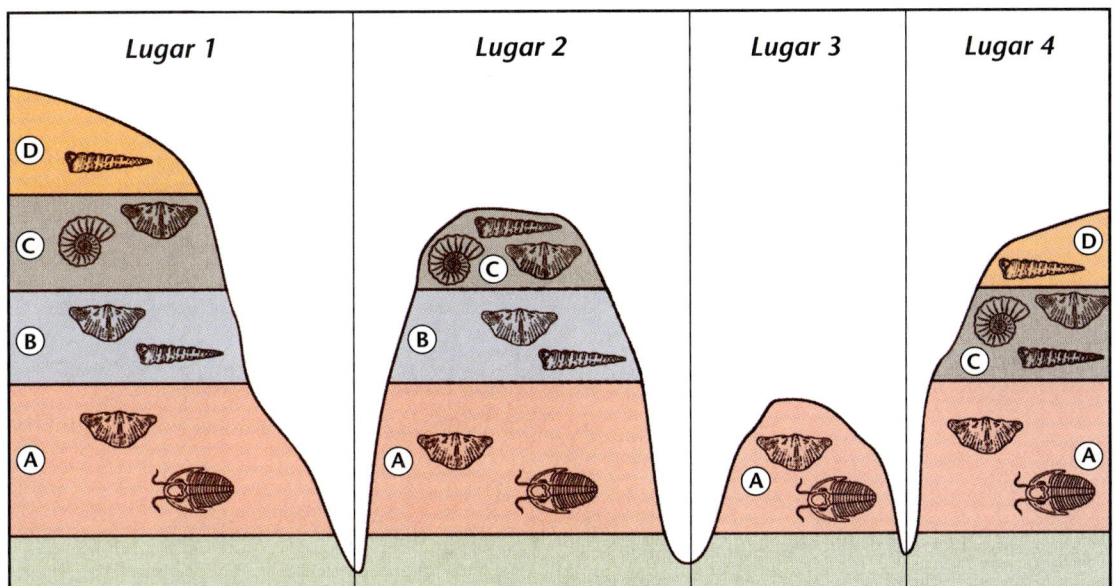

Figura 13 Los científicos usan fósiles indicadores para hacer que correspondan capas de rocas en lugares que pueden estar muy distantes. Los trilobites de la capa A son fósiles indicadores.
Interpretar diagramas ¿Puedes encontrar otro fósil indicador en el diagrama? (*Sugerencia:* Busca un fósil que aparezca en un solo periodo pero en varios lugares distintos.)

evolucionaron en aguas poco profundas, hace más de 500 millones de años. Con el tiempo surgieron muchos tipos distintos de trilobites y se extinguieron hace unos 245 millones de años. Se han hallado fósiles de ellos en muchos lugares distintos

Para servir como fósil indicador, un tipo de trilobite debe ser diferente de otros trilobites. Un ejemplo son los de ojos grandes, los cuales sobrevivieron un tiempo después de que los otros trilobites se extinguieron. Supón que una geóloga encuentra trilobites de ojos grandes en una capa de rocas. La geóloga puede inferir que esas rocas son más recientes que las rocas que contienen trilobites de otro tipo.

Tú puedes usar fósiles indicadores para hacer coincidir capas de roca. Mira la Figura 13, que muestra capas de roca de cuatro lugares diferentes. Fíjate que dos de los fósiles se encuentran sólo en uno de esos estratos. Ésos son los fósiles indicadores.

Repaso de la sección 2

1. ¿Qué es la ley de la superposición?
2. ¿Qué características debe tener un fósil para ser considerado indicador?
3. ¿Qué muestran las discordancias?
4. **Razonamiento crítico Aplicar los conceptos** Los cangrejos herradura son comunes en la costa este de América del Norte. Han vivido con pocos cambios durante unos 200 millones de años. ¿Los cangrejos herradura serían útiles como fósiles indicadores? Explica por qué.

Comprueba tu aprendizaje

PROYECTO DEL CAPÍTULO 4

Localiza los materiales que necesitarás para investigar el periodo geológico que elegiste. Puedes consultar libros de bibliotecas, revistas, enciclopedias y artículos de la Internet. Haz una lista de los materiales que utilizas. Mientras haces tu investigación, ten presentes las ilustraciones y los hechos que necesitarás para la línea cronológica de la clase y el folleto de viajes. Asegúrate de incluir los organismos y el medio ambiente del periodo.

Eres un detective

Hallar pistas en las CAPAS DE ROCA

Las pistas de fósiles dan una buena idea sobre la vida en la Tierra millones o incluso miles de millones de años atrás.

Problema
Interpretar la edad relativa de las capas rocosas con fósiles y formaciones geológicas.

Enfoque en las destrezas
interpretar datos, sacar conclusiones

Procedimiento
1. Estudia las capas de roca de los Sitios 1 y 2. Anota las semejanzas y las diferencias entre las capas de los dos sitios.
2. Haz una lista de los tipos de fósiles en cada capa de roca de los Sitios 1 y 2.

Analizar y concluir

Sitio 1
1. ¿Qué "claves fósiles" en las capas A y B indican la clase de ambiente que había cuando se formaron estas capas? ¿Cómo cambió el ambiente en la capa D?
2. ¿Cuál capa es más antigua? ¿Por qué?
3. ¿Cuál de las capas se formó más recientemente? ¿Cómo lo sabes?
4. ¿Por qué no hay fósiles en las capas C y E?
5. ¿Qué tipos de fósiles aparecen en la capa F?

Sitio 2
6. ¿Qué capa del Sitio 1 se pudo haber formado al mismo tiempo que la capa W en el Sitio 2?
7. ¿Qué claves muestran una discordancia o vacío en las capas horizontales de roca? ¿Qué capas de roca faltan? ¿Qué les pudo haber sucedido a esas capas?
8. ¿Cuál es más antigua, la intrusión V o la capa Y? ¿Cómo lo sabes?
9. **Piensa en esto** Durante tu trabajo como geólogo, encuentras una roca que contiene fósiles. ¿Qué información necesitarías para determinar la edad relativa de esta roca con una de las capas de roca del Sitio 1?

Explorar más
Dibuja un boceto parecido al del Sitio 2 y añade una falla que corte una intrusión. Pídele a un compañero que identifique las edades relativas de la falla, la intrusión y las capas que corta la falla.

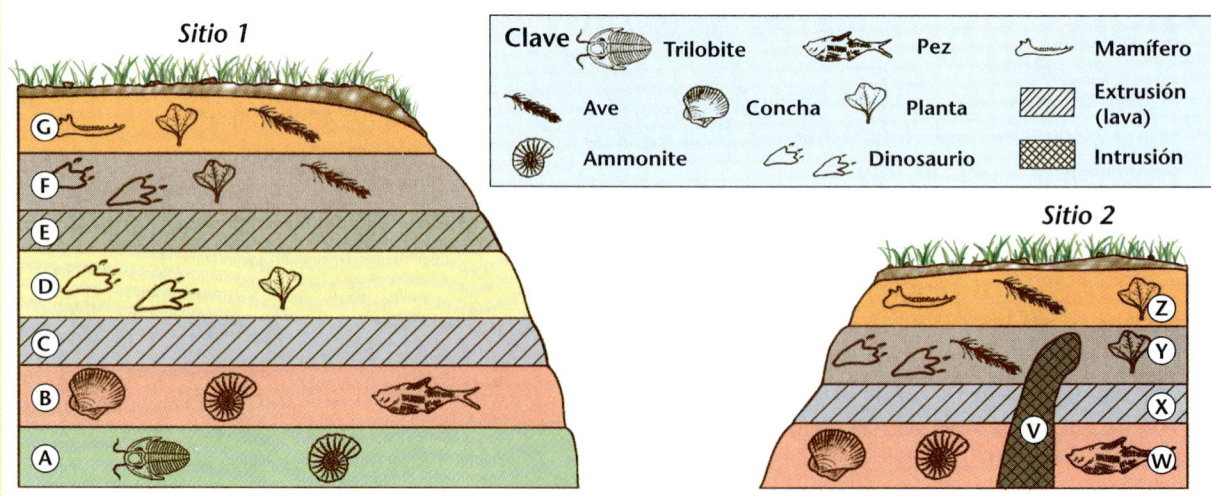

INTEGRAR LA QUÍMICA

SECCIÓN 3 Datación por radiactividad

DESCUBRE ACTIVIDAD

¿Cuánto tardará en desaparecer?

1. Haz un cubo pequeño de plastilina, de unos 5 cm × 5 cm × 5 cm.
2. Con un cuchillo, corta cuidadosamente la plastilina a la mitad. Pon aparte una de las mitades.
3. Corta la plastilina a la mitad otras dos veces. En cada corte, deja aparte una mitad.

Reflexiona sobre
Predecir ¿De qué tamaño sería el trozo de plastilina si repitieras el proceso varias veces más?

En Australia, los científicos han encontrado rocas sedimentarias que contienen algunos de los fósiles más antiguos del mundo: los estromatolitos. Los estromatolitos son los restos de arrecifes formados por organismos parecidos a las bacterias actuales. Estas bacterias crecían juntas en esteras densas en forma de pilas de panqueques. Las esteras formaban arrecifes en las aguas poco profundas cercanas a las costas. Estos arrecifes fueron cubiertos por los sedimentos. Cuando los sedimentos se convirtieron en rocas, ocurrió lo mismo con los arrecifes.

Los paleontólogos han determinado que algunos estromatolitos tienen más de tres mil millones de años. ¿Pero cómo calculan los científicos la edad de los fósiles? Para entender los métodos de datación absoluta, tienes que aprender más sobre la química de las rocas.

GUÍA DE LECTURA

- ¿Qué pasa durante la desintegración radiactiva?
- ¿Qué se puede aprender de la datación radiactiva?
- ¿Cómo determinan los científicos la edad de la Tierra?

Sugerencia de lectura A medida que leas, usa los encabezados para hacer un resumen que muestre qué son los elementos radiactivos y cómo los usan los geólogos para calcular la edad absoluta de las rocas.

Cambios de un elemento a otro

¿Qué tienen en común tú, el aire que respiras, un limón y un charco de agua? Que son tipos de materia. De hecho, todo lo que te rodea es materia. Aunque las clases de materia se ven, se sienten o huelen diferente, toda la materia que ves está compuesta de partículas diminutas llamadas **átomos.** Cuando todos los átomos de un tipo de materia son iguales, esa materia es un **elemento.** El carbono, el oxígeno, el hierro, el plomo y el potasio son sólo algunos de los 109 elementos que se conocen en la actualidad.

Figura 14 Los estromatolitos fueron formados por grupos de organismos unicelulares que vivieron en aguas poco profundas hace más de 3,000 millones de años. En nuestros días viven organismos parecidos en el océano, cerca de Australia.

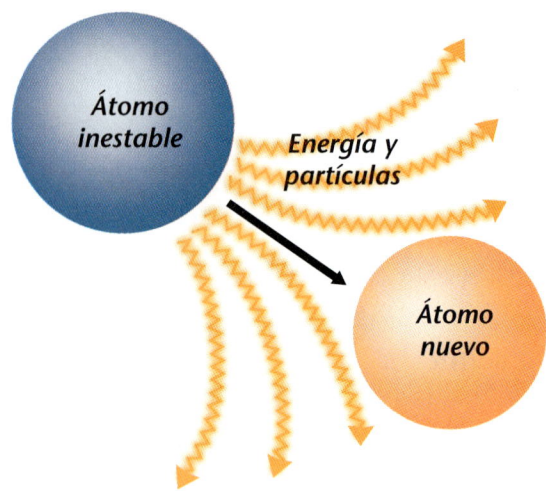

Figura 15 En el proceso de desintegración radiactiva, un átomo libera energía.

La mayoría de los elementos son estables. No cambian bajo condiciones normales. Pero algunos elementos existen en formas inestables. Con el tiempo, estos elementos se descomponen, o desintegran, liberando partículas y energía en un proceso llamado **desintegración radiactiva.** Se dice que estos elementos inestables son radiactivos. **Durante la desintegración radiactiva, los átomos de un elemento se rompen para formar átomos de otro elemento.** Los elementos radiactivos aparecen de manera natural en las rocas ígneas. Los científicos usan la velocidad a que se desintegran estos elementos para calcular la edad de las rocas.

Velocidad de desintegración radiactiva

Tú tienes un cumpleaños, un día a partir del cual calculas tu edad. ¿Cuál es el "cumpleaños" de las rocas? En las rocas ígneas, ese "cumpleaños" es cuando se endurecen para convertirse en rocas (recuerda que las rocas ígneas se forman de magma y lava derretidos). Cuando se desintegra un elemento radiactivo de una roca ígnea, se convierte en otro elemento. Así, la composición de las rocas cambia lentamente con el tiempo. La cantidad del elemento radiactivo disminuye, pero aumenta la cantidad del nuevo elemento.

La velocidad de desintegración de cada elemento radiactivo es constante: nunca cambia. Esta velocidad de desintegración es la vida media del elemento. La **vida media** de un elemento radiactivo es el tiempo que tarda en desintegrarse la mitad de sus átomos radiactivos. En la Figura 16 puedes ver cómo se desintegra un elemento radiactivo.

Figura 16 La vida media de un elemento radiactivo es el tiempo que tarda en desintegrarse la mitad de sus átomos radiactivos.
Calcular Después de tres vidas medias, ¿cuánto queda del elemento radiactivo?

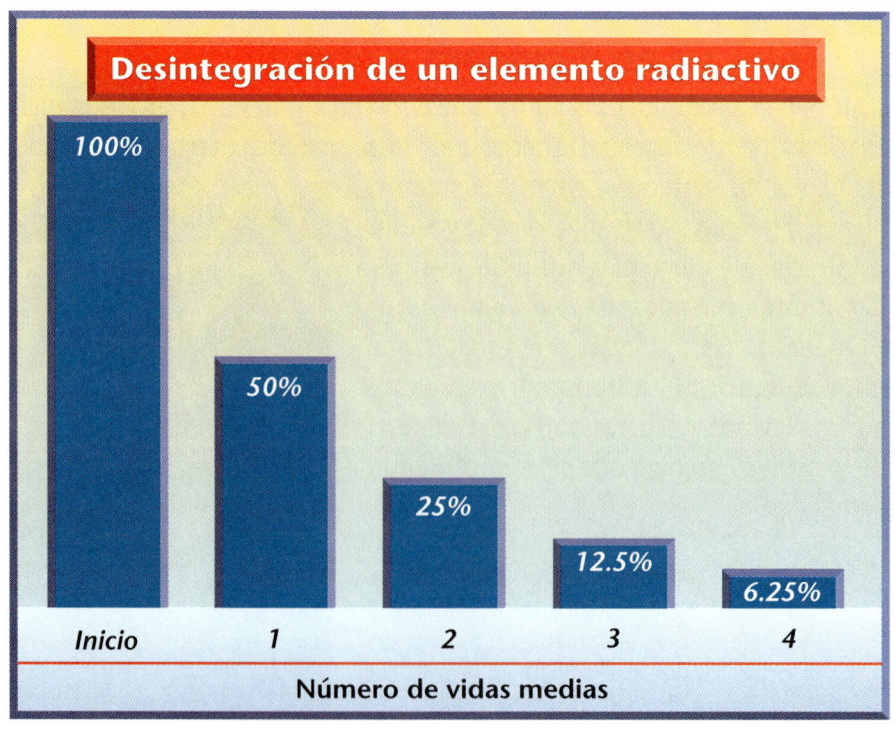

120 ◆ **G**

Elementos usados en datación por radiactividad		
Elemento	**Vida media (años)**	**Margen de datación (años)**
Carbono-14	5,730	500–50,000
Potasio-40	1,300 millones	50,000–4,600 millones
Rubidio-87	47,000 millones	10 millones–4,600 millones
Torio-232	14,100 millones	10 millones–4,600 millones
Uranio-235	713 millones	10 millones–4,600 millones
Uranio-238	4,500 millones	10 millones–4,600 millones

Figura 17 Las vidas medias de los elementos radiactivos varían mucho. Este científico está probando una muestra de materia para determinar la cantidad de carbono-14 que contiene.

Edad absoluta en datación por radiactividad

Los geólogos usan la datación por radiactividad para determinar la edad absoluta de las rocas. En la datación por radiactividad, los científicos determinan primero la cantidad de elemento radiactivo en una roca. Luego, comparan esa cantidad con la cantidad del elemento estable en el que se convierte el elemento radiactivo al desintegrarse. La Figura 17 es una lista de varios elementos radiactivos comunes y su vida media.

Datación con potasio y argón Con frecuencia, los científicos datan las rocas con potasio-40. Esta forma de potasio tiene una vida media de 1,300 millones de años y cuando se descompone forma argón-40 estable. El potasio-40 es útil para datar las rocas más antiguas porque su vida media es larga.

Datación con carbono 14 Una forma radiactiva del carbono es el carbono-14. Todos los vegetales y animales contienen carbono, incluyendo algo de carbono-14. Cuando crecen plantas y animales, se suman a sus tejidos átomos de carbono. Al morir un organismo, deja de añadir átomos de carbono. Pero el carbono-14 de su cuerpo se descompone y se convierte en nitrógeno-14 estable. Para determinar la edad de una muestra, los científicos miden la cantidad de carbono-14 que queda en los restos del organismo. Con esta cantidad pueden determinar su edad absoluta. El carbono-14 ha servido para datar fósiles como mamuts congelados así como trozos de madera y hueso. El carbono-14 ha servido incluso para datar los esqueletos de seres humanos prehistóricos.

El carbono-14 es muy útil para fechar materiales de vegetales y animales que vivieron hasta hace unos 50,000 años. Debido a que el carbono-14 tiene una vida media de apenas 5,730 años, no sirve para fechar fósiles muy antiguos, pues su cantidad de carbono-14 sería muy poca para hacer una medición precisa.

Punto clave ¿Cuáles son los dos tipos de datación por radiactividad?

Mejora tus destrezas

Calcular ACTIVIDAD
Tienes 3 gramos de un elemento radiactivo, potasio-40. Calcula la masa del resto del potasio-40 después de 4 vidas medias. Ahora calcula cuánto tiempo ha pasado. (*Sugerencia:* Una vida media de potasio-40 dura 1,300 millones de años.) ¿Qué pasaría con la cantidad de potasio-40 si continuaras calculando después de varias vidas medias más?

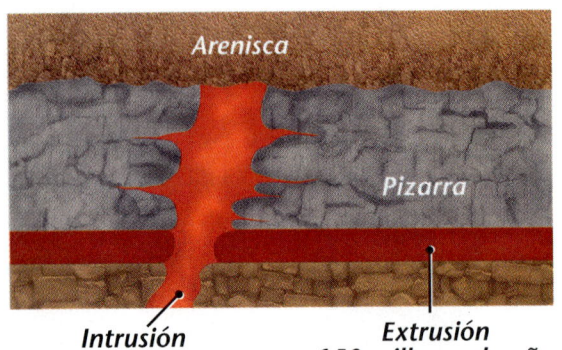

Figura 18 La datación por radiactividad se usó para determinar la edad absoluta de la intrusión y la extrusión en el diagrama. La pizarra permanece sobre la extrusión y es cruzada por la intrusión. Por tanto, la pizarra es más reciente que la extrusión, pero más antigua que la intrusión: entre 150 y 120 millones de años.
Inferir ¿Qué puedes inferir acerca de la edad de la arenisca?

Datación de las capas de roca por radiactividad

En general, la datación por radiactividad no funciona con rocas que no sean ígneas. Como recuerdas, las rocas sedimentarias se forman cuando el agua o el viento depositan sedimentos. Las partículas de las rocas sedimentarias proceden de otras rocas, todas de diferentes edades. La datación por radiactividad daría la edad de las partículas, pero no la edad de la roca sedimentaria.

Entonces, ¿cómo calculan los científicos la edad de las capas de rocas sedimentarias? Primero calculan la edad de las intrusiones y las extrusiones ígneas cercanas a las capas de rocas sedimentarias. Mira la Figura 18. Como puedes ver, la roca sedimentaria sobre la intrusión ígnea debe ser más reciente que la intrusión.

¿Cuál es la edad de la Tierra?

La datación por radiactividad se ha usado para calcular la edad de la Tierra. Las rocas más antiguas encontradas tienen unos 4,000 millones de años. Pero los científicos creen que la Tierra se formó antes. Según una teoría, la Tierra y la Luna tienen más o menos la misma edad. Cuando la Tierra era muy joven, un cuerpo grande chocó con ella. Esta colisión arrojó a la órbita de la Tierra gran cantidad de material de ambos cuerpos. Este material se unió y formó la Luna. Los científicos dataron las rocas que trajeron de la luna los astronautas en la década de 1970. **La datación por radiactividad muestra que las rocas más antiguas de la luna tienen unos 4,600 millones de años. Los científicos infieren que la Tierra es un poco más antigua que esas rocas lunares: unos 4,600 millones de años.**

Repaso de la sección 3

1. Describe el proceso de desintegración radiactiva.
2. ¿Qué es la vida media? ¿Cómo se usa para determinar la edad absoluta de las rocas?
3. ¿Cuándo usan los científicos la datación por radiactividad y la datación relativa para calcular la edad de una roca?
4. ¿Cómo se usaron las piedras lunares para determinar la edad de la Tierra?
5. **Razonamiento crítico   Aplicar los conceptos** ¿Cuáles de los siguientes fósiles pueden ser datados con carbono-14: vaciados y moldes, vestigios fósiles, restos congelados, restos conservados en alquitrán? Explica tu respuesta.

Las ciencias en casa

Saca 10 artículos de un cajón de fruslerías: llaves, monedas, recetas, fotografías y recuerdos. Pide a tus familiares que los ordenen del más antiguo al más nuevo. ¿Qué claves usarías para determinar la edad relativa de cada uno? ¿Recuerdas cuando compraron alguno de los objetos o cuando tomaron una fotografía? ¿Cómo determinarías cuál es el más antiguo? Haz una lista de los 10 artículos ordenados por su edad relativa. ¿Hay algunos de los que conozcas la edad absoluta?

SECCIÓN 4 La escala del tiempo geológico

DESCUBRE ACTIVIDAD

¡Así es tu vida!

1. Haz una lista de unos 10 o 15 acontecimientos importantes de tu vida.
2. En una hoja de papel, dibuja una línea cronológica que represente tu vida. Usa una escala de 3 cm por año.
3. En la línea cronológica, escribe cada suceso en el año correspondiente.
4. Ahora divide la línea cronológica con los principales periodos de tu vida, por ejemplo: los años de preescolar, los de la escuela elemental y los de la escuela media.

Reflexiona sobre

Hacer modelos ¿En qué parte de tu línea cronológica está la mayoría de los sucesos? ¿Qué periodo de tu vida representa esta parte de la línea cronológica? ¿Por qué crees que es así?

Imagina que comprimes los 4,600 millones de años de historia de la Tierra en un día de 24 horas. La Tierra se formó a medianoche. Unas siete horas después, aparecieron los primeros organismos unicelulares. En las siguientes 14 horas, se desarrollaron organismos simples y de cuerpo blando, como las medusas y los gusanos. Un poco después de las 9:00 p.m. —21 horas más tarde— evolucionaron en los océanos organismos más grandes y complejos. Los dinosaurios llegaron justo antes de las 11:00 p.m., pero se extinguieron para las 11:40 p.m. ¡Los seres humanos modernos aparecimos hasta menos de un segundo antes de la media noche!

GUÍA DE LECTURA

◆ ¿Por qué se emplea la escala del tiempo geológico para mostrar la historia de la Tierra?

◆ ¿Cuáles son las unidades de la escala del tiempo geológico?

Sugerencia de lectura A medida que leas, haz una lista de las unidades de la escala del tiempo geológico. Escribe una oración sobre cada una.

La escala del tiempo geológico

Meses, años e incluso siglos no son muy útiles para pensar en la larga historia de la Tierra. **Como el pasado de la Tierra es tan grande, los geólogos emplean la escala del tiempo geológico para mostrar su historia.** La **escala del tiempo geológico** es un registro de las formas de vida y los acontecimientos geológicos de la historia de la Tierra. En la Figura 19 puedes ver la escala.

Para elaborar la escala del tiempo geológico, los científicos estudiaron las capas de roca y fósiles indicadores de todo el mundo. Así, ordenaron las rocas de la Tierra por su edad relativa. Después, mediante la datación por radiactividad determinaron la edad absoluta de las divisiones de la escala del tiempo geológico. Al estudiar el registro de fósiles, descubrieron grandes cambios en las formas de vida de diferentes épocas. Con estos cambios, señalaron dónde comienza y dónde termina una unidad de tiempo geológico. Por tanto, las divisiones de la escala del tiempo geológico se basan en sucesos de la historia de la vida en la Tierra.

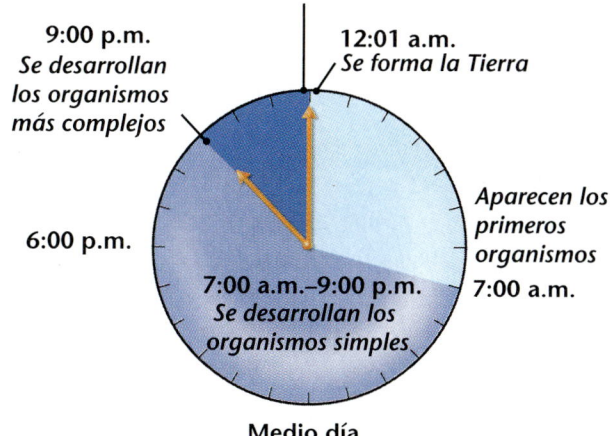

Figura 19 Si el tiempo geológico hubiera pasado en un solo día, toda la historia de la humanidad habría transcurrido en menos del último segundo.

Capítulo 4 **G ◆ 123**

Escala del tiempo geológico

Era	Periodo	Hace millones de años	Duración (millones de años)
Cenozoica	Cuaternario	1.6	1.6 al presente
Cenozoica	Terciario		65
		66.4	
Mesozoica	Cretáceo		78
		144	
Mesozoica	Jurásico		64
		208	
Mesozoica	Triásico		37
		245	
Paleozoica	Pérmico		41
		286	
Paleozoica	Carbonífero		74
		360	
Paleozoica	Devónico		48
		408	
Paleozoica	Silúrico		30
		438	
Paleozoica	Ordovícico		67
		505	
Paleozoica	Cámbrico		39
		544	
Precámbrica		Hace 544 millones de años	Hace 4,600 millones de años

Figura 20 Las eras y los periodos de la escala del tiempo geológico sirven para fechar los acontecimientos de la larga historia de la Tierra. *Interpretar diagramas* ¿Hace cuánto terminó la era Paleozoica?

Divisiones del tiempo geológico

Cuando hablas del pasado, ¿qué nombres les das a los lapsos de tiempo? Seguramente usas nombres como *siglo, década, año, mes, semana* y *día*. Tú sabes que un mes dura más que una semana pero menos que un año. Los científicos hacen divisiones parecidas en la escala del tiempo geológico.

Las eras geológicas comienzan con un largo intervalo llamado era Precámbrica. La era Precámbrica, que cubre el 88 por ciento de la historia de la Tierra, terminó hace 544 millones de años. **Después de la era Precámbrica, las unidades básicas de la escala del tiempo geológico se dividen en eras, periodos y épocas.**

☑ *Punto clave* ¿Qué tanto de la historia de la Tierra comprende el tiempo Precámbrico?

Eras, periodos y épocas

Los geólogos dividen el tiempo entre la era Precámbrica y el presente en tres grandes unidades llamadas **eras**. Paleozoica, Mesozoica y Cenozoica.

Eras La era Paleozoica comenzó hace unos 544 millones de años y duró 300 millones. El prefijo *paleo* significa "antiguo o primitivo" y *zoic* significa "vida". Muchos animales que vivieron en esa era carecían de columna vertebral, es decir, eran **invertebrados**.

La era Mesozoica empezó hace unos 245 millones de años y duró alrededor de 180 millones de años. El prefijo *meso* significa "medio". La gente llama a veces Edad de los Dinosaurios a la era Mesozoica. Sin embargo, los dinosaurios fueron sólo uno de los grupos de organismos que vivieron en esta era. Por ejemplo, los mamíferos comenzaron a evolucionar durante la era Mesozoica.

La era más reciente de la Tierra es la Cenozoica. Comenzó hace unos 65 millones de años y continúa hasta el presente. El prefijo *ceno* significa "reciente". La era Cenozoica se conoce también como la Edad de los Mamíferos, porque éstos se hicieron comunes en este tiempo.

Periodos Las eras se subdividen en otras unidades de la escala del tiempo geológico llamadas **periodos.** La duración de los periodos geológicos va de diez millones a menos de dos millones de años. En la Figura 20 puedes ver que la era Mesozoica comprende tres periodos: el Triásico, el Jurásico y el Cretáceo.

Quizá te preguntes de dónde provienen los nombres de los periodos geológicos. Muchos provienen de los lugares donde los geólogos describieron por primera vez las rocas y los fósiles de ese periodo. Por ejemplo, el nombre Cámbrico se refiere a Cambria, el antiguo nombre romano de Gales. El Jurásico se refiere a los montes Jura, en Francia.

El periodo Carbonífero recibe su nombre por los grandes yacimientos de carbón que se formaron en ese lapso. *Carbonífero* significa "que lleva carbón". Los geólogos de Estados Unidos suelen dividir el Carbonífero en dos periodos: el del Mississippi (320 a 360 millones de años atrás) y el de Pennsylvania (286 a 320 millones de años).

Épocas Los geólogos subdividen los periodos de la era Cenozoica en **épocas.** ¿Por qué se usan épocas en la escala del tiempo geológico? El registro de fósiles de la era Cenozoica es mucho más completo que el registro de fósiles de eras anteriores. Hay muchos más acontecimientos que poner en secuencia y el uso de épocas facilita la tarea.

Figura 21 Las capas de rocas sedimentarias (arriba) se depositaron durante el periodo Ordovícico. El fósil de la planta (abajo) se formó durante el periodo Carbonífero.

Repaso de la sección 4

1. ¿Qué es la escala del tiempo geológico?
2. ¿Qué son los periodos geológicos?
3. ¿Qué método de datación usaron los geólogos cuando elaboraron la escala del tiempo geológico? ¿Cómo ha cambiado esa escala en la actualidad?
4. **Razonamiento crítico Interpretar diagramas** ¿Qué periodo del Paleozoico duró más? Si pudieras retroceder 100 millones de años, ¿en qué periodo estarías? ¿En qué era te encontrarías?

Comprueba tu aprendizaje
Haz una lista de las ilustraciones para la línea cronológica y el folleto de viajes. Antes de hacer las ilustraciones, piensa en cómo se verán y en los materiales que necesitarás para terminarlas. ¿Serán tridimensionales? ¿Las dibujarás en computadora? Comienza a planear cómo las usarás en tu folleto de viajes. El espacio en un folleto es limitado, así que concéntrate en los puntos destacados de tu periodo geológico.

Laboratorio de destrezas

Hacer modelos

Cómo pasa el tiempo

La historia de la Tierra se remonta a 4,600 millones de años. ¿Cómo podemos comprender la vastedad de la escala del tiempo geológico? En este experimento, harás un modelo para representar la historia de la Tierra.

Problema

¿Cómo harías un modelo del tiempo geológico?

Materiales

hojas de trabajo con 2,000 asteriscos
una resma de papel

Procedimiento

Parte 1 Tabla A

1. Copia la Tabla A en tu cuaderno de laboratorio. Calcula cuánto tiempo hace que ocurrieron estos sucesos históricos y anota las respuestas en la tabla.

2. Consigue una hoja de trabajo con 2,000 asteriscos. Cada asterisco representa un año. El primer asterisco representa el año pasado.

3. A partir de este asterisco, encierra en un círculo el asterisco que represente cuántos años hace que ocurrió cada suceso de la Tabla A.

4. Escribe en cada asterisco circulado el suceso.

5. Consigue una resma de papel para copiar. En una resma hay 500 hojas. Si cada hoja tuviera 2,000 asteriscos, habría un total de 1 millón de asteriscos. Por tanto, cada resma representaría un millón de años.

Parte 2 Llenado de la Tabla B

6. Copia en tu cuaderno la Tabla B. Determina cuánto papel en resmas o en hojas necesitarías para representar los sucesos del tiempo geológico de la Tabla B. (*Sugerencia:* Recuerda que cada resma representa 1 millón de años.)

Tabla A Sucesos históricos		
Sucesos históricos	**Fecha**	**Años transcurridos**
Naces tú		
Nace uno de tus padres		
Explota el transbordador espacial *Challenger*	1986	
Neil Armstrong es el primero que camina en la luna	1969	
Termina la Primera Guerra Mundial	1918	
Termina la Guerra Civil	1865	
Se firma la Declaración de Independencia	1776	
Colón atraviesa el Atlántico	1492	
Leif Ericson visita América del Norte	1000	

Tabla B Sucesos geológicos

Sucesos	Años transcurridos	Resmas u hojas de papel	Espesor del papel
Fin de la última era glacial	10,000		
Evolucionan las ballenas	50 millones		
Pangea comienza a dividirse	225 millones		
Aparecen los primeros vertebrados	530 millones		
Aparecen organismos pluricelulares (algas)	1,000 millones		
Primeras formas de vida (bacterias)	3,500 millones		
Se forman las rocas más antiguas conocidas	3,900 millones		
Edad de la Tierra	4,600 millones		

7. Mide el espesor de una resma de papel. Calcula con esta cifra qué tan gruesa debería ser una pila de papel para representar hace cuánto tiempo que ocurrió un suceso geológico. (*Sugerencia:* Multiplica con una calculadora el espesor de una resma por el número de resmas.) Anota tus resultados en la Tabla B.

Analizar y concluir

1. Mide la altura de tu salón de clases. ¿Cuántas resmas de papel necesitarías para llegar al techo? ¿Cuántos años representaría la altura del techo? ¿Qué suceso geológicos de la Tabla B quedarían en una resma de la altura de tu salón?
2. A esta escala, ¿cuántos salones tendrías que apilar uno sobre otro para representar la edad de la Tierra? ¿Y el momento en que aparecieron los vertebrados?
3. ¿Cuántas veces mayor sería el espesor de la pila para la edad de la Tierra que para la división de Pangea?
4. En tu modelo, ¿cómo distinguirías una era o periodo de otro? ¿Cómo mostrarías cuándo evolucionaron ciertos organismos y cuándo se extinguieron?

5. **Piensa en esto** ¿Es práctica la escala de tu modelo? ¿Cuáles serían las ventajas y las desventajas de un modelo que representara el tiempo geológico en una línea cronológica de un metro de largo?

Explorar más

Este modelo representa el tiempo geológico como una línea recta. ¿Se te ocurre otra manera de representar gráficamente el tiempo geológico? Dibuja con lápices de colores tu propia versión de la escala del tiempo geológico que quepa en una sola hoja de papel. (*Sugerencia:* Podrías representar el tiempo geológico como rueda, listón o espiral.)

SECCIÓN 5: Historia de la Tierra

DESCUBRE

¿Qué revelan los fósiles sobre la historia de la Tierra?

1. Compara los fósiles de las fotos A y B. ¿Cómo se convirtieron en fósiles estos organismos?
2. Estudia con uno o dos compañeros los organismos de las fotos. Piensa en cómo habrán vivido. Después, haz unos bocetos que muestren cuál pudo haber sido el aspecto de esos organismos.

Reflexiona sobre

Plantear preguntas Si fueras paleontólogo, ¿qué preguntas te gustaría hacer sobre esos organismos?

GUÍA DE LECTURA

- ¿Cuáles fueron los sucesos principales de la historia geológica de la Tierra?
- ¿Cuáles fueron los sucesos principales en el desarrollo de la vida en la Tierra?

Sugerencia de lectura Da un vistazo a *Explorar la historia geológica,* de las páginas 132 a 135. Haz una lista de las preguntas que tengas sobre la historia de la Tierra. Luego busca las respuestas a medida que leas.

Tú y tus compañeros de la clase de ciencias van a un viaje de campo, pero este viaje no es ordinario. Vas a recorrer miles de millones de años hasta los primeros días de la Tierra. Entonces, avanzarás a través del tiempo hasta el presente. Entra en la máquina del tiempo y ponte el cinturón. Respira profundamente. Despegamos.

Un indicador en el panel de instrumentos señala el número de años antes del presente. Observas el indicador: dice 4,600 millones de años. Te asomas por la ventana mientras la máquina vuela sobre el planeta. La Tierra se ve extraña. ¿Dónde están los océanos? ¿Dónde los continentes? ¿Cómo cambiará la Tierra en los siguientes miles de millones de años? En el transcurso de este viaje extraordinario responderás éstas y otras preguntas sobre la historia de la Tierra.

Tiempo Precámbrico

Tu viaje por la primera parte de la historia de la Tierra tendrá que ser muy rápido. Recuerda que el tiempo Precámbrico abarca la mayor parte de la historia de la Tierra.

La Tierra Precámbrica **La Tierra se formó a partir de una masa de polvo y gases hace unos 4,600 millones de años.** La gravedad reunió esta masa. Con el tiempo, el interior de la Tierra se calentó mucho y se fundió. Pasaron cientos de millones de años. La lava fluyó por la superficie y creó los primeros continentes. Se formó una atmósfera y el mundo fue cubierto por un océano.

Las primeras formas de vida Los científicos no pueden indicar cuándo comenzó la vida en la Tierra. Pero han descubierto fósiles de organismos unicelulares en rocas de hace unos 3,500 millones de años.

Probablemente, estas formas de vida eran parecidas a las bacterias actuales. Las demás formas de vida evolucionaron de estos organismos simples.

Hace alrededor de 2,500 millones de años, los organismos comenzaron a aprovechar la energía del sol para hacer su propio alimento. Este proceso se llama fotosíntesis. Un producto de desecho de la fotosíntesis es el oxígeno. A medida que se desprendía oxígeno en el aire, aumentó lentamente su concentración en la atmósfera. Con el tiempo, evolucionaron organismos que podían usar oxígeno para producir energía a partir de los alimentos. Estos organismos eran animales parecidos a las esponjas y los gusanos actuales. Como todos tenían cuerpos blandos, dejaron pocos fósiles. Sin embargo, la evolución de estos organismos preparó los grandes cambios que ocurrieron durante la era Paleozoica. Tú puedes seguir el desarrollo de la vida en la actividad *Explorar la historia geológica,* de las páginas 132 a 135.

La era Paleozoica

Tu máquina del tiempo va despacio. Observas fascinado la "explosión" de vida que comenzó en la era Paleozoica.

La vida explota Durante el periodo Cámbrico, la vida dio un gran salto hacia adelante. **Al comienzo de la era Paleozoica, evolucionaron muchas clases diferentes de organismos.** Los paleontólogos llaman a este periodo la explosión cámbrica porque aparecieron muchas formas nuevas de vida en un tiempo relativamente corto. Por primera vez, muchos organismos tenían partes duras, como conchas y esqueletos externos.

En esta época, todos los animales vivían en el mar. Invertebrados como medusas, gusanos y esponjas flotaban en el agua, se arrastraban por el fondo arenoso o se aferraban al suelo oceánico. Recuerda que los invertebrados son animales que carecen de columna vertebral.

Figura 22 Durante el comienzo del periodo Cámbrico, los océanos de la Tierra fueron el hogar de muchos organismos extraños que no se parecen a los animales de ahora. El fósil de arriba es un organismo de mediados del periodo Cámbrico llamado *Burgessia bella* encontrado en el esquisto Burgess.

Los braquiópodos y los trilobites fueron comunes en los mares del periodo Cámbrico. Los braquiópodos eran pequeños animales marinos con dos conchas. Se parecían a las almejas modernas. No obstante, su parentesco con las almejas es distante.

Durante los periodos Ordovícico y Silúrico, aparecieron los antepasados de los pulpos y los calamares modernos. Algunos de estos organismos, llamados cefalópodos, crecían hasta casi 10 metros de largo. **Durante este tiempo, evolucionaron los peces agnatos, o sin mandíbulas. Estos peces fueron los primeros vertebrados.** Los **vertebrados** son animales con columna vertebral. Estos peces tenían una boca succionadora y pronto se hicieron comunes en los mares.

La vida llega a la tierra Hasta el periodo Silúrico, en tierra sólo vivían organismos unicelulares, pero durante el periodo Silúrico comenzaron a crecer plantas. Estas primeras plantas simples crecían cerca del suelo en las zonas pantanosas. Pero en el periodo Devónico, evolucionaron plantas que podían crecer en zonas más secas. Entre estas plantas se encontraban los primeros helechos. Los primeros insectos también aparecieron durante el periodo Silúrico.

Figura 23 Uno de los primeros anfibios, *Icthyostega* (centro), tenía aproximadamente 1 metro de largo. Vivió a finales del periodo Devónico. Otro anfibio más parecido a los peces, *Acanthostega* (abajo) vivió más o menos en el mismo tiempo.

En los mares del Devónico vivieron invertebrados y vertebrados. Aunque los invertebrados eran más numerosos, al periodo Devónico se le suele llamar Edad de los Peces. Esto se debe a que en ese tiempo se encontraban en los océanos todos los grupos principales de peces. La mayoría de peces tenían mandíbula, esqueletos óseos y escamas en el cuerpo. A finales del periodo Devónico aparecieron los tiburones.

Durante el periodo Devónico, los animales comenzaron a invadir la tierra. Los primeros vertebrados que se arrastraron por la tierra fueron peces con pulmones que tenían aletas musculares fuertes. Los primeros anfibios evolucionaron de estos peces. Los **anfibios** son animales que viven parte de su vida en tierra y parte en agua. La *Ichthyostega*, que se muestra en la Figura 23, fue uno de los primeros anfibios.

Durante el resto de la era Paleozoica, la vida se extendió por los continentes de la Tierra. Otros grupos de vertebrados evolucionaron de los

anfibios. Por ejemplo, durante el periodo Carbonífero se desarrollaron pequeños reptiles. Los **reptiles** tienen la piel escamosa y ponen huevos con cascarones duros y correosos. Algunos tipos de reptiles crecieron mucho durante el Paleozoico tardío.

Durante el periodo Carbonífero evolucionaron insectos alados de muchas formas, entre ellos libélulas y cucarachas gigantes. Helechos y coníferas enormes formaron vastas arboledas pantanosas llamadas "bosques de carbón". ¿Por qué se llaman así estos bosques? Los restos de los bosques de carbón formaron gruesos depósitos de sedimentos que se convirtieron en carbón al cabo de millones de años.

Figura 24 Los bosques florecieron durante el periodo Carbonífero. Eran comunes insectos como las libélulas. *Predecir ¿Qué tipos de fósiles esperarías encontrar en el periodo Carbonífero?*

Una extinción en masa pone fin a la era Paleozoica
Al final de la era Paleozoica murieron muchas clases de organismos. Fue una **extinción en masa,** en la que muchos tipos de seres vivos se extinguieron al mismo tiempo. **La extinción en masa al final del periodo Paleozoico afectó tanto a vegetales como a animales en tierra y mar. Desapareció alrededor del 95 por ciento de la vida en los océanos. Los científicos no saben qué causó la extinción.** Por ejemplo, los trilobites, que habían existido desde el comienzo del Paleolítico, se extinguieron de pronto. También se extinguieron muchos anfibios. Pero no desaparecieron todos los organismos. La extinción en masa no afectó a los peces y también sobrevivieron muchos reptiles.

Figura 25 El *Dimetrodon*, que vivió durante el periodo Pérmico, fue uno de los primeros reptiles. Este carnívoro medía unos 3.5 metros de largo.

✓ *Punto clave* ¿Cuáles fueron los tres sucesos principales en el desarrollo de la vida durante la era Paleozoica?

Capítulo 4 G ◆ 131

EXPLORAR *la historia geológica*

Con el registro de fósiles, los paleontólogos han creado una imagen de los organismos comunes de cada periodo geológico.

PRECÁMBRICO
Hace 4,600 a 544 millones de años

ERA PALEOZOICA
Hace 544 a 245 millones de años

Periodo

CÁMBRICO
Hace 544 a 505 millones de años

ORDOVÍCICO
Hace 505 a 438 millones de años

SILÚRICO
Hace 438 a 408 millones de años

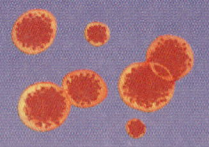
Primeras bacterias

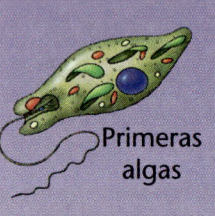
Primeras algas

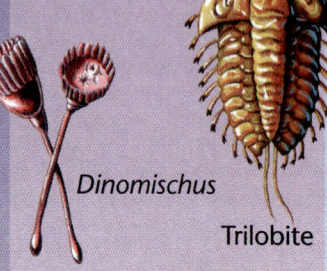
Dinomischus
Trilobite

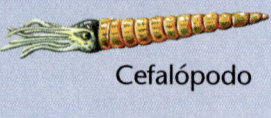
Cefalópodo

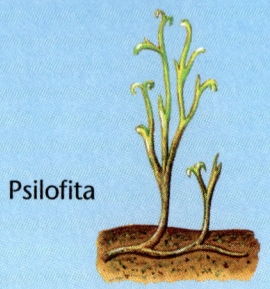
Psilofita

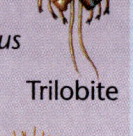
Esponjas

Pez sin mandíbula

Euriptérido

Animal parecido a la medusa

Pikaia

Crinoideo

Arácnido

Almeja

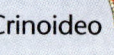
Braquiópodo

Pez con mandíbula

Pluma de mar ediacárea

- La Tierra se formó hace 4,600 millones de años.
- Los océanos se formaron hace unos 4,000 millones de años.
- El oxígeno está presente en la atmósfera desde hace unos 3,500 millones de años.
- Las primeras rocas sedimentarias se formaron hace unos 3,500 millones de años.
- Las bacterias aparecieron hace unos 3,500 millones de años.
- La primera glaciación ocurrió hace unos 2,300 millones de años.
- En el Precámbrico tardío surgieron organismos pluricelulares de cuerpo blando.
- Al final del Precámbrico ocurrió la primera extinción en masa.

- Los antiguos continentes son Laurencia y Báltica cerca del ecuador, y Gondwana cerca del polo sur.
- Mares poco profundos cubren gran parte de la Tierra.
- En los mares ocurre la gran "explosión" de invertebrados.
- Aparecen invertebrados con conchas (trilobites, moluscos y braquiópodos).

- Mares cálidos poco profundos cubren gran parte de la Tierra.
- Una capa de hielo cubre lo que hoy es el norte de África.
- Los invertebrados dominan los océanos.
- Se vuelven comunes los primeros vertebrados: los peces.

- Chocan los continentes Laurencia y Báltica.
- Se desarrollan arrecifes de coral.
- Surgen los peces con mandíbulas.
- Aparecen plantas terrestres.
- Aparecen insectos y arañas.

DEVÓNICO

Hace 408 a 360 millones de años

Tiburón

Pez con pulmones

Pez huesudo

Bosque devónico

- Los mares cubren la actual América del Norte.
- Comienza la Edad de los Peces, abundan tiburones y peces con escamas y esqueletos óseos.
- En los océanos prosperan trilobites, corales y braquiópodos.
- Se desarrollan peces con pulmones.
- Llegan a tierra los primeros anfibios.
- Surgen bosques en zonas pantanosas.

CARBONÍFERO

Hace 360 a 286 millones de años

DEL MISSISSIPPI

(Hace 360 a 320 millones de años)

Cucaracha

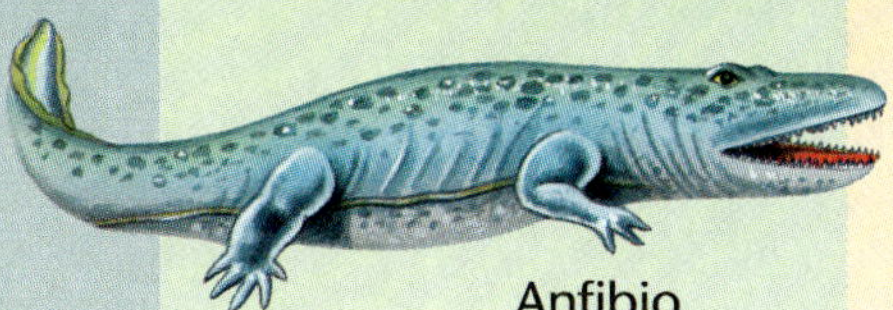

Anfibio

Bosque de carbón

- Comienzan a formarse los montes Apalaches
- América del Norte y el norte de Europa están en una región tropical cálida.
- Las condiciones son frías en lo que hoy es América del Sur y África.

DE PENNSYLVANIA

(Hace 320 a 286 millones de años)

Libélula

- Bosques pantanosos de árboles leñosos cubren el este de América del Norte y partes de Europa.
- Aparecen los primeros reptiles verdaderos.
- Los insectos se vuelven abundantes.
- Surgen insectos alados.

PÉRMICO

Hace 286 a 245 millones de años

Conífera

Dicynodon

Dimetrodon

- Se unen todos los continentes y forman el supercontinente Pangea.
- En las regiones tropicales crecen los desiertos.
- La tierra que más tarde será los actuales continentes del sur está en una glaciación.
- Los reptiles dominan la tierra.
- Aparecen reptiles de sangre caliente.
- Una extinción en masa hace desaparecer muchos invertebrados marinos, entre ellos los trilobites.

Capítulo 4

ERA MESOZOICA
Hace 245 a 65 millones de años

Periodo TRIÁSICO

Hace 245 a 208 millones de años

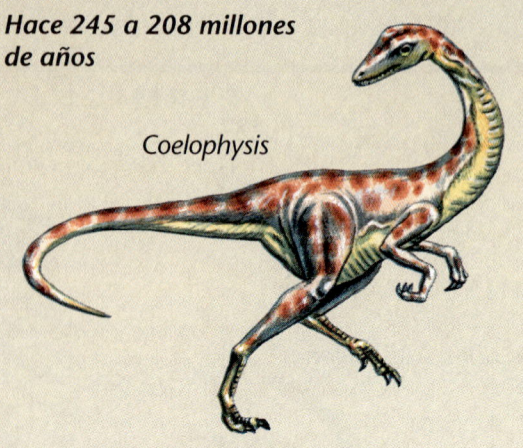
Coelophysis

JURÁSICO

Hace 208 a 144 millones de años

Stegosaurus

Megazostrodon

Archaeopteryx

Morganucodon

Cicadácea

Diplodocus

- Pangea se mantiene unido durante gran parte del Triásico.
- Condiciones secas y cálidas privan en el centro de Pangea.
- Comienza la Edad de los Reptiles.
- Aparecen los primeros dinosaurios.
- Aparecen los primeros mamíferos, que evolucionan de los reptiles de sangre caliente.
- Aparecen los primeros cocodrilos y tortugas.
- En los bosques dominan coníferas, ginkgos y árboles parecidos a las palmeras.

- Pangea se parte cuando América del Norte se separa de África y América del Sur.
- El nivel de los mares asciende en muchas partes del mundo.
- Prosperan los dinosaurios más grandes, entre ellos el *Stegosaurus,* el *Diplodocus* y el *Apatosaurus.*
- Aparecen las primeras aves.
- Aparecen los primeros reptiles voladores, los pterosauros.

ERA CENOZOICA
Hace 65 millones de años hasta el presente

CRETÁCEO
Hace 144 a 65 millones de años

Magnolia

Tyrannosaurus rex

Creodontes

Triceratops

- Los continentes se mueven hacia sus posiciones actuales; América del Sur se separa de África.
- Ocurre una actividad volcánica generalizada.
- Aparecen las primeras plantas con flores.
- Dominan los dinosaurios, entre ellos el *Tyrannosaurus rex*.
- Aparecen las primeras serpientes.
- Al final, una extinción en masa causa la desaparición de muchas formas de vida terrestre y marina, incluyendo los dinosaurios.

TERCIARIO
Hace 65 a 1.6 millones de años

Uintatherium

Hyracotherium

Plesiadapis

- Surgen las Montañas Rocallosas, los Alpes, los Andes y los Himalaya.
- Los continentes se mueven a sus posiciones actuales.
- Hace unos 25 millones de años, un glaciar continental cubrió la Antártida.
- Prosperan las plantas con flores.
- Aparecen las primeras hierbas.
- Inicia la Edad de los Mamíferos.
- Aparecen grupos modernos, como caballos, elefantes, osos, roedores y primates.
- Los mamíferos vuelven al mar en la forma de ballenas y delfines.
- Evolucionan los antepasados de los seres humanos.
- Hace 2.5 millones de años, glaciares continentales cubren repetidamente parte de América del Norte.

CUATERNARIO
Hace 1.6 millones de años al presente

Tigre dientes de sable

Megatherium

Homo sapiens

- Avanzan y retroceden glaciares gruesos en gran parte de América del Norte y Europa, en partes de América del Sur y Asia y en toda la Antártida.
- Se forman los Grandes Lagos.
- En las partes de América del Norte y Europa, que no cubre el hielo, crecen mamíferos gigantes. Pero se extinguen cuando termina la glaciación, hace 10,000 años.
- Mamíferos, plantas con flores e insectos dominan la tierra.
- Los seres humanos modernos evolucionan en África hace unos 100,000 años.

Hace 260 millones de años

Figura 26 El supercontinente Pangea comenzó a separarse hace unos 225 millones de años.
Observar ¿Cómo se han movido América del Norte y América del Sur en relación con África y Europa?

Presente

INTÉNTALO

La vida y las épocas

ACTIVIDAD

1. Pon estos sucesos en su orden relativo: retroceden los glaciares continentales; aparecen los primeros peces; se forman los fósiles más antiguos; aparecen los antepasados de los seres humanos; ocurre la "explosión" de los invertebrados; extinción de dinosaurios; se forma Pangea.

2. Dibuja una línea cronológica y grafica estos datos:

    hace 3,500 millones de años
    hace 544 millones de años
    hace 400 millones de años
    hace 260 millones de años
    hace 65 millones de años
    hace 3.5 millones de años
    hace 10,000 años

    Escoge una escala para que la fecha más antigua quepa en el papel.

Interpretar datos Relaciona cada suceso con la fecha correcta. ¿Cómo compararías el tiempo desde que se extinguieron los dinosaurios con el tiempo desde que se formó el fósil más antiguo.

El supercontinente Pangea

Los científicos no están seguros de qué causó la extinción en masa al final del Paleozoico. Una teoría es que el clima de la Tierra cambió. ¿Pero qué causó este cambio del clima? Los científicos suponen que tal vez se debió al lento movimiento de los continentes.

Durante el periodo Pérmico, hace unos 260 millones de años, los continentes de la Tierra se unieron y formaron una gran masa terrestre, o supercontinente, llamado Pangea. La formación de Pangea hizo que los desiertos se extendieran en los trópicos. Al mismo tiempo, la tierra fue cubierta por capas de hielo cerca del polo sur. Muchos organismos no sobrevivieron al clima nuevo. Después de haberse formado, Pangea se volvió a separar. La Figura 26 muestra cómo se movieron los continentes hacia sus posiciones actuales. Se desplazaron muy lentamente, apenas unos centímetros al año.

Al movimiento de los continentes se le llama deriva continental. Pero en realidad los continentes no "derivan". Los continentes se mueven lentamente sobre la superficie terrestre impulsados por las fuerzas del interior de la Tierra.

✓ *Punto clave* ¿Qué era Pangea?

Era Mesozoica

Pasan rápidamente millones de años. Tu máquina del tiempo cruza sobre Pangea y las masas terrestres que se formaron cuando ésta se separó. ¡Mira, es un dinosaurio! Observas una era de la que has leído en libros y que has visto en películas.

Periodo Triásico Algunos seres vivos sobrevivieron a la extinción en masa del Pérmico. Estos organismos se convirtieron en las principales formas de vida al comienzo del periodo Triásico. Entre las plantas y animales que sobrevivieron se cuentan peces, insectos, reptiles y coníferas. **Los reptiles tuvieron tanto éxito durante la era Mesozoica que a menudo también se le llama edad de los Reptiles.**

Los primeros dinosaurios aparecieron hace unos 225 millones de años. Uno de los primeros fue el *Coelophysis,* un carnívoro de huesos ligeros y huecos que corría velozmente sobre sus patas traseras. Medía unos 2.5 metros de largo.

Los mamíferos también aparecieron durante el periodo Triásico. Los **mamíferos** son vertebrados de sangre caliente que amamantan a sus crías. Probablemente, los mamíferos evolucionaron de reptiles de sangre caliente. Los mamíferos del periodo Triásico eran muy pequeños, más o menos del tamaño de un ratón o una musaraña. De estos mamíferos pequeños evolucionaron todos los mamíferos que existen en la actualidad.

Periodo Jurásico Durante el periodo Jurásico, los dinosaurios se convirtieron en los animales dominantes. Los científicos han investigado varios cientos de diferentes tipos de dinosaurios. Algunos eran herbívoros y otros carnívoros. Los dinosaurios "gobernaron" la Tierra durante unos 150 millones de años, pero los diferentes tipos vivieron en épocas distintas. El *Dicraeosaurus,* de 20 metros de largo, era uno de los dinosaurios más grandes del periodo Jurásico. El dinosaurio más pequeño que se conoce, el *Compsognathus,* medía unos 50 centímetros de largo en la edad adulta.

Figura 27 El *Dicraeosaurus* era un dinosaurio carnívoro que vivió a finales del periodo Jurásico.

Figura 28 A partir de un fósil (arriba a la derecha), los paleontólogos pueden decir que el *Archaeopteryx* medía unos 30 centímetros de largo, tenía plumas, dientes y garras en las alas. El artista de la ilustración (arriba) le puso al *Archaeopteryx* plumas multicolores.

Durante el periodo Jurásico apareció una de las primeras aves, llamada *Archaeopteryx*, El nombre *Archaeopteryx* significa "ser volador antiguo". Muchos paleontólogos piensan ahora que las aves evolucionaron de los dinosaurios. En la década de 1990, los científicos descubrieron en China fósiles con cráneo y dientes de dinosaurio. Pero estas criaturas tenían cuerpo y plumas similares a las de ave.

Periodo Cretáceo Los reptiles continuaron dominando durante el periodo Cretáceo. Los dinosaurios, como el carnívoro *Tyrannosaurus rex*, gobernaban la tierra. Pero los mamíferos continuaban evolucionando. Los reptiles voladores y las aves competían por el espacio en el cielo. Los huesos huecos de las aves y sus plumas las hicieron adaptarse mejor a su ambiente que los reptiles voladores, estos se extinguieron durante el periodo Cretáceo. En los mares, reptiles como las tortugas y los cocodrilos nadaban entre peces e invertebrados marinos.

El periodo Cretáceo también trajo nuevas formas de vida. Las plantas con flores evolucionaron. Éstas comprendían árboles frondosos, arbustos y plantas pequeñas con flores como las que ves ahora. A diferencia de las coníferas, las plantas con flores producen semillas dentro de un fruto. El fruto sirve para que las semillas sobrevivan.

Otra extinción en masa **INTEGRAR LAS CIENCIAS DEL ESPACIO** Al culminar el periodo Cretáceo, hace unos 65 millones de años, sucedió otra extinción en masa. Los científicos suponen que esta extinción ocurrió cuando un cuerpo proveniente del espacio golpeó la Tierra. Este cuerpo fue probablemente un asteroide. Los asteroides son masas rocosas que giran alrededor del Sol entre Marte y Júpiter. En raras ocasiones, las órbitas de los asteroides se acercan peligrosamente a la Tierra. Un impacto puede ocurrir una vez cada muchos millones de años.

Cuando el asteroide golpeó la Tierra, el impacto arrojó a la atmósfera enormes cantidades de polvo y vapor de agua. Muchos organismos terrestres y marinos murieron inmediatamente. Durante años, el polvo y las nubes espesas impidieron el paso de la luz del Sol en todo el mundo. Sin luz solar, murieron las plantas, y los animales herbívoros perecieron de hambre. Esta extinción en masa acabó con más de la mitad de todos los grupos vegetales y animales. Ningún dinosaurio sobrevivió y también se extinguieron muchas otras clases de reptiles.

No todos los científicos están de acuerdo en que el impacto de un asteroide causara la extinción en masa. Algunos piensan que fue causada por cambios climáticos que hicieron aumentar la actividad volcánica.

✓ *Punto clave* ¿Cuáles son los principales grupos de organismos que se desarrollaron durante la era Mesozoica?

Era Cenozoica

Tu viaje a través del tiempo continúa por la era Cenozoica hasta el presente. Los paleontólogos suelen llamar a la era Cenozoica la Edad de los Mamíferos. En la era Mesozoica, los mamíferos tuvieron dificultades para competir con los dinosaurios por alimentos y lugares donde vivir. **La extinción de los dinosaurios trajo una oportunidad para los mamíferos. Durante la era Cenozoica, los mamíferos evolucionaron y generaron adaptaciones que les permitieron vivir en ambientes distintos: en la tierra, en el agua e incluso en el aire.**

Periodo Terciario Durante el periodo Terciario, los climas de la Tierra eran en general cálidos y suaves. En los océanos, aparecieron muchos tipos de moluscos. Evolucionaron mamíferos marinos, como las ballenas y los delfines. En la tierra, prosperaron las plantas con flores, los insectos y los mamíferos. Cuando las hierbas evolucionaron, proporcionaron una fuente de alimento para los mamíferos rozadores. Estos fueron los antepasados de ciervos, ovejas y otros mamíferos herbívoros actuales. Algunos mamíferos crecieron mucho, lo mismo que algunas aves.

Figura 29 Los científicos suponen que durante el Cretáceo un asteroide golpeó la Tierra cerca de lo que hoy es la península de Yucatán, en el sureste de México. *Relacionar causa y efecto* ¿Cómo afectó el impacto del asteroide la vida en la Tierra?

Figura 30 Este mamífero extinto estaba emparentado con los caballos actuales. El fósil se formó durante el periodo Terciario, entre 36 y 57 millones de años atrás.

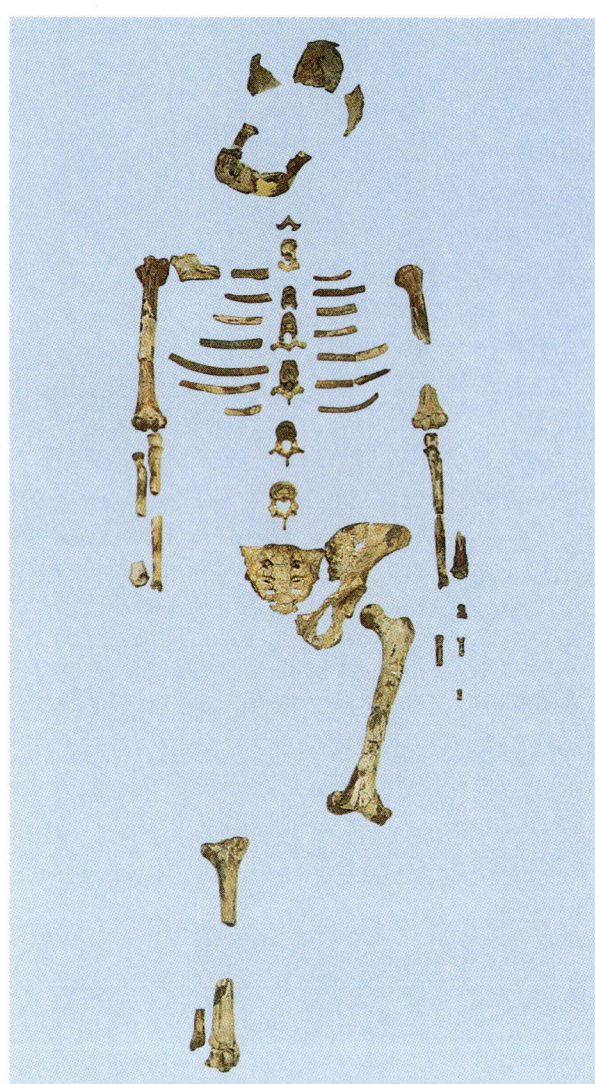

Figura 31 Los científicos llamaron Lucy a este esqueleto fósil. Vivió hace 3.3 millones de años y es una antepasada de los seres humanos modernos.

Periodo Cuaternario Los mamíferos que evolucionaron durante el periodo Terciario enfrentaron un cambio de ambiente en el periodo Cuaternario. **El clima de la Tierra se enfrió y causó una serie de glaciaciones durante el periodo Cuaternario.** Varias veces, gigantescos glaciares continentales avanzaron y retrocedieron sobre partes de Europa y América del Norte.

Había tanta agua congelada en los glaciares continentales, que el nivel de los océanos de la Tierra descendió más de 100 metros. Entonces, hace unos 20,000 años, el clima comenzó a calentarse. Durante miles de años, los glaciares continentales se derritieron. Esto hizo que el nivel del mar se elevara de nuevo.

En los océanos, prosperaron algas, corales, moluscos, peces y mamíferos. Los insectos y las aves compartían el cielo. En la tierra, las plantas con flores y mamíferos como los murciélagos, los gatos, los perros, el ganado y los seres humanos —por sólo mencionar algunos— se hicieron comunes.

El registro de fósiles indica que los antepasados de los seres humanos aparecieron hace unos 3.5 millones de años. Los seres humanos modernos, u *Homo sapiens,* evolucionaron hace quizá 100,000 años. Hace unos 12,000 a 15,000 años, los seres humanos ya habían emigrado a todos los continentes del mundo, excepto a la Antártida.

Tu máquina del tiempo ha regresado al presente. Tú y todos los organismos de la Tierra viven en el periodo Cuaternario de la era Cenozoica. ¿Es el final de la evolución y de los cambios en la superficie terrestre? No, estos procesos continuarán mientras exista la Tierra. Pero, ¡tendrás que llevar tu máquina del tiempo al futuro para ver qué pasa!

Repaso de la sección 5

1. ¿Qué es la "explosión cámbrica"? ¿Por qué es importante la historia de la vida en la Tierra?
2. ¿Qué era Pangea? ¿Cuándo se formó?
3. ¿Cómo influyó la extinción de los dinosaurios en la evolución de los mamíferos?
4. ¿Cuál piensan los científicos que fue el origen del oxígeno de la atmósfera terrestre?
5. **Razonamiento crítico Hacer generalizaciones** ¿Cómo crees que afectaron la evolución las extinciones en masa?

Comprueba tu aprendizaje

PROYECTO DEL CAPÍTULO 4

Ilustra tu parte de la línea cronológica. ¿Qué animales, vegetales y ambientes de esa época mostrarás? Coloca tus ilustraciones en la línea cronológica. Luego haz un boceto de tu folleto de viajes. Pide a tu maestro que corrija tu boceto antes de que redactes la versión final. ¿La información sobre tu periodo geológico hará que el lector quiera viajar allá?

GUÍA DE ESTUDIO

SECCIÓN 1 — Fósiles

Ideas clave
- La mayoría de fósiles se forma cuando al morir los seres vivos son cubiertos rápidamente por los sedimentos. Estos sedimentos se endurecen y conservan partes de los organismos.
- Los tipos principales de fósiles son los restos petrificados, los moldes, los vaciados, las películas de carbono, los vestigios fósiles y los restos conservados.
- El registro de fósiles muestra que en diferentes épocas han vivido en la Tierra muchos organismos distintos y que los grupos de organismos han cambiado con el tiempo.

Términos clave
fósil
paleontólogo
roca sedimentaria
fósil petrificado
molde
vaciado
película de carbono
vestigio fósil
teoría científica
evolución
extinto

SECCIÓN 2 — Cálculo de la edad relativa de las rocas

Ideas clave
- La ley de la superposición se puede aplicar para determinar la edad relativa de las capas de roca.
- Los científicos también estudian las fallas, las intrusiones y las extrusiones para averiguar la edad relativa de las capas de roca.
- Los fósiles indicadores son útiles para fechar las capas de roca porque se reconocen con facilidad, existen en muchas zonas y representan organismos que vivieron durante un breve lapso en la historia de la Tierra.

Términos clave
edad relativa
edad absoluta
ley de la superposición
discordancia
falla
intrusión
extrusión
fósil indicador

SECCIÓN 3 — Datación por radiactividad
INTEGRAR LA QUÍMICA

Ideas clave
- Durante la desintegración radiactiva, los átomos de un elemento se convierten en los átomos de otro.
- Los científicos usan la datación por radiactividad para determinar la edad absoluta de las rocas.

Términos clave
átomo   desintegración radiactiva
elemento vida media

SECCIÓN 4 — La escala del tiempo geológico

Ideas clave
- Los científicos usan la escala del tiempo geológico porque la duración de la historia de la Tierra es inmensa.
- Las divisiones básicas de la escala del tiempo geológico son: eras, periodos y épocas.

Términos clave
escala del tiempo geológico   invertebrado   época
era   periodo

SECCIÓN 5 — Historia de la Tierra

Ideas clave
- Un gran número de diferentes clases de seres vivos evolucionaron durante la "explosión cámbrica" en los comienzos de la era Paleozoica.
- Durante el periodo Pérmico, los continentes de la Tierra se unieron y formaron el supercontinente llamado Pangea.
- La extinción de los dinosaurios al final de la era Mesozoica fue una apertura para los mamíferos, que evolucionaron para vivir en la mayor parte de los ambientes de la tierra, el agua y el aire.

Términos clave
vertebrado   reptil   mamífero
anfibio   extinción en masa

USAR LA INTERNET — ACTIVIDAD
www.science-explorer.phschool.com

Capítulo 4 G ◆ 141

CAPÍTULO 4 REPASO

CAPÍTULO 4 REPASO

Repaso del contenido

Para repasar los conceptos clave, consulta el Interactive Student Tutorial CD-ROM.

Opción múltiple

Elige la letra que complete mejor cada enunciado.

1. Una zona hueca en los sedimentos con la forma de un organismo o de parte de él se denomina
   a. molde.
   b. vaciado.
   c. resto fósil.
   d. película de carbono.

2. Un vacío en el registro geológico, cuando las rocas sedimentarias cubren una superficie de erosión se llama
   a. intrusión.
   b. discrepancia.
   c. falla.
   d. extrusión.

3. Cuando un elemento radiactivo se desintegra, libera
   a. átomos.
   b. potasio-40.
   c. partículas y energía.
   d. carbono-14.

4. Las eras del tiempo geológico se subdividen en
   a. épocas.
   b. siglos.
   c. décadas.
   d. periodos.

5. ¿Cómo se llaman los animales que no tienen columna vertebral?
   a. vertebrados.
   b. mamíferos.
   c. invertebrados.
   d. anfibios.

Falso o verdadero

Si el enunciado es verdadero, escribe verdadero. Si es falso, cambia la palabra o palabras subrayadas para hacer verdadero el enunciado.

6. Las huellas en roca de las pisadas de un dinosaurio son un ejemplo de <u>restos fósiles</u>.
7. La <u>película de carbono</u> es un fósil en el que los minerales han remplazado todo o parte de un organismo.
8. La <u>edad relativa</u> de algo es el número exacto de años desde que ocurrió un suceso.
9. Un <u>periodo</u> es el tiempo requerido para que la mitad de los átomos de un elemento radiactivo se desintegre.
10. A la <u>era Paleozoica</u> se le denomina con frecuencia Edad de los Reptiles.

Revisar los conceptos

11. ¿Cómo se forman los fósiles petrificados?
12. ¿Qué organismo tienen más probabilidades de dejar un fósil: una medusa o un pez huesudo? Explica.
13. Describe un proceso que podría causar una discordancia.
14. ¿Con qué pruebas determinaría un científico la edad absoluta de un fósil hallado en una roca sedimentaria?
15. ¿Qué era es llamada Edad de los Mamíferos? ¿Por qué es un nombre apropiado?
16. **Escribir para aprender** Imagina que tu máquina del tiempo se detiene justo cuando ocurre un gran suceso al final de la era Mesozoica. Describe lo que ves y luego explica cómo afecta a la vida que vemos en la Tierra.

Razonamiento gráfico

17. **Red de conceptos** En una hoja de papel, copia la red de conceptos acerca de los fósiles. Después complétala y ponle un título. (Para más información sobre las redes de conceptos, consulta el Manual de destrezas.)

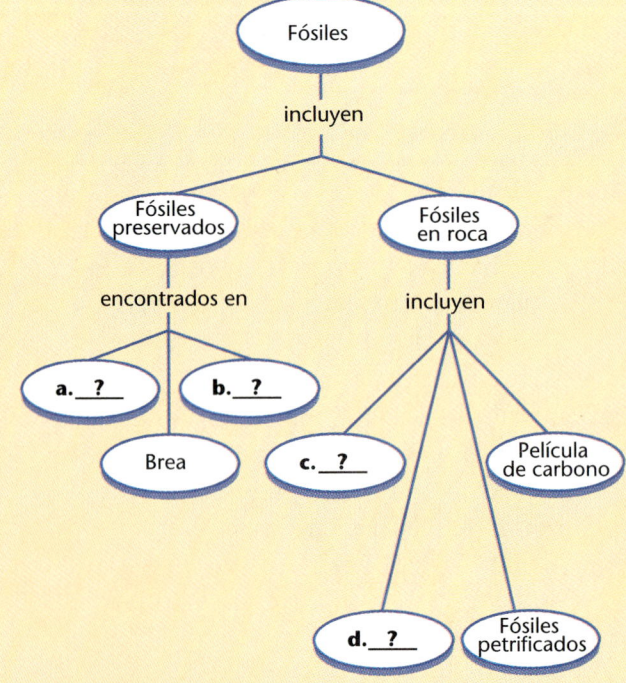

Aplicar las destrezas

Usa el siguiente diagrama de las capas de rocas para responder las Preguntas 18–21.

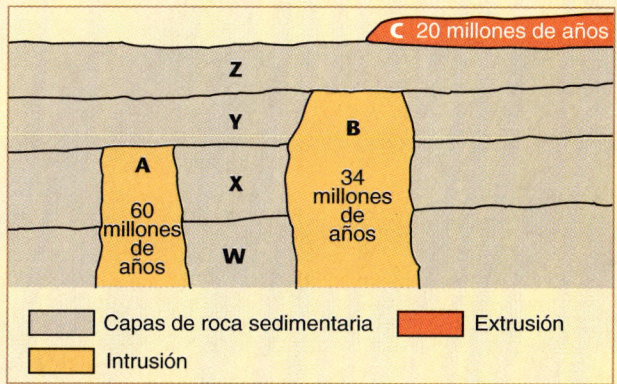

18. Inferir ¿Cuál es la capa de roca sedimentaria más antigua? ¿Cuál es la más reciente? ¿Cómo lo sabes?

19. Medir ¿Qué método usaría un científico para determinar la edad de una intrusión y de una extrusión?

20. Interpretar datos ¿Cuál es la edad relativa de la capa Y? (*Sugerencia:* ¿Con qué edad absoluta podrías compararla?

21. Interpretar datos ¿Cuál es la edad relativa de la capa Z?

Razonamiento crítico

22. Aplicar los conceptos Supón que los paleontólogos encontraron cierta clase de trilobite en una capa de roca en la cumbre de una colina en América del Sur. Luego descubrieron la misma clase de trilobite en una capa de roca en el fondo de un acantilado en África. ¿Cuál sería la conclusión de los paleontólogos sobre las dos capas de roca?

23. Formular juicios Si ves una película en la que seres humanos primitivos luchan con dinosaurios gigantes, ¿cómo juzgarías la exactitud científica de la película? Da las razones de tu juicio.

24. Relacionar causa y efecto Cuando se formó Pangea, el clima cambió y la tierra se volvió más seca. ¿Por qué crees que este cambio favoreció más a los reptiles que a los anfibios?

25. Resolver problemas El carbono-14 tiene una vida media de 5,730 años, y la vida media del uranio-235 es de 713 millones de años. ¿Cuál sería mejor para datar un fósil del Precámbrico? Explica.

Evaluación del rendimiento

Para terminar

Presenta tu proyecto Has terminado tus ilustraciones para la línea cronológica y el folleto de viajes. Ahora estás listo para presentar la historia del periodo geológico que investigaste. Incluye las cosas maravillosas y asombrosas que verán los que viajen a este periodo. No olvides advertirles de los peligros que los esperan.

Reflexiona y anota En tu diario, reflexiona sobre lo que aprendiste acerca de la historia de la Tierra. ¿Cuáles fueron las cosas más interesantes que descubriste? Si pudieras viajar al pasado, ¿hasta donde te remontarías?

Participa

En tu comunidad Aporta en clase ideas sobre los lugares de tu comunidad donde se podrían encontrar fósiles. Es posible encontrarlos en las rocas sedimentarias expuestas a la superficie o en la arenisca y la caliza usadas en las construcciones. Visita en compañía de un adulto uno de esos lugares. Haz un boceto o fotografía de cualquier fósil que encuentres. ¿Qué tipo de organismo representa el fósil? ¿Cómo se formó? Haz un exhibidor para mostrar el fósil que encontraste y tus conclusiones acerca de él.

EXPLORACIÓN INTERDISCIPLINARIA

El regalo del Nilo

¿Qué agua:

Tierras fértiles y exuberantes a lo largo del Nilo contrastan con el desierto abrasador que se encuentra más allá.

- fluye de sur a norte?
- recorre un desierto abrasador en la mayor parte de su longitud?
- nutrió a una notable cultura antigua que perduró 3,000 años?
- es el río más largo del mundo?

Es el río Nilo, que da vida al desierto de Egipto.

Hace más de 5,000 años, los habitantes del valle del Nilo comenzaron a plantar semillas y levantar cosechas. La gran civilización de Egipto se levantó en esas tierras fértiles. El Nilo abastecía agua para beber, cultivar los campos, criar animales y pescar. Cada año, cuando el río se desbordaba, traía una nueva capa de suelo rico a la llanura aluvial.

Esta productiva franja de tierra fue la envidia de muchas naciones. Por fortuna, los desiertos al este y el oeste del río protegieron al antiguo Egipto de los invasores. El río ofrecía una ruta para el comercio desde África central, corriente abajo, hasta el Mediterráneo. Alrededor del año 600 a.C., Egipto cavó un canal hacia el Mar Rojo para ampliar su comercio.

Durante los meses de desbordamiento del Nilo, los campesinos trabajaban como albañiles del faraón, o rey. Construyeron magníficas pirámides y templos, algunos de los cuales aún permanecen erguidos en el desierto.

Lirios acuáticos azules crecen en el Nilo.

Recurso vital de Egipto

La riqueza del antiguo Egipto y la vida de sus habitantes dependía de las fértiles llanuras aluviales que bordean el río Nilo. La sociedad egipcia estaba organizada en clases para sostener la agricultura. El faraón era el gobernante supremo a quien todos los egipcios pagaban impuestos. Detrás del faraón había una pequeña clase alta formada por sacerdotes, escribas y nobles. Los comerciantes y los trabajadores fabricantes de herramientas, cerámica y ropa, formaban una pequeña clase media. Pero el mayor grupo de la sociedad egipcia lo formaban los campesinos. Estos usaban las aguas del Nilo para cultivar los granos que alimentaban a todo el país.

Los sacerdotes y los nobles grababan la historia y la literatura del antiguo Egipto en los muros de templos y monumentos. También escribían en papiro, un papel hecho de los papiros que crecían en las ciénagas a lo largo del Nilo. Muchos de los textos trataban del Nilo.

Cuando los estudiosos descifraron los jeroglíficos, escritura egipcia, descubrieron himnos, poemas, leyendas, cuentos de aventuras y lecciones para los jóvenes. El poema de la derecha proviene de un himno a Apis, el dios del Nilo. "Oscuridad por día" es el Nilo lleno de cieno.

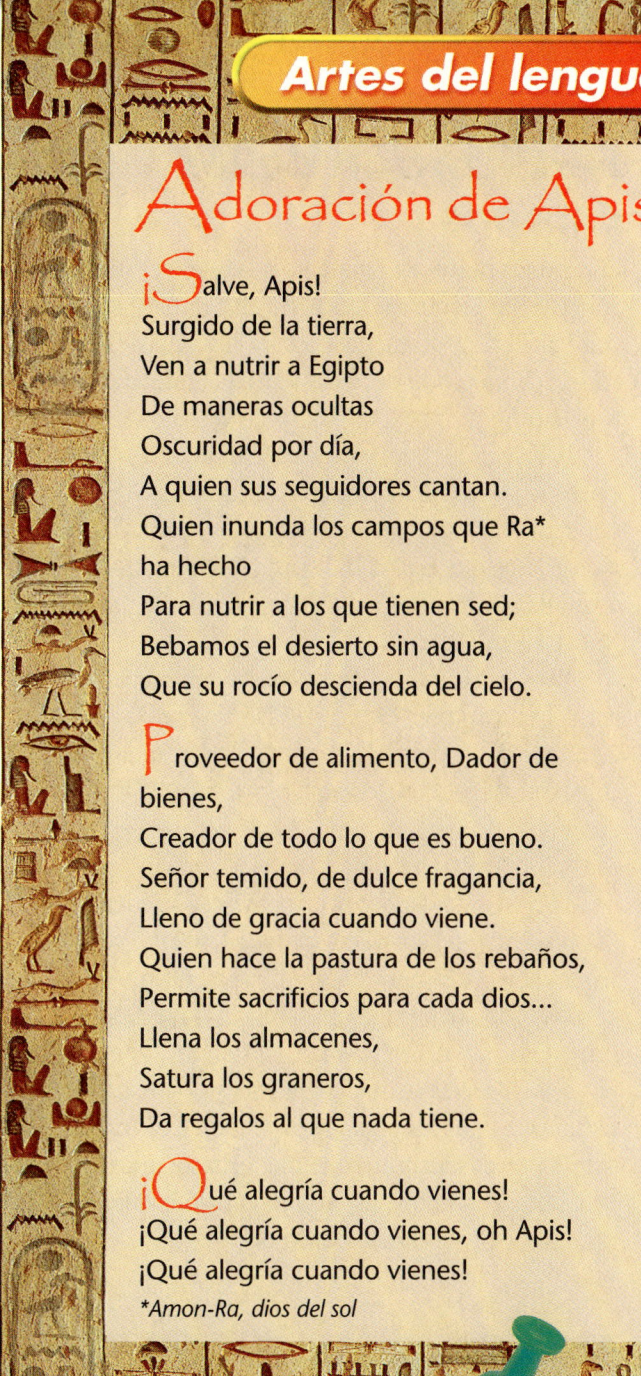

La escritura egipcia, llamada jeroglífica, decora los bordes de este poema. ▶

Artes del lenguaje

Adoración de Apis

¡Salve, Apis!
Surgido de la tierra,
Ven a nutrir a Egipto
De maneras ocultas
Oscuridad por día,
A quien sus seguidores cantan.
Quien inunda los campos que Ra*
ha hecho
Para nutrir a los que tienen sed;
Bebamos el desierto sin agua,
Que su rocío descienda del cielo.

Proveedor de alimento, Dador de bienes,
Creador de todo lo que es bueno.
Señor temido, de dulce fragancia,
Lleno de gracia cuando viene.
Quien hace la pastura de los rebaños,
Permite sacrificios para cada dios...
Llena los almacenes,
Satura los graneros,
Da regalos al que nada tiene.

¡Qué alegría cuando vienes!
¡Qué alegría cuando vienes, oh Apis!
¡Qué alegría cuando vienes!

Amon-Ra, dios del sol

Actividad de las artes del lenguaje

En este poema, Apis es la personificación del río Nilo. Cuando escritores y poetas personifican, confieren a un objeto o animal cualidades humanas. Escribe tu propio cuento o poema en el que personifiques. Escoge un motivo de la naturaleza, como una montaña, un arroyo, un río o un glaciar, y dale comportamientos y actos humanos: "el arroyo balbucea, murmura, suspira". Antes de escribir, piensa en el tiempo, el lugar, los personajes y la secuencia de acontecimientos de tu cuento.

Ciencias

Fertilización de los campos

En algunas partes de Egipto no ha llovido en años. Sólo el 3 por ciento del territorio de Egipto se puede cultivar. El resto se encuentra bajo el sol del desierto. Pero el clima cálido y el cieno y el agua que trae el río Nilo hacen muy productivo al valle del Nilo.

El Nilo es el río más largo del mundo, se extiende por 6,650 kilómetros. Su cuenca de drenaje tiene unos 3.3 millones de kilómetros cuadrados. Es más grande que el río Mississippi. El Nilo está formado por tres ríos principales: el Nilo Blanco, el Nilo Azul y el Atbara.

El origen del Nilo Blanco se encuentra apenas al sur del ecuador, cerca del lago Victoria (a unos 1,135 metros sobre el nivel del mar). Un caudal constante fluye sobre los rápidos y tierras pantanosas de Jartum. Aquí, el Nilo Blanco y el Nilo azul se encuentran para formar el gran río Nilo.

El Nilo Azul comienza en la meseta oriental de Etiopía, cerca del lago Tana (a unos 1,800 metros sobre el nivel del mar). El río Atbara, el último de los grandes tributarios del Nilo, también fluye desde Etiopía. Entre Jartum y Asuán, el Nilo fluye al norte por seis cataratas (cascadas enormes). De Asuán a El Cairo, la llanura aluvial se extiende a ambos lados del río y se ensancha gradualmente hasta unos 19 kilómetros. Entonces, en el Bajo Egipto el río se ramifica y forma el delta del Nilo.

Una vista desde el espacio muestra al río Nilo corriendo por el desierto del Sahara. En la parte superior derecha se encuentra una sonda espacial.

> Las corrientes del Nilo Azul arrastran cieno y otros sedimentos, de las tierras altas de Etiopía hasta el Nilo.

Entre mayo y agosto, las lluvias intensas mojan la meseta oriental de Etiopía y la deslavan llevando hacia el Nilo Azul rocas y cieno de las tierras altas. El agua oscura corre por rápidos y desfiladeros profundos al río Nilo. Durante miles de años, estas corrientes del Nilo Azul y el Atbara causaron el desbordamiento estacional del Nilo. A mediados de julio, el Nilo comenzaba a crecer al norte de Asuán. Cuando las aguas desbordadas regresaban, el cieno se quedaba en la tierra.

Después, en los siglos XIX y XX Egipto construyó presas en el Nilo para tratar de controlar los desbordamientos. La Gran Presa de Asuán, la mayor de todas, se terminó en 1970. Con esta presa, los egipcios lograron controlar los desbordamientos anuales. La Gran Presa de Asuán retiene el agua en épocas de sequía y administra los excedentes.

En los últimos años, la población de Egipto y otras naciones de la cuenca del Nilo crecieron rápidamente. Alimentar más habitantes significa aumentar la zona de cultivo. Y para evitar conflictos, las naciones deben ponerse de acuerdo para compartir el agua. Por ejemplo, casi toda el agua del Nilo Azul proviene de Etiopía. Sin embargo, Egipto y Sudán, que se encuentran corriente abajo, aprovechan alrededor del 90 por ciento del agua. En la actualidad, la creciente población de Etiopía necesita más agua del Nilo. El uso eficiente del agua y compartirla equitativamente es esencial en la cuenca del Nilo.

Actividad de ciencias

Observa en la tabla de corrientes (páginas 86 y 87) cómo crea el Nilo su delta y cuál es el efecto de la Gran Presa de Asuán en el río. Vierte agua en el extremo inferior de la tabla de corrientes para simular el mar.

◆ Haz una presa. Recorta los 2 centímetros superiores de un vaso de hule espuma. Recorta un semicírculo para tu presa. Haz una muesca en la parte superior de la presa como aliviadero.

◆ Acciona el gotero para crear el Nilo. Déjalo que fluya 5 minutos. ¿Qué observas donde el río desemboca en el mar?

◆ Ahora coloca la presa a la mitad del trayecto del río. Cava una represa pequeña y poco profunda detrás de la presa. Observa durante 5 minutos.

¿Qué efecto dirías que tiene la presa de Asuán sobre el movimiento de los sedimentos que bajan por el Nilo?

Estudios sociales

Irrigación por cuencas

Es probable que los antiguos egipcios hayan sido los primeros en regar sus campos. La inclinación de la llanura aluvial de Egipto es buena para el riego. El terreno se inclina ligeramente de sur a norte. También se inclina un poco hacia el desierto desde las orillas de ambos lados del Nilo.

Los egipcios usaban la irrigación por cuencas. Dividían la llanura alivual en cuencas construyendo terraplenes bajos. Cuando el Nilo se desbordaba de julio a octubre, llenaba las cuencas. Luego, el nivel de agua descendía gradualmente en el Nilo y las cuencas. Esto dejaba una rica capa de sedimentos lista para el cultivo.

En noviembre, los campesinos araban los campos y esparcían las semillas. Para meter las semillas en el suelo, conducían las ovejas sobre los campos. En el valle del Nilo, los egipcios cultivaban trigo, cebada, lentejas, cebollas, frijoles, ajo, verduras y frutas. En general, las cosechas alimentaban a todo Egipto. Los egipcios cambiaban el excedente de granos por madera, cobre y piedras preciosas.

Cuando los campos se secaban, los campesinos traían agua de canales de irrigación o acequias profundas. También usaban un instrumento llamado cigoñal para tomar el agua directamente del Nilo. Después de la cosecha de abril, los animales domésticos pastaban hasta que el Nilo crecía de nuevo a mediados de julio. Entonces empezaba de nuevo el ciclo.

El desbordamiento del Nilo regía la vida de los primeros egipcios. Su año iniciaba el día en que el Nilo comenzaba a crecer, aproximadamente el 19 de julio de nuestro calendario. Los egipcios fueron los primeros en tener un calendario de 365 días. Dividían su año en 3 estaciones basadas en el ciclo de desbordamiento del Nilo. Cada estación tenía 4 meses de 30 días. Al final de los doce meses, los egipcios tenían un festival de 5 días para completar el año.

El cigoñal, que aún se usa en la actualidad, se remonta al año 2200 a.C. Consiste en equilibrar una viga de madera en un pivote, como el tablón del subibaja. Un cubo cuelga de un extremo de la viga. En el otro extremo se balancea una piedra. El agricultor hace oscilar la viga para sacar agua del Nilo. Luego hace girar el cubo y lo vacía en el canal de irrigación.

Esta pintura que data del año 1200 a.C. se descubrió en Tebas, en la pared de la tumba de Senusret. Los paneles muestran a Senusret y a su esposa cultivando en el más allá. La esposa de Senusret planta granos. Senusret cosecha el trigo con una hoz (panel superior) después de arar (panel central). Los egipcios cultivaban árboles frutales, como esta palmera de dátiles (panel inferior).

Actividad de estudios sociales

Divídanse en grupos de tres para hacer una línea cronológica del calendario anual egipcio. Cada miembro del grupo debe escoger una estación de cuatro meses —desbordamiento, siembra y cosecha— para anotar e ilustrar.

◆ Dibuja la línea cronológica que empieza el 19 de julio y termina el 18 de julio.
◆ Divide la línea cronológica en 12 meses y 5 días.
◆ Anota el nombre de los meses y las estaciones.
◆ Ilustra el trabajo estacional de los agricultores.

Los campos inundados en los linderos del Nilo se separan en lotes mediante canales de irrigación.

Matemáticas

Medición de un terreno

¿Alguna vez has medido la longitud de un cuarto con tus pies como unidad de medida? Hacia el año 3000 a.C., los egipcios concibieron un sistema de medición en codos. Se basaba en la longitud de partes del brazo y la mano, y no del pie. El codo egipcio era la longitud del brazo desde la punta del codo hasta el extremo del dedo medio. El codo se dividía en unidades más pequeñas: cuartas, palmos, dígitos y partes de dígitos.

Sin embargo, la longitud del codo variaba según la persona. Entonces, Egipto estableció un codo estándar, llamado codo real. Se basaba en la longitud del brazo del faraón. El codo real era un trozo de granito negro de unos 52.3 centímetros de largo. El arquitecto real guardaba el codo real, y en el país se distribuían copias de madera.

Las mediciones eran importantes en la vida de los egipcios. Cada año, cuando el Nilo se desbordaba borraba los límites de los campos. Así, después de las inundaciones anuales los agricultores tenían que medir áreas nuevas. Los dibujos en los muros de las primeras tumbas muestran que los egipcios quizá tenían un sistema para medir distancias y ángulos en el terreno.

Las mediciones estándar también eran necesarias para construir las enormes templos y pirámides que se alineaban en el valle del Nilo. La vara codo debe haber sido muy precisa, porque la longitud de los lados de la gran pirámide de Gizeh varían sólo unos centímetros.

Los egipcios usaron la geometría para medir con exactitud triángulos, cuadrados y círculos al construir sus pirámides. Estas pirámides, de Gizeh, fueron construidas alrededor del año 2500 a.C.

Actividad de matemáticas

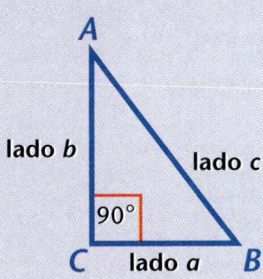

Para medir los campos y construir pirámides, los egipcios necesitaban entender la geometría. Para trazar cuadrados en su campos, comenzaban por hacer un triángulo rectángulo. Observa el diagrama. Los dos lados cortos son los catetos. El lado opuesto al ángulo recto es la hipotenusa. Es posible que los egipcios supieran que la suma de los cuadrados de los catetos es igual al cuadrado de la hipotenusa. La ecuación es $a^2 + b^2 = c^2$. Así, si el lado a es igual a 3, el lado b es igual a 4 y el lado c es igual a 5, entonces $3^2 + 4^2 = 5^2$, o $9 + 16 = 25$.

Ahora trabajen en grupos de 3 para hacer su propio triángulo rectángulo.

- Midan el brazo de un estudiante para hacer una vara codo.
- Corten una cuerda de 12 codos de largo; marquen cada uno de los 12 codos.
- Tres estudiantes deben sostener la cuerda en los puntos A, B y C de modo que el lado a tenga 3 codos, el lado b tenga 4 y el lado c tenga 5.

¿Hicieron un triángulo rectángulo? ¿Cómo lo sabes? ¿Cómo harían un cuadrado?

Relaciónalo

Exposición egipcia

Planea un folleto para promover una exposición de Egipto en un museo. La mitad de la clase se puede enfocar en el Egipto antiguo. La otra mitad puede investigar acerca de los cambios que han ocurrido en el Nilo en los últimos 100 años. Trabajen en grupos pequeños para investigar y reunir la información y las ilustraciones. Podrían incluir lo siguiente:

- la piedra Rosetta y jeroglíficos
- instrucciones para hacer una momia
- la gran pirámide de Gizeh
- historia y tesoros del rey Tutankamón
- la religión en el antiguo Egipto
- modelo de un sistema de irrigación para los campos del Nilo
- mapas del antiguo y moderno Egipto
- construcción de la presa de Asuán, 1959–1970
- control del agua del Nilo en el Egipto actual
- el delta del Nilo actual

Manual de destrezas

Piensa como científico

Tal vez no lo sepas, pero todos los días piensas como científico. Cada vez que te haces una pregunta y examinas las respuestas posibles aplicas muchas de las mismas destrezas que los científicos. Algunas de esas destrezas se describen en esta página.

Observar

Observas cada vez que reúnes información sobre el mundo con uno o más de tus cinco sentidos. Oír que ladra un perro, contar doce semillas verdes y oler el humo son observaciones. Para aumentar el alcance de los sentidos, los científicos tienen microscopios, telescopios y otros instrumentos con los que hacen observaciones más detalladas.

Las observaciones deben referirse a los hechos y ser precisas, un informe exacto de lo que tus sentidos detectan. Es importante escribir o dibujar cuidadosamente en un cuaderno las observaciones en la clase de ciencias. La información reunida en las observaciones se llama evidencia o dato.

Inferir

Cuando explicas o interpretas una observación, **infieres**, o haces una inferencia. Por ejemplo, si oyes que tu perro ladra, infieres que hay alguien en la puerta. Para hacer esta inferencia, combinas las evidencias (tu perro ladra) con tu experiencia o conocimientos (sabes que el perro ladra cuando se acerca un desconocido) para llegar a una conclusión lógica.

Advierte que las inferencias no son hechos, sino solamente una de tantas explicaciones de tu observación. Por ejemplo, quizá tu perro ladra porque quiere ir de paseo. A veces resulta que las inferencias son incorrectas aun si se basan en observaciones precisas y razonamientos lógicos. La única manera de averiguar si una inferencia es correcta, es investigar más a fondo.

Predecir

Cuando escuchas el pronóstico del tiempo, oyes muchas predicciones sobre las condiciones meteorológicas del día siguiente: cuál será la temperatura, si lloverá o no y si habrá mucho viento. Los meteorólogos pronostican el tiempo basados en sus observaciones y conocimientos de los sistemas climáticos. La destreza de **predecir** consiste en hacer una inferencia sobre un acontecimiento futuro basada en pruebas actuales o en la experiencia.

Como las predicciones son inferencias, a veces resultan falsas. En la clase de ciencias, puedes hacer experimentos para probar tus predicciones. Por ejemplo, digamos que predices que los aviones de papel más grandes vuelan más lejos que los pequeños. ¿Cómo pondrías a prueba tu predicción?

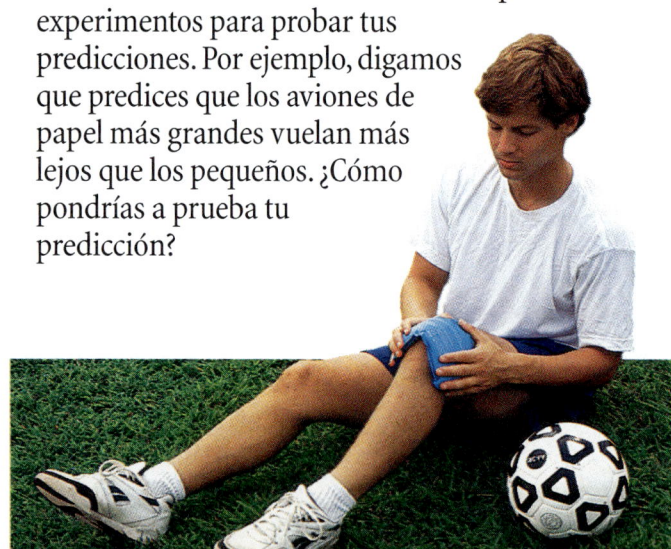

ACTIVIDAD Estudia la fotografía para responder las preguntas siguientes.

Observar Mira con atención la fotografía. Anota por lo menos tres observaciones.

Inferir Con tus observaciones, haz una inferencia de lo que sucedió. ¿Qué experiencias o conocimientos aprovechaste para formular tu inferencia?

Predecir Predice lo que ocurrirá a continuación. ¿En qué evidencias o experiencias basas tu predicción?

Clasificar

¿Te imaginas cómo sería buscar un libro en la biblioteca si todos los tomos estuvieran puestos en los estantes sin ningún orden? Tu visita a la biblioteca sería cosa de todo un día. Por fortuna, los bibliotecarios agrupan los libros por tema o por autor. Agrupar los elementos que comparten algún parecido se llama **clasificar**. Puedes clasificar las cosas de muchas maneras: por tamaño, por forma, por uso y por otras características importantes.

Como los bibliotecarios, los científicos aplican la destreza de clasificar para organizar información y objetos. Cuando las cosas están distribuidas en grupos, es más fácil entender sus relaciones.

ACTIVIDAD
Clasifica los objetos de la fotografía en dos grupos, de acuerdo con la característica que tú escojas. Luego, elige otra característica y clasifícalos en tres grupos.

Hacer modelos

¿Alguna vez has hecho un dibujo para que alguien entienda mejor lo que le dices? Ese dibujo es una especie de modelo. Los modelos son dibujos, diagramas, imágenes de computadora o cualquier otra representación de objetos o procesos complicados. **Hacer modelos** nos ayuda a entender las cosas que no vemos directamente.

Los científicos representan con modelos las cosas muy grandes o muy pequeñas, como los planetas del sistema solar o las partes de las células. En estos casos se trata de modelos físicos, dibujos o cuerpos sólidos que se parecen a los objetos reales. En otros casos son modelos mentales: ecuaciones matemáticas o palabras que describen el funcionamiento de algo.

ACTIVIDAD
Esta estudiante demuestra con un modelo las causas del día y la noche en la Tierra. ¿Qué representan la lámpara y la pelota de tenis?

Comunicar

Te comunicas cuando hablas por teléfono, escribes una carta o escuchas al maestro en la escuela. **Comunicar** es el acto de compartir ideas e información con los demás. La comunicación eficaz requiere de muchas destrezas: escribir, leer, hablar, escuchar y hacer modelos.

Los científicos se comunican para compartir resultados, información y opiniones. Acostumbran comunicar su trabajo en publicaciones, por teléfono, en cartas y en la Internet. También asisten a reuniones científicas donde comparten sus ideas en persona.

ACTIVIDAD
En un papel, escribe con claridad las instrucciones detalladas para amarrarse las agujetas. Luego, intercámbialas con un compañero o compañera. Sigue exactamente sus instrucciones. ¿Qué tan bien pudiste amarrarte el zapato? ¿Cómo se hubiera comunicado con más claridad tu compañero o compañera?

Hacer mediciones

Cuando los científicos hacen observaciones, no basta decir que algo es "grande" o "pesado". Por eso, miden con sus instrumentos qué tan grandes o pesados son los objetos. Con las mediciones, los científicos expresan con mayor exactitud sus observaciones y comunican más información sobre lo que observan.

Mediciones SI

La forma común de medir que utilizan los científicos de todo el mundo es el *Sistema Internacional de Unidades*, abreviado SI. Estas unidades son fáciles de usar porque se basan en múltiplos de 10. Cada unidad es 10 veces mayor que la inmediata anterior y un décimo del tamaño de la siguiente. En la tabla se anotan los prefijos de las unidades del SI más frecuentes.

Prefijos comunes SI		
Prefijo	**Símbolo**	**Significado**
kilo-	k	1,000
hecto-	h	100
deka-	da	10
deci-	d	0.1 (un décimo)
centi-	c	0.01 (un centésimo)
mili-	m	0.001 (un milésimo)

Longitud Para medir la longitud, o la distancia entre dos puntos, la unidad de medida es el **metro (m)**. Un metro es la distancia aproximada del suelo al pomo de la puerta. Las distancias mayores, como entre ciudades, se miden en kilómetros (km). Las longitudes más pequeñas se miden en centímetros (cm) o milímetros (mm). Para medir la longitud, los científicos usan reglas métricas.

Conversiones comunes
1 km = 1,000 m
1 m = 100 cm
1 m = 1,000 mm
1 cm = 10 mm

Volumen líquido Para medir el volumen de los líquidos, o la cantidad de espacio que ocupan, utilizamos una unidad de medida llamada **litro (L)**. Un litro es aproximadamente el volumen de un cartón de leche de tamaño mediano. Los volúmenes menores se miden en mililitros (mL). Los científicos tienen cilindros graduados para medir el volumen líquido.

Conversión común
1 L = 1,000 mL

ACTIVIDAD En la regla métrica de la ilustración, las líneas largas son divisiones en centímetros, mientras que las cortas que no están numeradas son divisiones en milímetros. ¿Cuántos centímetros de largo tiene esta concha? ¿A cuántos milímetros equivale?

ACTIVIDAD El cilindro graduado de la ilustración está marcado con divisiones en mililitros. Observa que la superficie del agua del cilindro es curva. Esta curvatura se llama *menisco*. Para medir el volumen, tienes que leer el nivel en el punto más bajo del menisco. ¿Cuál es el volumen del agua en este cilindro graduado?

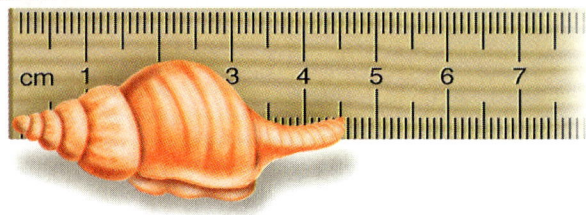

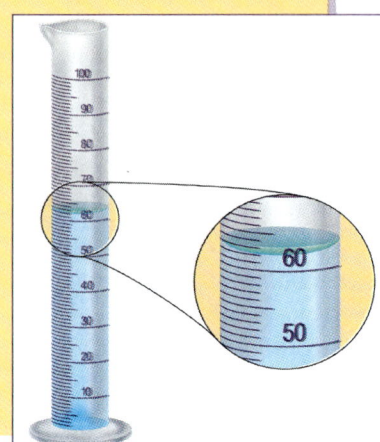

Masa Para medir la masa, o la cantidad de materia de los objetos, tomamos una unidad de medida conocida como **gramo (g)**. Un gramo es aproximadamente la masa de un sujetador de papeles. Las masas más grandes se miden en kilogramos (kg). Los científicos miden con básculas la masa de los objetos.

Conversión común
1 kg = 1,000 g

La báscula electrónica muestra la masa de una manzana en kilogramos. ¿Cuál es la masa de la manzana? Supón que una receta de puré requiere un kilogramo de manzanas. ¿Cuántas manzanas necesitarías?

Temperatura
Para medir la temperatura de las sustancias, usamos la **escala Celsius**. La temperatura se mide con un termómetro en grados Celsius (°C). El agua se congela a 0°C y hierve a 100°C.

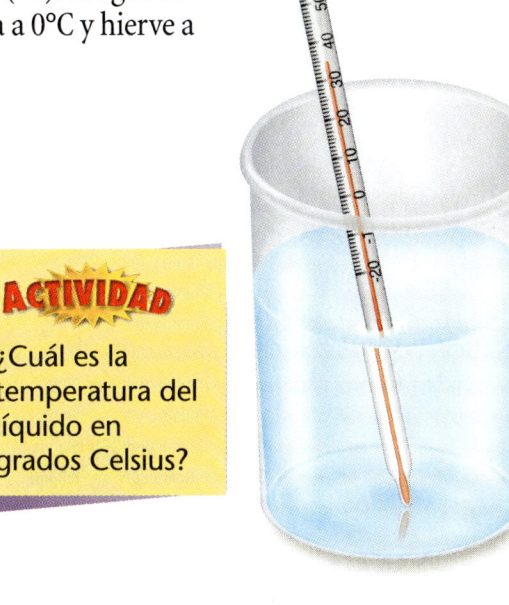

¿Cuál es la temperatura del líquido en grados Celsius?

Conversión de unidades SI

Para trabajar con el sistema SI, debes saber cómo convertir de unas unidades a otras. Esto requiere la destreza de **calcular**, o realizar operaciones matemáticas. Convertir unidades SI es igual que convertir dólares y monedas de 10 centavos, porque los dos sistemas se basan en múltiplos de diez.

Digamos que quieres convertir en metros una longitud de 80 centímetros. Sigue estos pasos para convertir las unidades.

1. Comienza por escribir la medida que quieres convertir; en este ejemplo, 80 centímetros.
2. Escribe el factor de conversión que representa la relación entre las dos unidades. En este ejemplo, la relación es *1 metro = 100 centímetros*. Escribe el factor como fracción. Asegúrate de poner en el denominador las unidades de las que conviertes (en este ejemplo, centímetros).
3. Multiplica la medición que quieres convertir por la fracción. Las unidades de esta primera medición se cancelarán con las unidades del denominador. Tu respuesta estará en las unidades a las que conviertes.

Ejemplo

80 centímetros = ___?___ metros

$$80 \text{ centímetros} \times \frac{1 \text{ metro}}{100 \text{ centímetros}} = \frac{80 \text{ metros}}{100}$$

$$= 0.8 \text{ metros}$$

Convierte las unidades siguientes.

1. 600 milímetros = __?__ metros
2. 0.35 litros = __?__ mililitros
3. 1,050 gramos = __?__ kilogramos

Realizar una investigación científica

En cierta forma, los científicos son como detectives que unen claves para entender un proceso o acontecimiento. Una forma en que los científicos reúnen claves es realizar experimentos. Los experimentos prueban las ideas en forma cuidadosa y ordenada. Sin embargo, no todos los experimentos siguen los mismos pasos en el mismo orden, aunque muchos tienen un esquema parecido al que se describe aquí.

Plantear preguntas

Los experimentos comienzan planteando una pregunta científica. Las preguntas científicas son las que se pueden responder reuniendo pruebas. Por ejemplo, la pregunta "¿qué se congela más rápidamente, el agua dulce o el agua salada?" es científica, porque puedes realizar una investigación y reunir información para contestarla.

Desarrollar una hipótesis

El siguiente paso es formular una hipótesis. Las **hipótesis** son predicciones acerca de los resultados de los experimentos. Como todas las predicciones, las hipótesis se basan en tus observaciones y en tus conocimientos o experiencia. Pero, a diferencia de muchas predicciones, las hipótesis deben ser algo que se pueda poner a prueba. Las hipótesis bien enunciadas adoptan la forma *Si... entonces...* y en seguida el planteaminto. Por ejemplo, una hipótesis sería "*si añado sal al agua dulce, entonces tardará más en congelarse*". Las hipótesis enunciadas de esta manera son un boceto aproximado del experimento que debes realizar.

Crear un experimento

Enseguida, tienes que planear una forma de poner a prueba tu hipótesis. Debes redactarla en forma de pasos y describir las observaciones o mediciones que harás.

Dos pasos importantes de la creación de experimentos son controlar las variables y formular definiciones operativas.

Controlar variables En los experimentos bien planeados, tienes que cuidar que todas las variables sean la misma excepto una. Una **variable** es cualquier factor que pueda cambiarse en un experimento. El factor que modificas se llama **variable manipulada**. En nuestro experimento, la variable manipulada es la cantidad de sal que se añade al agua. Los demás factores son constantes, como la cantidad de agua o la temperatura inicial.

El factor que cambia como resultado de la variable manipulada se llama **variable de respuesta** y es lo que mides u observas para obtener tus resultados. En este experimento, la variable de respuesta es cuánto tarda el agua en congelarse.

Un **experimento controlado** es el que mantiene constante todos los factores salvo uno. Estos experimentos incluyen una prueba llamada de **control**. En este experimento, el recipiente 3 es el de control. Como no se le añade sal, puedes comparar con él los resultados de los otros experimentos. Cualquier diferencia en los resultados debe obedecer en exclusiva a la adición de sal.

Formular definiciones operativas

Otro aspecto importante de los experimentos bien planeados es tener definiciones operativas claras. Las **definiciones operativas** son enunciados que describen cómo se va a medir cierta variable o cómo se va a definir. Por ejemplo, en este experimento, ¿cómo determinarás si el agua se congeló? Quizá decidas meter un palito en los recipientes al comienzo del experimento. Tu definición operativa de "congelada" sería el momento en que el palito dejara de moverse.

PROCEDIMIENTO EXPERIMENTAL

1. Llena 3 recipientes con agua fría de la llave.
2. Añade 10 gramos de sal al recipiente 1 y agita. Añade 20 gramos de sal al recipiente 2 y agita. No añadas sal al recipiente 3.
3. Coloca los tres recipientes en el congelador.
4. Revisa los recipientes cada 15 minutos. Anota tus observaciones.

Interpretar datos

Las observaciones y mediciones que haces en los experimentos se llaman datos. Debes analizarlos al final de los experimentos para buscar regularidades o tendencias. Muchas veces, las regularidades se hacen evidentes si organizas tus datos en una tabla o una gráfica. Luego, reflexiona en lo que revelan los datos. ¿Apoyan tu hipótesis? ¿Señalan una falla en el experimento? ¿Necesitas reunir más datos?

Sacar conclusiones

Las conclusiones son enunciados que resumen lo que aprendiste del experimento. Cuando sacas una conclusión, necesitas decidir si los datos que reuniste apoyan tu hipótesis o no. Tal vez debas repetir el experimento varias veces para poder sacar alguna conclusión. A menudo, las conclusiones te llevan a plantear preguntas nuevas y a planear experimentos nuevos para responderlas.

ACTIVIDAD

Al rebotar una pelota, ¿influye la altura de la cual la arrojas? De acuerdo con los pasos que acabamos de describir, planea un experimento controlado para investigar este problema.

Razonamiento crítico

¿Alguien te ha pedido consejo acerca de un problema? En tal caso, es probable que hayas ayudado a esa persona a pensar en el problema a fondo y de manera lógica. Sin saberlo, aplicaste las destrezas del razonamiento crítico, que consiste en reflexionar y emplear la lógica para resolver problemas o tomar decisiones. A continuación se describen algunas destrezas de razonamiento crítico.

Comparar y contrastar

Cuando buscas las semejanzas y las diferencias de dos objetos, aplicas la destreza de **comparar y contrastar**. Comparar es identificar las semejanzas, o características comunes. Contrastar significa encontrar las diferencias. Analizar los objetos de este modo te servirá para descubrir detalles que en otro caso quizá omitirías.

ACTIVIDAD Compara y contrasta los dos animales de la foto. Anota primero todas las semejanzas que veas y luego todas las diferencias.

Aplicar los conceptos

Cuando recurres a tus conocimientos de una situación para entender otra parecida, empleas la destreza de **aplicar los conceptos**. Ser capaz de transferir tus conocimientos de una situación a otra demuestra que realmente entiendes el concepto. Con esta destreza respondes en los exámenes las preguntas que tienen problemas distintos de los que estudiaste en clase.

ACTIVIDAD Acabas de aprender que el agua tarda más en congelarse si se le mezclan otras sustancias. Con este conocimiento, explica por qué en invierno necesitamos poner en el radiador de los autos una sustancia llamada anticongelante.

Interpretar ilustraciones

En los libros hay diagramas, fotografías y mapas para aclarar lo que lees. Estas ilustraciones muestran procesos, lugares e ideas de forma visual. La destreza llamada **interpretar ilustraciones** te sirve para aprender de estos elementos visuales. Para entender una ilustración, date tiempo para estudiarla junto con la información escrita que la acompañe. Las leyendas indican los conceptos fundamentales de la ilustración. Los nombres señalan las partes importantes de diagramas y mapas, en tanto que las claves explican los símbolos de los mapas.

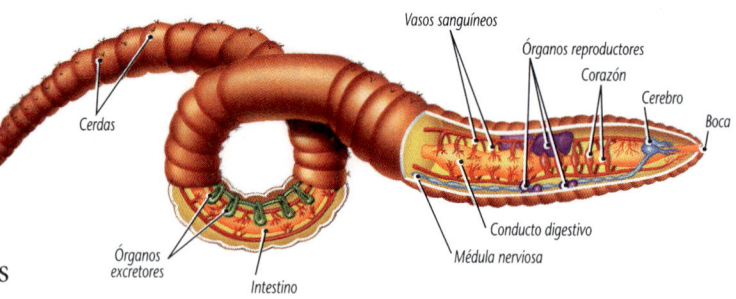

▲ Anatomía interna de la lombriz de tierra

ACTIVIDAD Estudia el diagrama de arriba. Luego, escribe un párrafo breve donde expliques lo que aprendiste.

Relacionar causa y efecto

Si un suceso es la causa de que otro ocurra, se dice que ambos tienen una relación de causa y efecto. Cuando determinas que hay tal relación entre dos sucesos, muestras una destreza llamada **relacionar causa y efecto**. Por ejemplo, si observas en tu piel una hinchazón roja y que te causa irritación, infieres que te picó un mosquito. La picadura es la causa y la hinchazón el efecto.

Es importante aclarar que aunque dos sucesos ocurran al mismo tiempo, no necesariamente generan una relación de causa y efecto. Los científicos se basan en la experimentación y en experiencias pasadas para determinar la existencia de una relación de causa y efecto.

> **ACTIVIDAD**
> Estás en un campamento y tu linterna dejó de funcionar. Haz una lista de las causas posibles del desperfecto. ¿Cómo determinarías la relación de causa y efecto que te ha dejado a oscuras?

Hacer generalizaciones

Cuando sacas una conclusión acerca de todo un grupo basado en la información de sólo algunos de sus miembros, aplicas una destreza llamada **hacer generalizaciones**. Para que las generalizaciones sean válidas, la muestra que escojas debe ser lo bastante grande y representativa de todo el grupo. Por ejemplo, puedes ejercer esta destreza en un puesto de frutas si ves un letrero que diga "Pruebe algunas uvas antes de comprar". Si tomas unas uvas dulces, concluyes que todas las uvas son dulces y compras un racimo grande.

> **ACTIVIDAD**
> Un equipo de científicos necesita determinar si es potable el agua de un embalse grande. ¿Cómo aprovecharían la destreza de hacer generalizaciones? ¿Qué deben hacer?

Formular juicios

Cuando evalúas algo para decidir si es bueno o malo, correcto o incorrecto, utilizas una destreza llamada **formular juicios**. Por ejemplo, formulas juicios cuando prefieres comer alimentos saludables o recoges la basura de un parque. Antes de formular el juicio, tienes que meditar en las ventajas y las desventajas de la situación y mostrar los valores y las normas que sostienes.

> **ACTIVIDAD**
> ¿Hay que exigir a niños y adolescentes que porten casco al ir en bicicleta? Explica las razones de tu opinión.

Resolver problemas

Cuando te vales de las destrezas de razonamiento crítico para resolver un asunto o decidir una acción, practicas una destreza llamada **resolver problemas**. Algunos problemas son sencillos, como la forma de convertir fracciones en decimales. Otros, como averiguar por qué dejó de funcionar tu computadora, son complicados. Algunos problemas complicados se resuelven con el método de ensayo y error: ensayas primero una solución; si no funciona, intentas otra. Entre otras estrategias útiles para resolver problemas se encuentran hacer modelos y realizar una lluvia de ideas con un compañero en busca de soluciones posibles.

Organizar la información

A medida que lees este libro, ¿cómo puedes comprender toda la información que contiene? En esta página se muestran herramientas útiles para organizar la información. Se denominan *organizadores gráficos* porque te dan una imagen de los temas y de la relación entre los conceptos.

Redes de conceptos

Las redes de conceptos son herramientas útiles para organizar la información en temas generales. Comienzan con un tema general que se descompone en conceptos más concretos. De esta manera, se facilita la comprensión de las relaciones entre los conceptos.

Para trazar una red de conceptos, se anotan los términos (por lo regular sustantivos) dentro de óvalos y se conectan con palabras de enlace. El concepto más general se pone en la parte superior. Conforme se desciende, los términos son cada vez más específicos. Las palabras de enlace, que se escriben sobre una línea entre dos óvalos, describen las relaciones de los conceptos que unen. Si sigues hacia abajo cualquier encadenamiento de conceptos y palabras de enlace, suele ser fácil leer una oración.

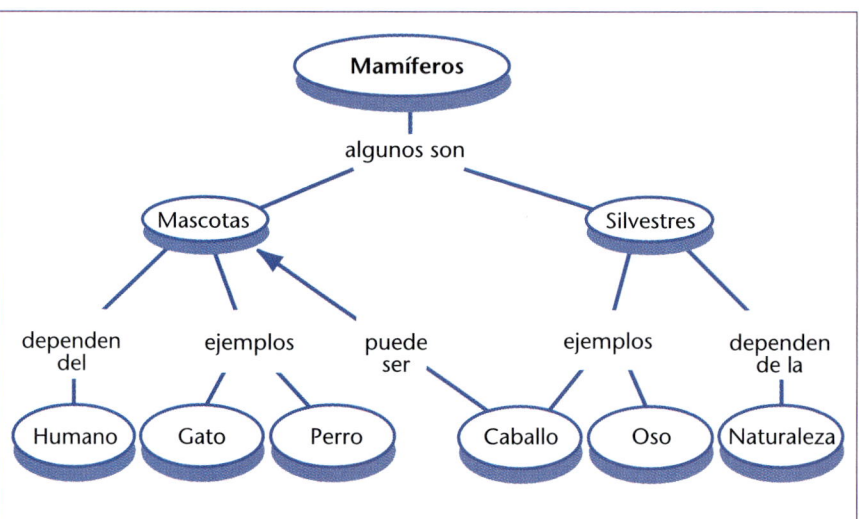

Algunas redes de conceptos comprenden nexos que vinculan un concepto de una rama con otro de una rama distinta. Estos nexos, llamados cruzados, muestran relaciones más complicadas entre conceptos.

Tablas para comparar y contrastar

Las tablas para comparar y contrastar son herramientas útiles para clasificar las semejanzas y las diferencias entre dos o más objetos o sucesos. Las tablas proporcionan un esquema organizado para realizar comparaciones de acuerdo con las características que identifiques.

Para crear una tabla para comparar y contrastar, anota los elementos que vas a comparar en la parte superior. Enseguida, haz en la columna izquierda una lista de las características que formarán la base de tus comparaciones. Para terminar tu tabla,

Característica	Boloncesto	Baloncesto
Núm. de jugadores	9	5
Campo de juego	Diamante de béisbol	Cancha de baloncesto
Equipo	Bates, pelotas, manoplas	Canasta, pelota

asienta la información sobre cada característica, primero de un elemento y luego del siguiente.

Diagramas de Venn

Los diagramas de Venn son otra forma de mostrar las semejanzas y las diferencias entre elementos. Estos diagramas constan de dos o más círculos que se superponen parcialmente. Cada círculo representa un concepto o idea. Las características comunes, o semejanzas, se anotan en la parte superpuesta de ambos círculos. Las características únicas, o diferencias, se escriben en las partes de los círculos que no pertenecen a la zona de superposición.

Para trazar un diagrama de Venn, dibuja dos círculos superpuestos. Encabézalos con los nombres de los elementos que vas a comparar. En cada círculo, escribe las características únicas en las partes que no se superponen. Luego, anota en el área superpuesta las características compartidas.

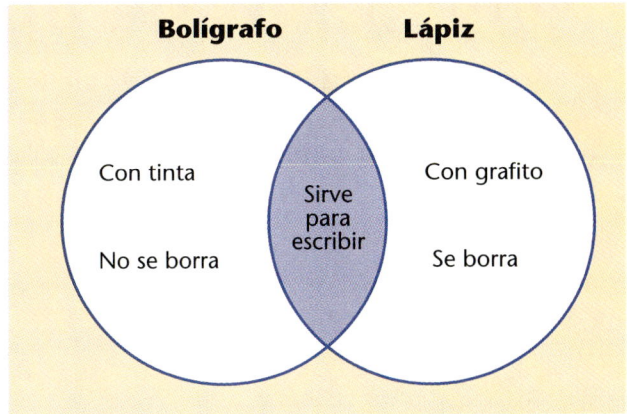

Diagramas de flujo

Los diagramas de flujo ayudan a entender el orden en que ciertos sucesos ocurren o deben ocurrir. Sirven para esbozar las etapas de un proceso o los pasos de un procedimiento.

Para hacer un diagrama de flujo, escribe en un recuadro una descripción breve de cada suceso. Anota el primero en la parte superior de la hoja, seguido por el segundo, el tercero, etc. Para terminar, dibuja una flecha que conecte cada suceso en el orden en que ocurren.

Diagramas de ciclos

Los diagramas de ciclos muestran secuencias de acontecimientos continuas, o ciclos. Las secuencias continuas no tienen final, porque cuando termina el último suceso, el primero se repite. Como los diagramas de flujo, permiten entender el orden de los sucesos.

Para crear el diagrama de un ciclo, escribe en un recuadro una descripción breve de cada suceso. Coloca uno en la parte superior de la hoja, al centro. Luego, sobre un círculo imaginario y en el sentido de las manecillas del reloj, escribe cada suceso en la secuencia correcta. Dibuja flechas que conecten cada suceso con el siguiente, de modo que se forme un círculo continuo.

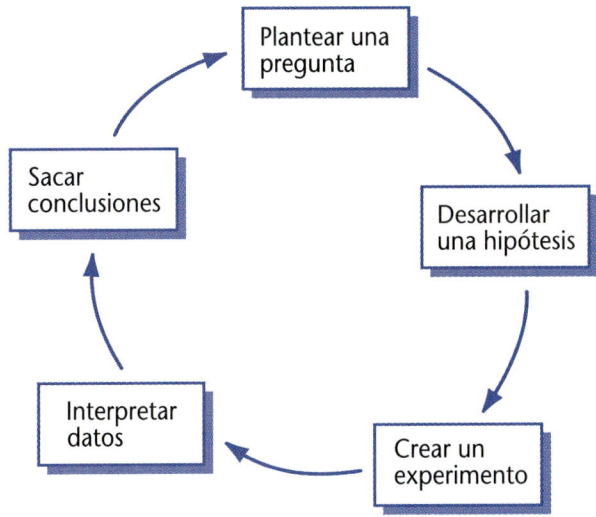

Crear tablas de datos y gráficas

¿Cómo se entiende el significado de los datos de los experimentos científicos? El primer paso es organizarlos para comprenderlos. Para ello, son útiles las tablas de datos y las gráficas.

Tablas de datos

Ya reuniste los materiales y preparaste el experimento. Pero antes de comenzar, necesitas planificar una forma de anotar lo que ocurre durante el experimento. En una tabla de datos puedes escribir tus observaciones y mediciones de manera ordenada.

Por ejemplo, digamos que un científico realizó un experimento para saber cuántas calorías queman sujetos de diversas masas corporales al realizar varias actividades. La tabla de datos muestra los resultados.

Observa en la tabla que la variable manipulada (la masa corporal) es el encabezado de una columna. La variable de respuesta (en el experimento 1, las calorías quemadas al andar en bicicleta) encabeza la siguiente columna. Las columnas siguientes se refieren a experimentos relacionados.

CALORÍAS QUEMADAS EN 30 MINUTOS DE ACTIVIDAD			
Masa corporal	Experimento 1 Ciclismo	Experimento 2 Baloncesto	Experimento 3 Ver televisión
30 kg	60 calorías	120 calorías	21 calorías
40 kg	77 calorías	164 calorías	27 calorías
50 kg	95 calorías	206 calorías	33 calorías
60 kg	114 calorías	248 calorías	38 calorías

Gráficas de barras

Para comparar cuántas calorías se queman al realizar varias actividades, puedes trazar una gráfica de barras. Las gráficas de barras muestran los datos en varias categorías distintas. En este ejemplo, el ciclismo, el baloncesto y ver televisión son las tres categorías. Para trazar una gráfica de barras, sigue estos pasos.

1. En papel cuadriculado, dibuja un eje horizontal, o eje *x*, y uno vertical, o eje *y*.
2. En el eje horizontal, escribe los nombres de las categorías que vas a graficar. Escribe también un nombre para todo el eje.
3. En el eje vertical anota el nombre de la variable de respuesta. Señala las unidades de medida. Para crear una escala, marca el espacio equivalente a los números de los datos que reuniste.
4. Dibuja una barra por cada categoría, usando el eje vertical para determinar la altura apropiada. Por ejemplo, en el caso del ciclismo, dibuja la barra hasta la altura de la marca 60 en el eje vertical. Haz todas las barras del mismo ancho y deja espacios iguales entre ellas.
5. Agrega un título que describa la gráfica.

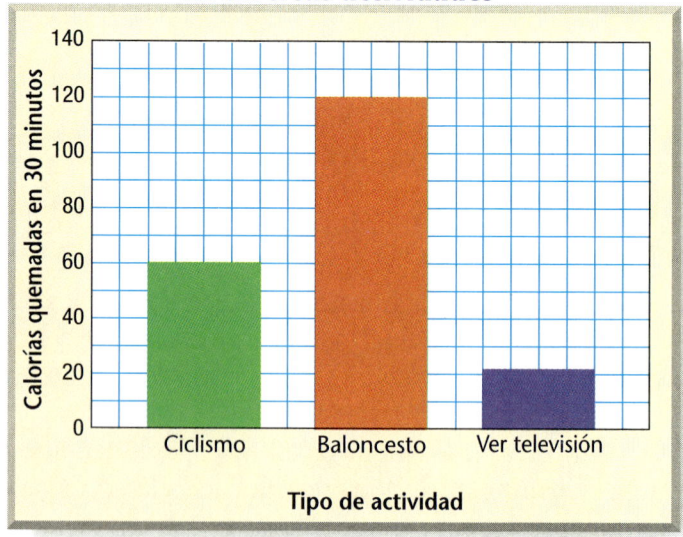

Calorías quemadas por una persona de 30 kilos en diversas actividades

Gráficas de líneas

Puedes trazar una gráfica de líneas para saber si hay una relación entre la masa corporal y la cantidad de calorías quemadas al andar en bicicleta. En estas gráficas, los datos muestran los cambios de una variable (la de respuesta) como resultado de los cambios de otra (la manipulada). Conviene trazar una gráfica de líneas cuando la variable manipulada es *continua*, es decir, cuando hay otros puntos entre los que estás poniendo a prueba. En este ejemplo, la masa corporal es una variable continua porque hay otros pesos entre los 30 y los 40 kilos (por ejemplo, 31 kilos). El tiempo es otro ejemplo de variable continua.

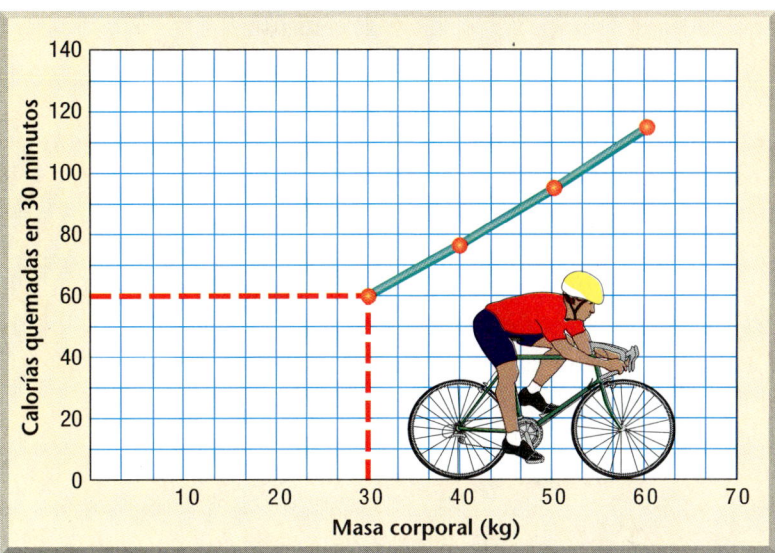

Efecto de la masa corporal en las calorías quemadas al practicar el ciclismo

Las gráficas de líneas son herramientas poderosas, pues con ellas calculas las cifras de condiciones que no probaste en el experimento. Por ejemplo, con tu gráfica puedes estimar que una persona de 35 kilos quemaría 68 calorías al andar en bicicleta.

Para trazar una gráfica de líneas, sigue estos pasos.
1. En papel cuadriculado, dibuja un eje horizontal, o eje *x*, y uno vertical, o eje *y*.
2. En el eje horizontal, escribe el nombre de la variable manipulada. En el vertical, anota el nombre de la variable de respuesta y añade las unidades de medida.
3. Para crear una escala, marca el espacio equivalente a los números de los datos que reuniste.
4. Marca un punto por cada dato. En la gráfica de esta página, las líneas punteadas muestran cómo marcar el punto del primer dato (30 kilogramos y 60 calorías). En el eje horizontal, sobre la marca de los 30 kilos, proyecta una línea vertical imaginaria. Luego, dibuja una línea horizontal imaginaria que se proyecte del eje vertical en la marca de las 60 calorías. Pon el punto en el sitio donde se cruzan las dos líneas.
5. Conecta los puntos con una línea continua. (En algunos casos, tal vez sea mejor trazar una línea que muestre la tendencia general de los puntos graficados. En tales casos, algunos de los puntos caerán arriba o abajo de la línea.)
6. Escribe un título que identifique las variables o la relación de la gráfica.

Traza gráficas de líneas con los datos de la tabla de los experimentos 2 y 3.

Acabas de leer en el periódico que en la zona donde vives cayeron 4 centímetros lluvia en junio, 2.5 centímetros en julio y 1.5 centímetros en agosto. ¿Qué gráfica escogerías para mostrar estos datos? Traza tu gráfica en papel cuadriculado.

Gráficas circulares

Como las gráficas de barras, las gráficas circulares sirven para mostrar los datos en varias categorías separadas. Sin embargo, a diferencia de las gráficas de barras, sólo se trazan cuando tienes los datos de *todas* las categorías que comprende tu tema. Las gráficas circulares se llaman a veces gráficas de pastel, porque parecen un pastel cortado en rebanadas. El pastel representa todo el tema y las rebanadas son las categorías. El tamaño de cada rebanada indica qué porcentaje tiene cada categoría del total.

La tabla de datos que sigue muestra los resultados de una encuesta en la que se pidió a 24 adolescentes que declararan su deporte favorito. Con esos datos, se trazó la gráfica circular de la derecha.

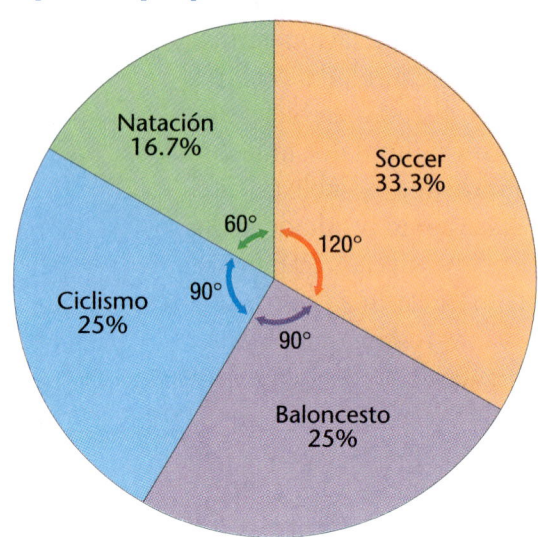

Deportes que prefieren los adolescentes

DEPORTES FAVORITOS	
Deporte	Número de estudiantes
Soccer	8
Baloncesto	6
Ciclismo	6
Natación	4

Para trazar una gráfica circular, sigue estos pasos.

1. Dibuja un círculo con un compás. Marca el centro con un punto. Luego, traza una línea del centro a la parte superior.
2. Para determinar el tamaño de cada "rebanada", establece una proporción en la que *x* sea igual al número de grados de la rebanada (NOTA: Los círculos tienen 360 grados). Por ejemplo, para calcular el número de grados de la rebanada del "soccer", plantea la relación siguiente:

$$\frac{\text{estudiantes que prefieren el soccer}}{\text{número total de estudiantes}} = \frac{x}{\text{número total de grados del círculo}}$$

$$\frac{8}{24} = \frac{x}{360}$$

Haz la multiplicación cruzada y resuelve *x*.
$$24x = 8 \times 360$$
$$x = 120$$
La rebanada de "soccer" tendrá 120 grados.

3. Mide con un transportador el ángulo de la primera rebanada. La línea de 0° es la que trazaste hasta la parte superior del círculo. Dibuja una línea que vaya del centro del círculo al extremo del ángulo que mediste.
4. Prosigue alrededor del círculo, midiendo cada rebanada con el transportador. Comienza en el borde de la rebanada anterior para que no se superpongan. Cuando termines, el círculo debe estar completo.
5. Determina el porcentaje del círculo que representa cada rebanada. Para ello, divide el número de grados de cada rebanada entre los grados del círculo (360) y multiplica por 100. En el caso de la rebanada del "soccer", calcula el porcentaje como sigue:

$$\frac{120}{360} \times 100\% = 33.3\%$$

6. Colorea cada rebanada. Escribe el nombre de la categoría y el porcentaje que representa.
7. Escribe el título de la gráfica circular.

ACTIVIDAD

En un salón de 28 estudiantes, 12 van a la escuela en autobús, 10 caminan y 6 van en bicicleta. Traza una gráfica circular para mostrar estos datos.

Seguridad en el laboratorio

APÉNDICE A

Símbolos de seguridad

Estos símbolos te alertan de posibles daños en el laboratorio y te recuerdan que trabajes con cuidado.

Gafas de protección Usa siempre estas gafas para protegerte los ojos en cualquier actividad que requiera sustancias químicas, flamas o calor o bien la posibilidad de que se rompan cristales.

Delantal Ponte el delantal para proteger de daños tu piel y tu ropa.

Frágil Trabajas con materiales que se pueden romper, como recipientes de cristal, tubos de vidrio, termómetros o embudos. Maneja estos materiales con cuidado. No toques los vidrios rotos.

Guantes térmicos Ponte un guante de cocina o alguna otra protección para las manos cuando manipules materiales calientes. Las parrillas, el agua o los cristales calientes pueden causar quemaduras. No toques objetos calientes con las manos desnudas.

Caliente Toma los objetos de vidrio calientes con abrazaderas o tenazas. No toques objetos calientes con las manos desnudas.

Objeto filoso Las tijeras puntiagudas, los escalpelos, las navajas, las agujas, los alfileres y las tachuelas son filosos. Pueden cortar o pincharte la piel. Dirige siempre los bordes filosos lejos de ti y de los demás. Usa instrumentos afilados según las instrucciones.

Descarga eléctrica Evita la posibilidad de descargas eléctricas. Nunca uses equipo eléctrico cerca del agua ni cuando el equipo o tus manos estén húmedos. Verifica que los cables no estén enredados ni que puedan hacer que alguien tropiece. Desconecta el equipo cuando no esté en uso.

Corrosivo Trabajas con ácido u otra sustancia química corrosiva. No dejes que salpique en tu piel, ropa ni ojos. No inhales los vapores. Cuando termines la actividad, lávate las manos.

Veneno No permitas que ninguna sustancia química tenga contacto con la piel ni inhales los vapores. Cuando termines la actividad, lávate las manos.

Ten cuidado Cuando un experimento requiere actividad física, toma tus precauciones para que no te lastimes ni lesiones a los demás. Sigue las instrucciones del maestro. Avísale si hay alguna razón por la que no puedas participar en la actividad.

Precaución con los animales Trata con cuidado a los animales vivos para no hacerles daño ni que te lastimes. El trabajo con partes de animales o animales conservados también requiere cuidados. Cuando termines la actividad, lávate las manos.

Precaución con las plantas Maneja las plantas en el laboratorio o durante el trabajo de campo sólo como te lo indique el maestro. Avísale si eres alérgico a ciertas plantas que se van a usar en una actividad. No toques las plantas nocivas, como la hiedra, el roble o el zumaque venenosos ni las que tienen espinas. Cuando termines la actividad, lávate las manos.

Flamas Es posible que trabajes con flamas de mecheros, velas o cerillos. Anudate por atrás el cabello y la ropa sueltos. Sigue las instrucciones de tu maestro sobre cómo encender y extinguir las flamas.

No flamas Es posible que haya materiales inflamables. Verifica que no haya flamas, chispas ni otras fuentes expuestas de calor.

Vapores Cuando haya vapores venenosos o desagradables, trabaja en una zona ventilada. No inhales los vapores directamente. Prueba los olores sólo cuando el maestro lo indique y efectúa un movimiento de empuje para dirigir el vapor hacia tu nariz.

Desechos Es preciso desechar en forma segura las sustancias químicas y los materiales de la actividad. Sigue las instrucciones de tu maestro.

Lavarse las manos Cuando termines la actividad, lávate muy bien las manos con jabón antibacteriano y agua caliente. Frota los dos lados de las manos y entre los dedos. Enjuaga por completo.

Normas generales de seguridad Es posible que veas este símbolo cuando ninguno de los anteriores aparece. En este caso, sigue las instrucciones concretas que te proporcionen. También puede ser que veas el símbolo cuando te pidan que establezcas tu propio procedimiento de laboratorio. Antes de proseguir, pide a tu maestro que apruebe tu plan.

G ◆ 165

APÉNDICE A

Reglas de seguridad en ciencias

Para que estés preparado y trabajes con seguridad en el laboratorio, repasa las siguientes reglas de seguridad. Luego, vuélvelas a leer. Asegúrate de entenderlas y seguirlas todas. Pide a tu maestro que te explique las que no comprendas.

Normas de atuendo

1. Para evitar lesiones oculares, ponte las gafas de protección siempre que trabajes con sustancias químicas, mecheros, objetos de vidrio o cualquier cosa que pudiera entrar en los ojos. Si usas lentes de contacto, avísale a tu maestro o maestra.
2. Ponte un delantal o una bata cuando trabajes con sustancias corrosivas o que manchen.
3. Si tienes el cabello largo, anúdalo por atrás para alejarlo de sustancias químicas, flamas o equipo.
4. Quítate o anuda en la espalda cualquier prenda o adorno que cuelgue y que pueda entrar en contacto con sustancias químicas, flamas o equipo. Súbete o asegura las mangas largas.
5. Nunca lleves zapatos descubiertos ni sandalias.

Precauciones generales

6. Lee varias veces todas las instrucciones de los experimentos antes de comenzar la actividad. Sigue con cuidado todas las directrices escritas y orales. Si tienes dudas sobre alguna parte de un experimento, pide a tu maestro que te ayude.
7. Nunca realices actividades que no te hayan encargado o que no estén autorizadas por el maestro. Antes de "experimentar" por tu cuenta, pide permiso. Nunca manejes ningún equipo sin autorización explícita.
8. Nunca realices las actividades de laboratorio sin supervisión directa.
9. Nunca comas ni bebas en el laboratorio.
10. Conserva siempre limpias y ordenadas todas las áreas del laboratorio. Lleva al área de trabajo nada más que cuadernos, manuales o procedimientos escritos de laboratorio. Deja en la zona designada cualesquiera otros artículos, como bolsas y mochilas.
11. No juegues ni corretees.

Primeros auxilios

12. Informa siempre de todos los incidentes y lesiones a tu maestros no importa si son insignificantes. Notifica de inmediato sobre cualquier incendio.
13. Aprende qué debes hacer en caso de accidentes concretos, como que te salpique ácido en los ojos o la piel (enjuaga los ácidos con abundante agua).
14. Averigua la ubicación del botiquín de primeros auxilios, pero no lo utilices a menos que el maestro te lo ordene. En caso de una lesión, él deberá aplicar los primeros auxilios. También puede ser que te envíe por la enfermera de la escuela o a llamar a un médico.
15. Conoce la ubicación del equipo de emergencia, como el extintor y los artículos contra incendios y aprende a usarlos.
16. Conoce la ubicación del teléfono más cercano y a quién llamar en caso de emergencia.

Medidas de seguridad con fuego y fuentes de calor

17. Nunca uses ninguna fuente de calor, como velas, mecheros y parrillas, sin gafas de protección.
18. Nunca calientes nada a menos que te lo indiquen. Sustancias que frías son inofensivas, pueden volverse peligrosas calientes.
19. No acerques al fuego ningún material combustible. Nunca apliques una flama ni una chispa cerca de una sustancia química combustible.
20. Nunca pases las manos por las flamas.
21. Antes de usar los mecheros de laboratorio, verifica que conoces los procedimientos adecuados para encenderlos y graduarlos, según te enseñó tu maestro. Nunca los toques, pues pueden estar calientes, y nunca los descuides ni los dejes encendidos.
22. Las sustancias químicas pueden salpicar o salirse de tubos de ensayo calientes. Cuando calientes una sustancia en un tubo de ensayo, fíjate que la boca del tubo no apunte hacia alguien.
23. Nunca calientes líquidos en recipientes tapados. Los gases se expanden y pueden hacer estallar el recipiente.
24. Antes de tomar un recipiente que haya sido calentado, acércale la palma de la mano. Si sientes el calor en el dorso, el recipiente está demasiado caliente para asirlo. Usa un guante de cocina para levantarlo.

Uso seguro de sustancias químicas

25. Nunca mezcles sustancias químicas "por diversión". Puedes producir una mezcla peligrosa y quizás explosiva.
26. Nunca acerques la cara a un recipiente que contiene sustancias químicas. Nunca toques, pruebes ni aspires una sustancia a menos que lo indique el maestro. Muchas sustancias químicas son venenosas.
27. Emplea sólo las sustancias químicas que requiere la actividad. Lee y verifica dos veces las etiquetas de las botellas de suministro antes de vaciarlas. Toma sólo lo que necesites. Cuando no uses las sustancias, cierra los recipientes que las contienen.
28. Desecha las sustancias químicas según te instruya tu maestro. Para evitar contaminarlas, nunca las devuelvas a sus recipientes originales. Nunca te concretes a tirar por el fregadero o en la basura las sustancias químicas y de otra clase.
29. Presta atención especial cuando trabajes con ácidos y bases. Vierte las sustancias sobre el fregadero o un recipiente, nunca sobre tu superficie de trabajo.
30. Si las instrucciones son que huelas una sustancia, efectúa un movimiento giratorio con el recipiente para dirigir los vapores a tu nariz; no los inhales directamente.
31. Cuando mezcles un ácido con agua, vacía primero el agua al recipiente y luego agrega el ácido. Nunca pongas agua en un ácido.
32. Extrema los cuidados para no salpicar ningún material del laboratorio. Limpia inmediatamente todos los derrames y salpicaduras de sustancias químicas con mucha agua. Enjuaga de inmediato con agua todo ácido que caiga en tu piel o ropa y notifica enseguida a tu maestro de cualquier derrame de ácidos.

Uso seguro de objetos de vidrio

33. Nunca fuerces tubos ni termómetros de vidrio en topes de hule y tapones de corcho. Si lo requiere la actividad, pide a tu maestro que lo haga.
34. Si usas un mechero de laboratorio, coloca una malla de alambre para impedir que las flamas toquen los utensilios de vidrio. Nunca los calientes si el exterior no está completamente seco.
35. Recuerda que los utensilios de vidrio calientes parecen fríos. Nunca los tomes sin verificar primero si están calientes. Usa un guante de cocina. Repasa la regla 24.
36. Nunca uses objetos de vidrio rotos o astillados. Si algún utensilio de vidrio se rompe, díselo a tu maestra y deséchalo en el recipiente destinado a los vidrios rotos. Nunca tomes con las manos desnudas ningún vidrio roto.
37. Nunca comas ni bebas en un artículo de vidrio de laboratorio.
38. Limpia a fondo los objetos de vidrio antes de guardarlos.

Uso de instrumentos filosos

39. Maneja con mucho cuidado los escalpelos y demás instrumentos filosos. Nunca cortes el material hacia ti, sino en la dirección opuesta.
40. Si te cortas al trabajar en el laboratorio, avisa de inmediato a tu maestra o maestro.

Precauciones con animales y plantas

41. Nunca realices experimentos que causen dolor, incomodidad o daños a mamíferos, aves, reptiles, peces y anfibios. Esta regla se aplica tanto en la escuela como en casa.
42. Los animales se manipulan sólo si es absolutamente indispensable. Tu maestro te dará las instrucciones sobre cómo manejar las especies llevadas a la clase.
43. Si eres alérgico a ciertas plantas, mohos o animales, díselo a tu maestro antes de iniciar la actividad.
44. Durante el trabajo de campo, protégete con pantalones, mangas largas, calcetines y zapatos cerrados. Aprende a reconocer las plantas y los hongos venenosos de tu zona, así como las plantas con espinas, y no las toques.
45. Nunca comas parte alguna de plantas u hongos desconocidos.
46. Lávate bien las manos después de manipular animales o sus jaulas. Lávate también después de las actividades con partes de animales, plantas o tierra.

Reglas al terminar experimentos

47. Cuando termines un experimento, limpia tu área de trabajo y devuelve el equipo a su lugar.
48. Elimina materiales de desecho de acuerdo con las instrucciones de tu maestro.
49. Lávate las manos después de cualquier experimento.
50. Cuando no los uses, apaga siempre los quemadores y las parrillas. Desconecta las parrillas y los equipos eléctricos. Si usaste un mechero, ve que también esté cerrada la válvula de alimentación del gas.

APÉNDICE B
Mapa físico de Estados Unidos

APÉNDICE B

G ◆ 169

Glosario

A

abanico aluvial Depósito de sedimentos amplio e inclinado, donde una corriente deja su curso montañoso. (p. 77)

abrasión Acción de desgastar una roca con partículas de otra arrastradas por agua, aire, nieve o viento. (pp. 41, 86)

accidente geográfico Peculiaridad topográfica formada por los procesos que configuran la superficie de la Tierra. (p. 15)

agua subterránea La que se filtra a través de fracturas, huecos subterráneos y capas rocosas. (p. 80)

anfibio Vertebrado que pasa parte de su vida en tierra y parte de su vida en el agua. (p. 130)

arada de conservación Método de conservación del suelo en el cual los tallos muertos de la cosecha del año anterior se dejan en el campo para enriquecerlo. (p.60)

arada de contorno Arar la tierra por las curvas de una pendiente, para prevenir la erosión del suelo. (p. 60)

arrastre Proceso en el cual un glaciar recoge rocas y las arrastra hacia la tierra. (p. 90)

arroyo Canal a través del cual corre el agua continuamente cuesta abajo. (p. 74)

atmósfera Mezcla de gases que rodea la Tierra. La más externa de las cuatro esferas en que los científicos dividen la Tierra. (p. 18)

átomo La parte más pequeña de un elemento. (p. 119)

avalancha de lodo movimiento rápido, colina abajo, de una masa de lodo, rocas y suelo. (p. 68)

B

barranco Canal largo en el suelo por la erosión. (p. 73)

biosfera Donde están los seres vivos. Una de las cuatro esferas en que los científicos dividen la Tierra. (p. 18)

C

caldero Depresión pequeña que se forma cuando queda un trozo de hielo en la morena de un glaciar. (p. 92)

calza de hielo Proceso que hiende la roca cuando el agua rezuma por las grietas, se congela y expande. (p. 42)

carga Cantidad de sedimento que arrastra un río o una corriente. (p. 86)

clave Lista de los símbolos usados en un mapa. (p. 20)

conservación del suelo Manejo del suelo para evitar su destrucción. (p. 60)

cordillera Serie de montañas que tienen en general la misma configuración y estructura. (p. 16)

cuenca de drenaje Área en la que captan el agua un río y sus afluentes. (p. 75)

Cuenca del Polvo Área de las Grandes Planicies que por la erosión del viento perdió tierras en 1930. (p. 59)

D

definición operativa Informe que describe cómo se puede medir una variable particular o definir un término. (p. 157)

deflación Erosión eólica que remueve materiales de la superficie. (p. 99)

delta Formación hecha de sedimento que se deposita donde desembocan los ríos: océano o un lago. (p. 77)

deriva longitudinal Movimiento de agua y sedimentos a lo largo de una playa, causado par las olas que llegan ahí en cierto ángulo. (p. 97)

descomponedor Organismo del suelo que destruye los restos de otros y los digieren con sustancias químicas. (p. 53)

desgaste Proceso químico y físico que fragmenta una roca de la superficie de la Tierra. (p. 40)

desgaste mecánico Tipo de desgaste de la roca que se parte en pedazos pequeños. (p. 41)

desgaste químico Proceso que destruye la roca por cambios químicos. (p. 43)

desintegración radiactiva Debilitamiento de un elemento radiactivo, al perder partículas y energía. (p. 120)

digitalización Convertir a números una información para usarla en una computadora. (p. 28)

discordancia Lugar donde una roca vieja de superficie erosionada está en contacto con una capa rocosa más reciente (p. 116)

duna Depósito de arena formado por el viento. (p. 98)

E

ecuador Línea imaginaria que circunda la Tierra a la mitad entre los polos norte y sur. (p. 21)

edad absoluta Número de años de una roca dada desde que se formó. (p. 113)

edad relativa La edad de una roca comparada con la de otras capas de roca. (p. 113)

elemento Sustancia cuyos átomos son iguales. (p. 119)

elevación Altura sobre el nivel del mar. (p. 15)

energía Capacidad de hacer un trabajo o un cambio. (p. 85)

energía cinética La que hace mover un objeto. (p. 85)

energía potencial La que se acumula y puede usarse más tarde. (p. 85)

época Subdivisión de los periodos en la escala de tiempo geológico. (p. 125)

era Cada una de las tres unidades de tiempo geológico, entre el Precámbrico y el presente. (p. 124)

era glacial Tiempo cuando los glaciares continentales cubrían grandes extensiones de tierra. (p. 90)

erosión Proceso por el cual el agua, el hielo, el viento o la gravedad desgasta rocas y suelo. (pp. 41, 67)

escala La usada en mapas o globos terráqueos en proporción al tamaño real de la superficie de la Tierra. (p. 19)

escala del tiempo geológico Registro de sucesos geológicos y formas de vida en la historia de la Tierra. (p. 123)

escurrimiento Agua que corre sobre una gran superficie desgastando el suelo. (p. 73)

estalactita Concreción calcárea que cuelga del techo de una cueva. (p. 81)

estalagmita Concreción calcárea en forma de cono que se forma en el piso de una cueva. (p. 81)

evolución Proceso mediante el cual se supone que todo ser vivo ha cambiado con el paso del tiempo. (p. 110)

experimento controlado Prueba en la que se mantienen constantes todos los factores excepto uno. (p. 157)

extinción en masa La que se da cuando muchos tipos de seres vivos se extinguen al mismo tiempo. (p. 131)

extinto Palabra que describe a todo tipo de organismo que ya no existe sobre la Tierra. (p. 110)

extrusión Capa de roca en estado ígneo que se forma cuando la lava brota a la superficie terrestre y se endurece. (p. 116)

falla Ruptura o grieta en la litosfera terrestre paralela al movimiento de las rocas. (p. 115)

fósil Rastros conservados de restos de seres vivos. (p. 106)

fósil petrificado Aquel en que ciertos minerales reemplazan todo o parte de un organismo. (p. 107)

fósiles indicadores Los de organismos ampliamente distribuidos que vivieron durante un corto periodo. (p. 116)

fricción Fuerza que opone el movimiento de una superficie al hacer contacto con otra superficie. (p. 87)

glaciar Enorme masa de nieve o hielo que se mueve sobre la tierra. (p. 89)

glaciar continental El que abarca una gran parte de un continente o una isla. (p. 89)

glaciar de valle Glaciar largo y angosto formado cuando nieve y hielo se acumulan y forman una montaña. (p. 89)

globo terráqueo Esfera que representa la superficie de la Tierra. (p. 19)

grado Unidad para medir distancias en el perímetro de un círculo. Es igual a $\frac{1}{360}$ de un círculo completo. (p. 22)

hemisferio La mitad de una esfera que conforma la superficie de la Tierra (p. 21)

hidrosfera Agua y hielo terrestres. Una de las cuatro esferas en que los científicos dividen la Tierra. (p. 18)

hipótesis Predicción sobre el resultado de un experimento. (p. 156)

horizonte del suelo Capa de suelo que difiere en color y textura de las capas superior e inferior de ella. (p. 51)

humus Material orgánico oscuro en el suelo. (p. 50)

imágenes satelitales Retrato de la superficie terrestre basado en datos computarizados reunidos por satélites. (p. 26)

intervalo de contorno La diferencia de elevación entre una línea de contorno y la siguiente. (p. 31)

intrusión Capa de lava ígnea que se forma cuando el magma se endurece bajo la superficie terrestre. (p. 116)

invertebrado Animal sin columna vertebral. (p. 124)

lago fluvial Agua estancada en un meandro de un río. (p. 76)

latitud Distancia en grados al norte y al sur del ecuador. (p. 22)

lecho rocoso Capa de roca sólida bajo el suelo. (p. 49)

ley de la superposición Principio geológico que establece que en las capas horizontales de roca sedimentaria, cada capa es más antigua que la situada arriba, y más reciente que la inferior. (p. 114)

línea de contorno Trazo que conecta los puntos de igual elevación en un mapa topográfico. (p. 31)

litosfera Capa externa de roca sólida en la Tierra. Es una de las cuatro esferas en que los científicos dividen la Tierra. (p. 18)

llanura aluvial Valle ancho a través del cual corre un río. (p. 76)

loes Depósito formado por el viento, hecho de finas partículas de arcilla y cieno. (p. 100)

longitud Distancia en grados al este y al oeste del primer meridiano. (p. 23)

mamífero Vertebrado de sangre caliente que se alimenta con su leche. (p. 137)

mantillo Capa suelta de plantas muertas, hojas y tallos, en la superficie del suelo. (p. 52)

mapa Modelo de toda la superficie de la Tierra o parte de ella como si se viera desde arriba. (p. 19)

mapa topográfico Mapa que muestra los accidentes de la superficie de una zona. (p. 29)

marga Suelo rico y fértil formado casi a partes iguales de arcilla, arena y cieno. (p. 50)

meandro Curva cerrada en el curso de un río. (p. 76)

meseta Accidente geográfico que consiste en una elevación con mayor o menor nivel de superficie. (p. 17)

molde Fósil formado cuando un organismo es cubierto por sedimentos disolventes, que deja una área hueca. (p. 108)

montaña Accidente geográfico de gran elevación y alto relieve. (p. 16)

morena Sedimentos depositados por un glaciar. (p. 91)

morrena Surco formado por piedras y barro depositados en el borde de un glaciar. (p. 91)

movimiento de masa Cualquiera de los procesos por los que la gravedad mueve sedimentos colina abajo. (p. 67)

paleontólogo Científico que estudia los fósiles para aprender sobre los organismo que vivieron hace tiempo. (p. 106)

película de carbono Tipo de fósil que consta de una delgada película de carbono sobre la roca. (p. 109)

periodo Unidad del tiempo geológico dividida en eras por los geólogos. (p. 125)

permeable Característica de un material que está lleno de pequeños espacios de aire conectados entre sí, que puede atravesar el agua. (p. 45)

pixeles Puntitos en una imagen satélite. (p. 27)

planicie Accidente geográfico que consiste en tierra plana o ligeramente ondulada con bajo relieve. (p. 16)

playa Sedimentos bañados por olas en una costa. (p. 97)

primer meridiano Línea que traza un círculo del polo norte al polo sur pasando por Greenwich, Inglaterra. (p. 22)

proyección de mapa Pantalla con líneas que ayuda a mostrar volúmenes de tierra sobre una superficie plana. (p. 24)

punta Playa formada por una costa que se prolonga como un dedo en el mar. (p. 97)

región con accidentes geográficos Área amplia de tierra cuya topografía es similar en todas sus partes. (p. 15)

relieve Diferencia de elevación entre la parte más alta y la más baja de un área. (p. 15)

reptil Vertebrado con piel escamosa que pone huevos de cascarón fuerte y correoso. (p. 131)

riachuelo Surco delgado, hecho en el suelo por agua corriente. (p. 73)

río Corriente larga. (p. 74)

roca sedimentaria Tipo de roca hecha de sedimento endurecido. (p. 107)

sedimentación Proceso mediante el cual el sedimento es depositado por el aire, el agua o el hielo. (p. 67)

sedimento Materiales depositados por erosión. (p. 67)

símbolos Imágenes usadas por los cartógrafos en un mapa para explicar el aspecto de la superficie de la Tierra. (p. 20)

Sistema de Localización Mundial Método para encontrar la latitud y longitud usando satélites. (p. 33)

subsuelo Capa de suelo bajo la superficie, compuesta en su mayor parte por arcilla y otros minerales. (p. 51)

suelo Material suelto y oscuro de la superficie terrestre donde pueden crecer las plantas. (p. 49)

suelo superior Mezcla de humus, arcilla y otros minerales que forman la capa más externa del suelo. (p. 51)

teoría científica Concepto bien probado que explica una amplia gama de observaciones. (p. 110)

tierra herbosa Gruesa masa de raíces de hierba y tierra. (p. 57)

topografía Configuración de la tierra determinada por la elevación, el relieve y los accidentes geográficos. (p. 14)

topografía kárstica Formaciones producidas por aguas subterráneas en zonas donde hay piedra caliza, por ejemplo, cavernas, sumideros y valles. (p. 81)

tributario Corriente de agua que desemboca en otra corriente más grande. (p. 74)

turbulencia Movimiento del agua de un río que al chocar con cantidad de rocas duras se mueve en todas direcciones.(p. 88)

vaciado Fósil copia de la forma de un organismo, formado cuando los minerales se vacían en un molde. (p. 108)

variable Cualquier factor que cambia durante un experimento. (p. 157)

variable de respuesta Factor que varía como resultado de los cambios de la manipulación variable en un experimento. (p. 157)

variable manipulada Factor que el científico cambia durante un experimento. (p. 157)

vertebrado Animal con columna vertebral. (p. 130)

vertiente Reborde de tierra que separa un área de drenaje de otra. (p. 75)

vestigios fósiles Tipo de fósil que proporciona evidencia de las actividades de organismos antiguos. (p. 109)

vida media Tiempo que toma en desintegrarse la mitad de los átomos de un elemento radiactivo. (p. 120)

Índice

abanicos aluviales 77
abrasión 41, 43, 86
    de la arena arrastrada por el viento 99
    erosión de las olas por 95
    por glaciares 91
accidentes geográficos 15-17
    creados por la erosión de las olas 96
    desierto 99
    glaciares 92-93
    sedimentación y formación de nuevos 67
acción de los animales, desgaste mecánico de la 43
ácido carbónico 44, 80-81
agrícola 58-60
agua
    desgaste químico por 44
    en movimiento, fuerza del 85-88
    sedimento erosionado y acarreado por 86, 88
aguas subterráneas, definición 80
algas 119
alquitrán, fósiles conservados en 109-110
Allosaurus 11
ámbar, organismos conservados en 110
ambientes, del pasado y fósiles 112
anfibios 130
Antártida 90, 112
antepasados de los seres humanos 140
Apatosaurus 8
aplicar los conceptos, destreza de 158
arada de conservación 60
arada en contorno 60
arada poco profunda 60
arada sin profundidad 60
arcos marinos 96
Archaeopterix 138
arena de playa 97
aristas 92
arrastre 90-91
arroyos 74
astas 92
asteroide, extinción en masa causada por un 138-139
astrolabio 21
atmósfera 18
átomos 119
avalanchas de lodo 68
aves, evolución de las 138

bancos de arena 97
barrancos 73, 74
biosfera 18
bosques de carbón 131
braquiópodos 112, 130

cabos 95
calcular, destreza de 155
calderos 92, 93
calentamiento y enfriamiento, desgaste mecánico por repetición de 42
calza de hielo 42
canales de irrigación 148
cañón del río Madison, Montana 66
capas de roca, datación por radiactividad de las 122
carga 86-88

carga de sedimentos 86-88
Carver, George Washington 58-59
cascadas 75, 79
cataratas del Niágara 75
causa y efecto, relacionar 159
cavernas de Carlsbad 80
cefalópodos 130
científica, investigación 156-157
cigoñal 148
circo 92
clasificar, destreza de 153
claves en mapas 20
clima
    durante el periodo Cuaternario 140
    durante el periodo Terciario 139
    evidencias fósiles del 112
    extinción en masa y cambio de 136
    tipos de suelo y 55
    velocidad de desgaste y 45
    velocidad de la formación del suelo y 51
codo real 150
colina oval 93
comparar y contrastar, destreza de 153
comunicar, destreza de 153
congelación y deshielo del agua, desgaste mecánico por 42
congelación, organismos conservados por la 110
conservación de los monumentos de piedra 48
conservación del suelo 60
contaminación, lluvia ácida y 44
contorno indicador 32
contornos en forma de V 32
controlar variables, destreza de 151
corales 112
cordilleras 16
corrimientos 69
crear un experimento 157
crecimiento de las plantas, desgaste mecánico del 43
crinoideos 112
cuenca de drenaje 75, 146
Cuenca del Polvo 58, 59, 60
cuencas, irrigación por 148
cuevas de caliza, sedimentación en 80-81

datación con carbono-14 121
datación con potasio y argón 121
datación por radiactividad 119-122
definiciones operativas, formular 157
deflación 99
delta del Nilo 146, 149
deltas 77, 78
depresión en un mapa topográfico 32
deriva continental 136
deriva longitudinal 97
desarrollar hipótesis 156
descomponedores 53-54
descomposición 53
desgaste 40-48, 67
    conservación de monumentos de piedra contra el 48
    formación del suelo y 49, 51
    mecánico 41-43, 44, 45
    químico 43-44, 45

    velocidad de 45
desgaste mecánico 41-43, 44, 45
desgaste químico 43-44, 45
    clima y 45
    por aguas subterráneas 80-81
desierto de Namibia 98
desierto del Sahara 146
desiertos 74, 98, 99
desintegración radiactiva 120
deslizamientos 66, 67, 68
desplomes 68
diagramas de ciclos 161
diagramas de flujo 161
diagramas de Venn 161
digitalización 28
Dimetrodon 131
dinosaurios
    aparición de los 137
    del periodo Jurásico 137-138
    Edad de los 124
dióxido de carbono, desgaste químico por 44, 80
discordancias 116
dunas 100

ecuador 21, 22
edad absoluta 113
    fechada por radiactividad 121
Edad de los Dinosaurios 124
Edad de los Mamíferos 125, 139-140
Edad de los Peces 130
Edad de los Reptiles 136-137
edad relativa 113 – 117, 118
Egipto, antiguo 144-150
elefantes, evolución de los 111
elementos 119-120
    radiactivos, velocidad de desintegración de los 120, 121
elevación 15, 31-33
energía cinética 85, 86
energía mecánica 86
energía potencial 85
energía
    cinética 85, 86
    de las olas 94
    potencial 85
épocas 125
era Cenozoica 124, 125, 135, 139-140
era Mesozoica 124, 134-135, 136, 139
era Paleozoica 124, 129-133
    extinción en masa al final de la 131, 136
eras glaciales 90
erosión por agua 58, 72-84
    de las olas 95-96
    de los ríos 75-76, 87-88
    erosión y sedimentación por aguas subterráneas 80-81
    escurrimientos y 73-74
    experimento con corrientes 82-83
    protección de casas en llanuras aluviales 84
    sedimentos fluviales 77
erosión por viento 58, 98-100
erosión *Ver también* **erosión por agua; erosión por viento**
    carga de sedimentos y 87-88
    causada por glaciares 90-91

causada por ríos 75-76, 87-88
definición 41, 67
escurrimientos y 73-74
olas y 95-96
pérdida de suelo por 58
viento y 58, 98-100
erosión y sedimentación por aguas subterráneas 80-81
escala de tiempo geológico 123-125
escala de un mapa 19, 30
escolleras 84
escurrimientos, erosión y 73-74
esfera, mediciones en una 22
Esfinge, desgaste y restauración de la 48
esquisto de Burgess 106
esquisto, velocidad de desgaste del 45
Estados Unidos
  mapa físico de los 168-169
  regiones con accidentes geográficos de 15
  tipos de suelo en los 54-55
estalactitas 80, 81
estalagmitas 80, 81
estromatolitos 119
Estudio Geológico de EE UU 30
evolución 110, 111
expedición de Lewis y Clark 14, 15, 16
experimento controlado 157
experimentos *Ver* **investigaciones científicas**
explosión cámbrica 129
extinción en masa
  a finales de la era Paleozoica 131, 136
  a finales del período Cretáceo 138-139

extinto 110
extrusión 116, 122

fallas 115-116
faraón 145
fiordo 92
forma del lecho 87-88
formación del suelo 49
  tiempo necesario para 57
  velocidad de la 51
formular juicios, destreza de 159
fósil indicador 116-117
fósiles 105, 106-112
  ambientes del pasado y 112
  clases de 107-110
  datación de rocas mediante 116-117, 118
  de las primeras formas de vida 128-129
  de mamíferos del período jurásico 8, 9-11
  definición 106
  evidencias de vida prehistórica en los 106-107
  herramientas para encontrar 10-11
  indicadores 116-117
  registro de 110, 123, 140
fósiles petrificados 107-108
fotosíntesis 129
fricción
  entre las olas y el fondo 95
  forma del lecho de un río y 87-88

gases en la atmósfera 18
geológicas, eras 124

glaciares 89-93, 140
  continentales 89-90, 92, 140
  de valle 89, 90
  definición 89
  eras glaciales y 90
  erosión causada por 90-91
  formación y movimiento de 90
  sedimentación por 91-92
  topografía de los 92-93
glaciares continentales 89-90, 92, 140
glaciares de valle 89
  movimientos de los 90
Globos terráqueos 19-20
Gomphotherium 111
grado (°) 22
gráficas 162-164
gráficas circulares 164
gráficas de barras 162
Gran Cañón 65, 114
gran presa de Asuán 147
Grandes Lagos 92
Grandes Planicies 16, 99
  Cuenca del Polvo 58, 59, 60
granito, desgaste del 43, 45
grava 50
gravedad 86
  definición 67
  formación de la Tierra y la 128
  movimientos de masa y 67-69
Greenwich, Inglaterra 22
Groenlandia, glaciares que cubren 90
Guthrie, Woody 59

hacer generalizaciones, destreza de 159
hacer modelos, destreza de 153
helechos 130
hemisferio 21
hemisferio norte 21
hemisferio sur 21
herrumbre, desgaste químico y 44
hidrosfera 18
hierro, oxidación del 44
Homo sapiens 140
hongos, como descomponedores 53, 54
horizonte A 51, 52
horizonte B 51, 52
horizonte C 51, 52
horizontes del suelo 51
hoya 99
hulla 112
humus 50-53, 57
hundimiento 81

Ichtyostega 130
imágenes satelitales 26-27
inferir, destreza de 152
insectos, evolución de los 131
intervalo de contorno 31, 32
intrusión 116, 122
invertebrados de la era Paleozoica 124
  del período Cámbrico 129
investigación científica, realizar una 156-157
irrigación por cuencas 148
islas 18

jeroglíficos 145
juicios, formular 159

laboratorio, seguridad en el 165-167
lago glaciar 93
lagos fluviales 76, 78, 79
lagos
  de calderos 92, 93
  fluviales 76, 78, 79
  glaciares 93
latitud 22, 33
lava 116
lecho rocoso 49
leyenda en un mapa 20
litosfera 18
loes 100
lombrices de tierra como descomponedores 53, 54
Long Island, Nueva York 91
longitud 22, 23, 33
Lowell, Massachusetts, hilanderías de algodón de 86
llanura aluvial 76, 77, 79, 84
lluvia ácida 44

magma 116
mamíferos 125, 137, 139-140
  evolución en la era Mesozoica 124
  fósiles de, del período jurásico 8, 9-11
mamut lanudo 110, 111
mamuts 105, 110, 111
mantillo 52-53
mapas 19-20
  en la era de las computadoras 26, 28
  mapa físico de Estados Unidos 168-169
  tecnología y 20-21
  topográficos 29-33, 34
mapas por computadora 28
mapas satelitales 26-27
mapas topográficos 29-34
marga 50
mármol, desgaste del 45
masa, medición de la 155
mastodonte 111
material permeable 45
meandro 76, 78, 79
medición, destreza de 154-155
mediciónes
  en codos, sistema de 150-151
  en una esfera 22
menisco 154
mesetas 17
minas de alquitrán del Rancho La Brea 109-110
Moeritherium 111
molde 108
montañas 16, 17
montañas Bitterroot 16
montañas de la Sierra Nevada 40, 41
Montañas Rocallosas 16
montes Apalaches 40, 41
monumentos de piedra, conservación de los 48
morrena 91, 93
movimientos de masa 67-69
Nilo azul 146, 147
Nilo blanco 146

nitrógeno-14 121

observar, destreza de 152
océanos 18
olas 94-97
    erosión causada por 95-96
    sedimentos depositados por 96-97
oxidación, desgaste químico y 44

paleomastodonte 11
paleontología 9
paleontólogos 106-107
    entrevista con 8-11
Pangea 133, 134, 136
pavimento del desierto 99
peces agnatos o sin mandíbula 130
peces con pulmones 130
película de carbono 109
pendiente
    de un río 87
    en mapas topográficos, representación 31, 32
peñascos marinos separados por las olas 96
periodo Cámbrico 124, 125, 129-130, 132
periodo Carbonífero 124, 125, 131, 133
periodo Cretáceo 124, 125, 135, 138
periodo Cuaternario 124, 135, 140
periodo de Pennsylvania 125
periodo del Mississippi 125
periodo Devónico 124, 130, 133
periodo Jurásico 124, 125, 134, 137-138
periodo Ordovícico 124, 125, 130, 132
periodo Pérmico 124, 133
periodo Silúrico 124, 132
periodo Terciario 124, 135, 139
periodo Triásico 124, 125, 134, 136-137
periodos geológicos 125 Ver también **periodos específicos**
pixeles 26, 27
planicie costera 16
planicies 16, 17
planicies interiores 16
plantas con flores 138
playas 79, 97
pozas de las praderas 91
praderas 57
predecir, destreza de 152
primer meridiano 22, 23
proyección de áreas iguales 21, 24
proyección de Mercator 21, 24
proyecciones en mapas 21, 24
pueblo Chinook 14
punta (playa) 97

rápidos 75, 79
redes de conceptos 160
reemplazo, fósiles petrificados formados por 108
regiones con accidentes geográficos 15
regiones de cultivo de alimentos 58
registro de fósiles 110, 123, 140
relacionar causas y efectos, destreza de 159
relieve 15
    mapas topográficos, representación en 31, 32
reptiles 131, 136-137, 138
resolver problemas, destreza de 159
restos conservados 109-110

riachuelos 73
río Atabara 146, 147
río Colorado 65
río Merrimack 85
río Mississippi 74, 76
    delta 77
río Nilo 144-149
río Ohio 75
ríos
    carga de sedimentos de los 87-88
    curso de 78-79
    definición 74
    erosión causada por 75-76, 87-88
roca(s) Ver también **rocas sedimentarias**
    cálculo de la edad relativa de las 113-117, 118
    desgaste de las 40-48, 67
    fósiles en Ver fósiles
    ígneas 116, 120
rocas ígneas 116, 120
rocas sedimentarias 107
    datación por radiactividad de 122
    discordancia en 116
    fallas en 115-116
    intrusión en 115
    ley de la superposición y 114
rosa de los vientos 20

satélites Landsat 26-27
sedimentación
    definición 67
    erosión por viento y 100
    por aguas subterráneas 80-81
    por glaciares 91-92
    sedimentos depositados por olas 96-97
    sedimentos fluviales 77
sedimentos
    definición 67
    depositados por olas 96-97
    disueltos en solución 86
    sedimentos resultantes de la erosión por viento 100
seguridad en el laboratorio 165-167
seguro contra inundaciones de casas en llanuras aluviales 84
símbolos en mapas 20, 30
Sistema de Localización Mundial (GPS) 33
sistema de medición en codos 150-151
sistema de referencias de la Tierra 21-22
sistema montañoso 16
sistemas fluviales 74-75
subsuelo 51
suelo
    clasificación de partículas por tamaño 50
    composición del 50
    daños y pérdida de 58-59
    definición 49
    en llanuras aluviales 77
    fértil 58, 100
    textura del 50
    tipos en Estados Unidos 54-55
    valor del 57-58
    vida en el 52
suelo arcilloso 50
suelo de bosques 55
suelo de bosques del norte 55
suelo de bosques del sur 55

suelo de montaña 55
suelo de praderas 55
suelo de tundra 55
suelo del desierto 55
suelo fértil 58
    loes en 100
suelo superior 51
    deflación y pérdida del 99
suelo tropical 55
superposición, ley de la 114
sustancias químicas, precaución con 167

tablas de datos 162
tablas portolanas 20
temperatura, medición de 155
teoría científica 110
terreno, escurrimientos y apariencia del 74
textura del suelo 50
tiempo Precámbrico 124, 128-129, 132
Tierra
    cambios en la superficie de la 66-69
    cuatro esferas de la 18
    edad de la 122
    regiones de producción de alimentos en la 58
tierra herbosa 57
tipo de suelo, cantidad de escurrimiento y 74
topografía 14-15
    kárstica 81
tributarios 74, 78
trilobites 116-117, 130
Trujillo, Kelli 8-11
turbulencia 88
Tyrannosaurus rex 138

vaciado 108
valle del río Mississippi, imágenes satelitales del 27
valle en forma de U 93
valle en forma de V 75
valle(s) 79
    en forma de U 93
    en forma de V 75
    ensanchamiento de 78
    erosión causada por ríos que forman 75-76
variable de respuesta 157
variable manipulada 157
variables 157, 163
vertebrados 130
    del periodo Devónico 130-131
vertiente 75
vertiente Continental 75
vestigios fósiles 109
vida media de un elemento radiactivo 120, 121
viento, energía de las olas procedente del 94
volumen
    del flujo de un río 87
    líquido, medición del 154

Reconocimientos

Ilustración

Kathleen Dempsey: 17, 25, 34, 46, 56, 82, 118T, 126
John Edwards & Associates: 22, 23T, 31, 44, 86, 87, 91, 95, 107
GeoSystems Global Corporation: 15, 23B, 24, 55, 58, 59, 75T, 77, 90, 98
Andrea Golden: 8T, 11B, 151
Martucci Design: 30, 50
Morgan Cain & Associates: 33, 50, 52–53, 66, 68, 69, 75B, 88, 99, 120, 122, 123, 124
Matt Myerchak: 36, 62, 102, 142, 143
Ortelius Design Inc.: 20, 21, 136
Matthew Pippin: 51, 78–79, 92–93
Walter Stuart: 11T, 8–9
J/B Woolsey Associates: 42, 73, 111, 114, 117, 118B, 132–135

Fotografía

Investigación fotográfica Paula Wehde
Imagen de portada David Muench Photography

Naturaleza de las ciencias
Página 8, University of Wyoming Public Relations; **10 both,** Courtesy of Kelli Trujillo; **11,** University of Wyoming Public Relations.

Capítulo 1
Páginas 12–13, Tom Bean; **14,** The Granger Collection, NY; **16t,** Tom Bean; **16b,** David Muench Photography; **18,** ESA/PLI/The Stock Market; **19 both,** Russ Lappa; **20t,** Bodleian Library, Oxford, U.K.; **20b,** The Granger Collection, NY; **21t, br,** The Granger Collection, NY; **21bl,** British Library, London/Bridgeman Art Library, London/Superstock; **26t,** Russ Lappa; **26b, 27 both,** Earth Satellite Corporation/Science Photo Library/Photo Researchers; **28tl,** Geographix; **28tr,** Bob Daemmrich/Stock Boston; **29t,** Richard Haynes; **29b,** Robert Rathe/Stock Boston; **31,** Paul Rezendes; **32,** U.S. Geological Survey; **33t,** Ken M. Johns/Photo Researchers; **34,** Richard Haynes; **35,** ESA/PLI/The Stock Market; **37,** U.S. Geological Survey.

Capítulo 2
Páginas 38–39, Mike Mazzaschi/Stock Boston; **40,** Russ Lappa; **41l,** Ron Watts/Westlight; **41r,** Jerry D. Greer; **42l,** Breck P. Kent/Animals Animals/Earth Scenes; **42r,** Susan Rayfield/Photo Researchers; **43l,** John Sohlden/Visuals Unlimited; **43m,** E.R. Degginger/Photo Researchers; **43r,** Gerald & Buff Corsi/Visuals Unlimited; **45t,** Chromosohm/Sohm/Photo Researchers; **45b,** Breck P. Kent/Animals Animals/Earth Scenes; **47,** Richard Haynes; **48,** John G. Ross/Photo Researchers; **49t,** Richard Haynes; **49b,** Rod Planck/TSI; **54,** J. M. Labat/Jacana/Photo Researchers; **56,** Richard T. Nowitz/Photo Researchers; **57t,** Richard Haynes; **57b,** Jim Brandenburg/Minden Pictures; **58,** Corbis; **59,** AP/Wide World Photos; **60t,** Larry Lefever/Grant Heilman Photography; **60b,** Jim Strawser/Grant Heilman Photography; **61t,** John G. Ross/Photo Researchers; **61b,** Ron Watts/Westlight.

Capítulo 3
Páginas 64–65 & 66, Jim Steinberg/Photo Researchers; **67,** Paul Sequeira/Photo Researchers; **68t,** Eric Vandeville/Gamma-Liaison Network; **68b,** Thomas G. Rampton/Grant Heilman Photography; **69,** Steven Holt; **70–71,** Richard Haynes; **72,** Photo Disc; **72–73,** Walter Bibikow/The Viesti Collection; **73t,** Runk Schoenberger/Grant Heilman Photography; **74,** Inga Spence/Tom Stack & Associates; **75,** David Ball/The Stock Market; **76l,** Glenn M. Oliver/Visuals Unlimited; **76r,** Index Stock Photography, Inc.; **77t,** E.R. Degginger; **77b,** NASA/SADO/Tom Stack & Associates; **80,** Chuck O'Rear/Westlight; **81,** *St. Petersburg Times*/Gamma-Liaison; **82,** Russ Lappa; **83,** Richard Haynes; **84,** Doug McKay/TSI; **85t,** Richard Haynes; **85b,** Eliot Cohen; **89t,** Richard Haynes; **89b,** Mark Kelley/Stock Boston; **91,** Grant Heilman Photography; **94,** Craig Tuttle/The Stock Market; **96,** Randy Wells/TSI; **97,** E.R.I.M./TSI; **98t,** Richard Haynes; **98b,** Jess Stock/TSI; **99,** Breck P. Kent; **100,** Connie Toops; **101,** Craig Tuttle/The Stock Market.

Capítulo 4
Páginas 104–105, Phil Degginger; **106t,** John Cancalosi/Stock Boston; **106b,** Flowers & Newman/Photo Researchers; **107,** Francois Gohier/Photo Researchers; **108 both,** Runk/Schoenberger/Grant Heilman Photography; **109t,** Breck P. Kent; **109b,** Tom Bean; **110,** Howard Grey/TSI; **111tl,** Khalid Ghani/Animals Animals; **111tr,** Frans Lanting/Minden Pictures; **111mr,** The Natural History Museum, London; **111bl,** John Sibbick; **112,** Sinclair Stammers/Science Photo Library/Photo Researchers; **113,** Richard Haynes; **114,** Jeff Greenberg/Photo Researchers; **116l,** G.R. Roberts/Photo Researchers; **116r,** Tom Bean; **116b,** Breck P. Kent; **119,** Mitsuaki Iwago/Minden Pictures; **121,** James King-Holmes/Science Photo Library/Photo Researchers; **125t,** Fletcher & Baylis/Photo Researchers; **125 inset,** John Cancalosi/Tom Stack & Associates; **127,** Richard Haynes; **128l,** Breck P. Kent; **128r,** Runk/Schoenberger/Grant Heilman Photography; **129r,** The Natural History Museum, London; **129l, 130,** John Sibbick; **131t,** ©The Field Museum, Neg. # CSGEO 75400c.; **131b,** Natural History Museum/London; **137,** 1989 Mark Hallett; **138l,** Jane Burton/Bruce Coleman; **138r,** David M. Dennis/Tom Stack & Associates; **139t,** D. Van Ravenswaay/Photo Researchers; **139b,** C.M. Dixon; **140,** John Reader/Science Photo Library/Photo Researchers; **141,** Tom Bean.

Exploración interdisciplinaria
Página 144t, Robert Caputo/Stock Boston; **144–145b,** David Sanger Photography; **145l,** Brian Braker/Photo Researchers; **146,** NASA; **147,** Groenendyk/Photo Researchers; **148–149b,** Thomas J. Abercrombie/National Geographic Society; **148 inset,** Robert Caputo/Stock Boston; **149t,** Robert Caputo/Stock Boston; **150,** David Ball/The Picture Cube; **151,** Richard Haynes.

Manual de destrezas
Página 152, Mike Moreland/Photo Network; **153t,** Foodpix; **153m,** Richard Haynes; **153b,** Russ Lappa; **156,** Richard Haynes; **158,** Ron Kimball; **159,** Renee Lynn/Photo Researchers.

Versión en español

Editorial Compuvisión México